ISBN 978-3-440-11101-7
Gedruckt auf chlorfrei gebleichtem Papier.

Unser gesamtes lieferbares Programm und viele
weitere Informationen zu unseren Büchern,
Spielen, Experimentierkästen, DVDs, Autoren und
Aktivitäten finden Sie unter **www.kosmos.de**

4. überarbeitete Auflage 2007, Copyright IKAN-Unterwasserarchiv Frankfurt
Alle Rechte, auch die der Übersetzung, der Verfilmung, des Vortrags, der Rundfunksendung
und Fernsehübertragung sowie der fotomechanischen Wiedergabe, vorbehalten.

Konzept & Layout: Helmut Debelius
Printed in The Czech Republic / Imprimé en République Tchèque

Helmut Debelius

RIFF-FÜHRER
INDISCHER OZEAN

Malediven • Sri Lanka • Thailand • Südafrika •
Mauritius • Madagaskar • Ostafrika • Seychellen

KOSMOS

INHALT 2 - 5

Vorwort 6
Einleitung .... 7 - 9
Bildnachweis 10

Klasse Knorpelfische	**CHONDRICHTHYES**	**11**
Ordnung Haie und Rochen................	Elasmobranchii.........	12
Familie Walhaie.................................	Rhincodontidae........	13
Familie Zebrahaie...............................	Stegostomatidae.......	17
Familie Ammenhaie............................	Ginglymostomatidae..	18
Familie Katzenhaie.............................	Scyliorhinidae...........	18
Familie Sandhaie................................	Odontaspididae........	19
Familie Riesenmaulhaie......................	Megachasmidae........	19
Familie Fuchshaie...............................	Alopiidae.................	20
Familie Grundhaie..............................	Carcharhinidae.........	20
Familie Hammerhaie...........................	Sphyrnidae...............	22
Familie Gitarrenrochen.......................	Rhynchobatidae.......	26
Familie Torpedorochen.......................	Torpedinidae...........	27
Familie Stechrochen...........................	Dasyatididae............	28
Familie Falter-Stechrochen..................	Gymnuridae.............	33
Familie Adlerrochen............................	Myliobatididae.........	33
Familie Teufelsrochen.........................	Mobulidae...............	34
Klasse Knochenfische	**OSTEICHTHYES**	**36**
Familie Muränen................................	Muraenidae.............	40
Familie Schlangenaale........................	Ophichthidae...........	47
Familie Röhrenaale.............................	Heterocongridae.......	47
Familie Korallenwelse.........................	Plotosidae................	48
Familie Hornhechte............................	Belonidae................	52
Familie Fliegerfische...........................	Exocoetidae.............	52
Familie Eidechsenfische......................	Synodontidae..........	52
Familie Soldatenfische........................	Holocentridae.........	54
Familie Anglerfische...........................	Antennariidae..........	58
Familie Blitzlichtfische........................	Anomalopidae.........	60
Familie Eingeweidefische....................	Carapidae................	60
Familie Flügelroßfische.......................	Pegasidae................	60
Familie Geisterpfeifenfische................	Solenostomidae.......	61
Familie Trompetenfische....................	Aulostomidae..........	63
Familie Flötenfische...........................	Fistulariidae.............	66
Familie Schnepfenmesserfische..........	Centriscidae............	66
Familie Seenadeln..............................	Syngnathidae..........	67
Familie Drachenköpfe........................	Scorpaenidae..........	70
Familie Zackenbarsche.......................	Epinephelidae..........	75
Familie Zwergbarsche........................	Pseudochromidae....	88
Familie Mirakelbarsche......................	Plesiopidae.............	89
Familie Fahnenschwänze....................	Kuhliidae.................	89
Familie Großaugenbarsche................	Priacanthidae..........	90
Familie Kardinalbarsche.....................	Apogonidae............	91
Familie Meerbrassen..........................	Sparidae..................	95
Familie Süßlippen..............................	Haemulidae.............	97
Familie Schnapper.............................	Lutjanidae...............	101
Familie Straßenkehrer........................	Lethrinidae..............	108
Familie Scheinschnapper...................	Nemipteridae..........	112
Familie Füsiliere.................................	Caesionidae............	114
Familie Fledermausfische...................	Ephippidae.............	121
Familie Flossenblätter........................	Monodactylidae......	124
Familie Ruderbarsche........................	Kyphosidae.............	124
Familie Meerbarben...........................	Mullidae..................	125
Familie Schiffshalter...........................	Echeneidae.............	128
Familie Kobias...................................	Rachycentridae.......	128

Familie Kaiserfische	Pomacanthidae	129
Familie Falterfische	Chaetodontidae	138
Familie Beilbauchfische	Pempheridae	153
Familie Torpedobarsche	Malacanthidae	155
Familie Kieferfische	Opistognathidae	156
Familie Büschelbarsche	Cirrhitidae	157
Familie Riffbarsche	Pomacentridae	160
Familie Lippfische	Labridae	174
Familie Papageifische	Scaridae	187
Familie Barrakudas	Sphyraenidae	191
Familie Meeräschen	Mugilidae	193
Familie Sandbarsche	Pinguipedidae	193
Familie Schleimfische	Blenniidae	197
Familie Leierfische	Callionymidae	202
Familie Grundeln	Gobiidae	203
Familie Pfeilgrundeln	Microdesmidae	209
Familie Doktorfische	Acanthuridae	211
Familie Halfterfische	Zanclidae	220
Familie Kaninchenfische	Siganidae	220
Familie Stachelmakrelen	Carangidae	227
Familie Makrelen und Thune	Scombridae	229
Familie Weitaugenbutte	Bothidae	230
Familie Drückerfische	Balistidae	231
Familie Feilenfische	Monacanthidae	238
Familie Kofferfische	Ostraciidae	240
Familie Kugelfische	Tetraodontidae	242
Familie Igelfische	Diodontidae	245
Stamm GLIEDERFÜSSER	**ARTHROPODA**	**246**
Klasse Krebstiere	CRUSTACEA	246
Ordnung DECAPODA		247
Unterordnung NATANTIA		247
Familie Putzergarnelen	Hippolytidae	247
Familie Scherengarnelen	Stenopodidae	252
Familie Tanzgarnelen	Rhynchocinetidae	254
Familie Partnergarnelen	Palaemonidae	255
Familie Knallkrebse	Alpheidae	256
Unterordnung REPTANTIA		257
Infraordnung PALINURA		257
Familie Langusten	Palinuridae	257
Familie Riffhummer	Nephropidae	260
Infraordnung ANOMURA		261
Familie Einsiedlerkrebse	Diogenidae	261
Familie Springkrebse	Galatheidae	261
Familie Porzellankrebse	Porcellanidae	262
Infraordnung BRACHYURA		262
Familie Korallenkrabben	Trapeziidae	262
Ordnung STOMATOPODA		263
Familie Schmetter-Fangschreckenkrebse	Odontodactylidae	263
Familie Speer-Fangschreckenkrebse	Lysiosquillidae	263
Stamm WEICHTIERE	**MOLLUSCA**	**266**
Klasse Schnecken	GASTROPODA	266
Unterklasse Vorderkiemer	PROSOBRANCHIA	266
Familie Turbanschnecken	Turbinidae	266
Familie Flügelschnecken	Strombidae	267
Familie Porzellanschnecken	Cypraeidae	267
Familie Eischnecken	Ovulidae	268
Familie Blättchenschnecken	Lamellariidae	269
Familie Sturmhauben	Cassidae	269
Familie Fass-Schnecken	Tonnidae	269
Familie Stachelschnecken	Muricidae	270
Familie Zwerg-Tritonschnecken	Colubrariidae	270

Familie Harfenschnecken	Harpidae	270
Familie Kegelschnecken	Conidae	271
Unterklasse Hinterkiemer	**OPISTHOBRANCHIA**	**271**
Familie Seehasen	Aplysiidae	271
Familie Saftsauger	Elysiidae	271
Familie Neonsternschnecken	Polyceridae	272
Familie Knorpelschnecken	Notodorididae	274
Familie Tanzschnecken	Hexabranchidae	274
Familie Prachtsternschnecken	Chromodorididae	274
Familie Rauhsternschnecken	Kentrodorididae	276
Familie Höckerschnecken	Halgerdidae	276
Familie Weichsternschnecken	Dendrodorididae	276
Familie Warzenschnecken	Phyllidiidae	277
Klasse Muscheln	**BIVALVIA**	**278**
Familie Riesenmuscheln	Tridacnidae	278
Familie Austern	Ostreidae	278
Familie Stachelaustern	Spondylidae	279
Familie Feilenmuscheln	Limidae	279
Familie Flügelaustern	Pteriidae	279
Klasse Kopffüßer	**CEPHALOPODA**	**280**
Familie Sepien	Sepiidae	280
Familie Kalmare	Loliginidae	282
Familie Kraken	Octopodidae	282
Familie Papierboote	Argonautidae	283
Stamm PLATTWÜRMER	**PLATYHELMINTHES**	**284**
Familie Strudelwürmer	Pseudocerotidae	284
Stamm NESSELTIERE	**CNIDARIA**	**288**
Klasse Hydrozoen	**HYDROZOA**	**288**
Familie Feuerkorallen	Milleporidae	288
Familie Hydrokorallen	Stylasteridae	288
Klasse Blumentiere	**ANTHOZOA**	**289**
Unterklasse OCTOCORALLIA		**289**
Familie Lederkorallen	Alcyoniidae	289
Familie Weichkorallen	Nephtheidae	290
Familie Gorgonien-Seefächer	Subergorgiidae	291
Familie Knoten-Seefächer	Melithaeidae	292
Familie Besengorgonien	Ellisellidae	293
Familie Blaue Korallen	Helioporidae	293
Unterklasse HEXACORALLIA		**293**
Ordnung ANEMONEN	**ACTINIARIA**	**293**
Familie Wirtsanemonen	Stichodactylidae	294
Familie Seeanemonen	Actiniidae	294
Familie Partneranemonen	Thalassianthidae	295
Familie Keulenanemonen	Isophellidae	295
Familie Scheibenanemonen	Discosomatidae	296
Familie Schwarze Korallen	Antipathidae	296
Ordnung STEINKORALLEN	**SCLERACTINIA**	**297**
Familie Geweihkorallen	Acroporidae	298
Familie Buschkorallen	Pocilloporidae	300
Familie Kantenkorallen	Agariciidae	300
Familie Porenkorallen	Poritidae	301
Familie Pilzkorallen	Fungiidae	302
Familie Blasenkorallen	Caryophylliidae	302
Familie Kelchkorallen	Dendrophylliidae	303
Stamm STACHELHÄUTER	**ECHINODERMATA**	**305**
Klasse Federsterne	**CRINOIDEA**	**305**
Familie Federsterne	Mariametridae	305
Familie Gorgonenhäupter	Gorgonocephalidae	305
Klasse Seesterne	**ASTEROIDEA**	**306**
Familie Schlangen-Seesterne	Ophidiasteridae	306
Familie Nagel-Seesterne	Mithrodiidae	306

Familie Kissen-Seesterne.	Oreasteridae	306
Klasse Seeigel	**ECHINOIDEA**	**307**
Familie Leder-Seeigel	Echinothuriidae	307
Familie Gift-Seeigel	Toxopneustidae	307
Familie Diadem-Seeigel	Diadematidae	307
Klasse Seegurken	**HOLOTHURIOIDEA**	**308**
Familie Gewöhnliche Seegurken	Holothuriidae	308
Familie Zotten-Seegurken	Stichopodidae	308
Familie Wurm-Seegurken.	Synaptidae	308
Stamm CHORDATEN	**CHORDATA**	**310**
Klasse Reptilien	**REPTILIA**	**310**
Familie Lederschildkröten	Dermochelyidae	310
Familie Meeresschildkröten	Cheloniidae	310
Familie Seeschlangen	Hydrophiidae	312
Klasse Säugetiere	**MAMMALIA**	**313**
Familie Delphine	Delphinidae	313
Familie Furchenwale.	Balaenopteridae	316

Index . . . . 317 - 321
Literatur 321

BILDGESCHICHTEN

IM INDIK ENTDECKT: DER GRÖSSTE FISCH DER ERDE!	14 - 16
HAIE VON BEDEUTUNG FÜR DIE MALEDIVEN.	23 - 25
LATIMERIA	37 - 39
LANDGÄNGER	49 - 51
TROMPETENSOLO	64 - 65
CHAGOS	92 - 94
ST. BRANDON	118 - 120
COCOS-KEELING	149 - 152
ALDABRA	170 - 173
SEX IM RIFF	194 - 196
WALE VOR SRI LANKA	224 - 226
MONSUNE	234 - 235
KORALLENFESTUNG	248 - 249
KAMPF UMS TERRITORIUM	264 - 265
SEPIA INTIM	280 - 281
FABELHAFTE PLATTWÜRMER	286 - 287
SARDINENSCHWEMME VOR SÜDAFRIKA	304
ÜBERZIEHER	309
TROPHÄENJÄGER	314 - 315

Ein seltener Engelhai, *Squatina tergocellata*, aus der Andamanensee im östlichen Indik.

VORWORT

Es ist mir eine große Freude, das Vorwort für das neue Buch von Helmut Debelius, den RIFF-FÜHRER INDISCHER OZEAN, zu schreiben. Ich kenne seine verschiedenen Fischführer und habe selbst auch einige auf meinen Tauch- und Forschungsreisen benutzt. Die bislang erschienenen Bände ergeben eine sinnvolle Serie, weil sie in zoogeografische Regionen aufgeteilt wurden. So können Taucher und Schnorchler sich für ihre bevorstehende Reise immer genau den Führer aussuchen, der zu dem besuchten Gebiet paßte. Es macht wenig Sinn, ein Buch voller Karibikfische dabei zu haben, wenn man z. B. um die Seychellen taucht. Wie ich aus den Manuskripten des neuen Buches ersehen kann, unterscheidet sich der RIFF-FÜHRER INDISCHER OZEAN von den bisherigen Führern: 1) er beinhaltet nicht nur Fische, sondern auch andere Vertebraten, die im marinen Lebensraum vorkommen. Und viele den Taucher interessierenden Niedere Tiere von verschiedener Herkunft wie Korallen, Anemonen, Schnecken und Krebse. 2) Einige Kurzgeschichten dienen dazu, interessante Verhaltensformen gewisser Meerestiere darzustellen oder aber über kaum erreichbare Tauchziele im Indischen Ozean mit spannenden Fakten zu berichten.

Mit Ausnahme der Kriegsfotografie ist die Naturfotografie die wohl schwierigste Disziplin in der Fotografie überhaupt. Und Unterwasser-Fischfotografie ist zweifellos die größte Herausforderung in der Naturfotografie. Denn unter Wasser ist der Fotograf nicht mehr in seinem üblichen Element. Zunächst bedarf das sichere Atmen und Bewegen in dieser anderen Welt einer Ausrüstung im Wert von einigen tausend Dollar. Weiterhin braucht man neben der Konzentration mindestens zwei Hände, um Kameras und Blitze erfolgreich einzusetzen. Dabei ist man noch bedacht, nicht durch unbedachte Bewegungen das Korallenriff zu schädigen, und natürlich zu vermeiden, sich von einem Seeigel oder Steinfisch stechen zu lassen. Auch sollte man seinen Buddy nicht aus den Augen lassen und dabei noch die Orientierung behalten, um nicht ganz verloren zu gehen. Wenn ich unter Wasser fotografiere, wünschte ich mir immer, daß ich mehrere Arme und Hände hätte. Gäbe es eine Patronin für Unterwasserfotografen, würde sie wie eine Meerjungfrau mit acht Armen aussehen und mit Augen auf der Rückseite ihres Kopfes versehen sein(!). Alle Taucher, die jemals Unterwasserfotografie betrieben haben, werden sich an die vielen Stunden erinnern, die sie brauchten, um nach Zweifel und Hader mit den eigenen Möglichkeiten dann doch zu akzeptablen Ergebnissen zu gelangen.

Bücher wie der RIFF-FÜHRER INDISCHER OZEAN von Helmut Debelius sind wichtig, denn sie helfen uns, mehr über die Meerestiere und ihre Umwelt zu verstehen. Je mehr wir unser Wissen und die Bewunderung (die vom Beobachten und Verstehen kommt) für die Pracht der tropischen Artenvielfalt steigern, desto größer ist die Sorge, diese eigene Welt unter Wasser auch zu schützen.

Dr. Phillip C. Heemstra
J.L.B. Smith Institute of Ichthyology
Grahamstown, Südafrika, im November 1998

Phil Heemstra vor einem Tauchgang bei Mauritius.

EINLEITUNG

Die meisten der Inseln im Indischen Ozean sind Korallenatolle. Hier ein Beispiel von den Malediven.

Der Indische Ozean ist von seinen Ausmaßen her flächenmäßig der kleinste der drei Ozeane unseres Planeten. Und dennoch war seine Bedeutung für mich immer am größten, machte ich doch meine ersten Tauchgänge in tropischen Gewässern 1974 vor den Küsten Sri Lankas. Damals lernte ich den Korallenfisch-Fänger Rodney Jonklaas kennen, den ich während eines Geschäftsbesuches in Deutschland zu seinen Kunden brachte. Ein paar Tauchgänge im Mittelmeer und Atlantik mit etwas einfarbigen Fischen hatte ich gerade hinter mir, als ich durch Rodney die Fischgroßhandlungen im Frankfurter Raum kennenlernte. Fasziniert von der Farbenpracht der in langen Aquarienreihen gehälterten Fische fragte ich ihn naiv, wo solch schöne Fische denn zu sehen seien. Die Antwort, "bei mir vor der Haustür", hatte Folgen: drei Wochen später stand ich in seinem Garten voller Aquarien am Rande des Städtchens Negombo an der Westküste Sri Lankas. Vom ersten Tag an begleitete ich Rodney bei seinen Fangexpeditionen "vor seiner Haustür" und der damals noch zugänglichen Ostküste um Trincomalee. Er zeigte viel Geduld mit dem wissendurstigen Neuling im tropischen Meer und beantwortete aus heutiger Sicht auch eher einfältige Fragen. Ihm, dem studierten Biologen, verdanke ich - auch bei weiteren Besuchen - viele Informationen zum Verständnis biologischer Abläufe im marinen Lebensraum. Rodney Jonklaas ist inzwischen verstorben, aber ich bin mir sicher, er hätte Gefallen an meiner Entwicklung bis hin zu diesem Buch gehabt.

Im Indik gibt es im Vergleich zum inselbedeckten tropischen Pazifik relativ wenige Inseln. Über 2.000 der schätzungsweise 3.000 Inseln werden allein von den knapp über die Meeresoberfläche ragenden Korallenatollen der Lakkadiven und Malediven gebildet. Die anderen Inselgruppen, wie die Maskarenen oder die Seychellen, und viele der Festlandsküste Afrikas und Arabiens vorgelagerte kleine Inseln unterscheiden sich von den Atollen deutlich in ihrer Topografie: sanfte Hügel oder schroffe Berge wechseln sich zwischen den Küstenlinien ab. Der südliche Teil des Indi-

Rodney Jonklaas in seinem Anwesen in Negombo, Sri Lanka. Er war auch durch seine große Sammlung von Schneckengehäusen bekannt.

schen Ozeans steht unter konstantem Einfluß des Südäquatorialstroms. Wenn dieser aus dem Osten kommend Madagaskar erreicht, teilt er sich: ein Arm fließt nach Süden in den Mozambik-Kanal zur Agulhas-Straße, wo durch seinen Einfluß tropische Fischarten auch noch vor Südafrika zu finden sind. Der andere Teil strömt entlang der ostafrikanischen Küste, bevor er am Äquator wieder nach Osten abdreht. Im nördlichen Indik hängt die Strömungsrichtung von den jahreszeitlich wechselnden Winden ab: von November bis März entsteht aufgrund der Nordost-Monsunwinde der Nordäquatorialstrom. Mit Beginn des Aprils wechseln die Winde komplett, dann treibt der Südwest-Monsun die Wassermassen genau entgegengesetzt: mit kaltem Tiefenwasser versehen, beeinflußt der Somalistrom in nördlicher Richtung die Küste Afrikas und das Arabische Meer.

Schon das Schnorcheln in einem Korallenriff des Indischen Ozeans bleibt unvergeßlich.

Wo nun konzentrieren sich Korallenriffe, die Heimat der meisten in diesem Buch gezeigten Fische und wirbellosen Tiere? Die eindrucksvollsten Riff-Formationen im Indischen Ozean stellen die Archipele der Lakkadiven und Malediven dar, denn sie sind ausnahmslos von Korallen aufgebaut. Beide Gruppen liegen auf dem Maledivenrücken, der als versunkene Randscholle des indischen Subkontinents gilt und sich über 2.300 km nach Süden bis zum Chagos-Archipel erstreckt. Gut entwickelte Saumriffe fand ich rund um Sri Lanka, das ebenfalls noch auf dem indischen Schelfsockel liegt. Weiter westlich verläuft über 2.500 km in Nord-Süd-Richtung der Maskarenenrücken, der aus 4.000 m Tiefe stellenweise bis unter die Meeresoberfläche reicht. Im Norden erheben sich die zehn Granit-Inseln der Seychellen (mit Saumriffen) und südwestlich davon die Amiranten (mit Atollen). Vom südlichen Rücken ragen die heute zu Mauritius gehörenden Cargados- oder St. Brandon-Inseln als Koralleninseln aus dem Indik, während Réunion und Mauritius reine Vulkaninseln sind. Die riesige Insel Madagaskar hat nur kleinere Saumriffe, dagegen sind die vulkanischen Komoren vollständig von solchen umgeben.

Auch im östlichen Indischen Ozean gibt es ausgeprägte Korallenriffe wie jene in der Andamanensee, nicht so sehr direkt an der Küste Thailands, sondern um die vorgelagerten Inseln gelegen. Ein Live-aboard (Taucher-Hotelschiff) stellt die ideale Möglichkeit dar, zum Beispiel während einer Wochentour zu den Similan Islands zu gelangen. Es waren nicht nur die anemonenbedeckten Riffe, die mich dort begeisterten: am Richelieu Rock und an den Burma Banks hatte ich die faszinierendsten Haibegegnungen in den letzten 25 Jahren überhaupt! Die Gelegenheit, "am Ende" des Indiks, wie vor der Westküste Sumatras, um Christmas Island oder sogar vor der Westküste Australiens an den Abrolhos-Inseln zu tauchen, bekommt nicht jeder. Ich habe sie genutzt.

Bislang hießen die Feinde der Korallenriffe Überfischung, Dynamit- und Zyanidfischfang und Öltanker-Katastrophen. Nun scheint eine neue Bedrohung hinzugekommen zu sein: der globale Temperaturanstieg. Wie das Resultat eines etwa zweimonatigen Anstiegs um bis zu 7 °C im Indischen Ozean aussah, konnte ich im November 1998 bei den Seychellen beobachten: fast alle Steinkorallen im Zehnmeterbereich waren abgestorben und von häßlichen braungrünen Algen überzogen. Sicherlich wären meine Fotos von der Krakenhochzeit auf Seite 196 in einem gesunden Korallenriff attraktiver ausgefallen....

Grundsätzlich ist das Ausbleichen von Korallen nichts Neues. In regelmäßiger Wiederkehr beobachtet man die Störungen überall dort, wo das Klimaphänomen El Nino auftritt. 1982/83 beispielsweise bleichten infolge erhöhter Temperaturen weltweit Steinkorallen aus. In der ersten Jahreshälfte 1998 aber wurden im Indik erheblich mehr überwärmte Oberflächenwasser-Bezirke, sogenannte Hot Spots, gemessen, als je zuvor. Um die Malediven lagen die Wassertemperaturen im Mai bis in 50 m Tiefe um 30 °C, und um die Seychelleninsel Mahé wurden im April

Der Autor betrachtet ein Anemonenfeld und seine Bewohner in der Andamanensee.

Live-aboards oder Taucher-Hotelschiffe sind ideal, um die Küsten von Thailand und Myanmar zu erkunden.

Oberflächentemperaturen von 36 °C gemessen. Dagegen stieg zur gleichen Zeit in der Andamanensee kaltes Tiefenwasser bis an die Küsten Myanmars und Thailands empor, wo sich erfahrene Taucher über Fischarten wunderten, die sie dort noch nie gesehen hatten.

Das derzeitige Korallenbleichen, das auch weitflächig im Pazifik registriert wurde, hat die Wissenschaft schockiert. Selbst Hunderte von Jahren alte Korallenstöcke starben im Jahre 1998 ab. Experten warnen, denn die globale Erwärmung läßt El Nino häufiger und in verstärkter Form auftreten. Schlechte Aussichten für den Lebensraum Korallenriff: wenn die bisherige Entwicklung nicht gestoppt wird, prophezeit die amerikanische Behörde NOAA (National

Algen haben die 1998 durch die globale Erwärmung abgestorbenen Steinkorallen überzogen.

Oceanic and Atmospheric Administration), wird es im Jahr 2028 weltweit 40 % aller Korallenriffe nicht mehr geben.

In diesem Buch versuche ich auf den begrenzten Möglichkeiten von 300 Seiten, die Schönheit der Korallenriffe und ihrer Bewohner im Indik auf UW-Fotos zu zeigen, und in kurzen Bildgeschichten faszinierende Beispiele vom Verhalten der Meerestiere zu geben. Ich hoffe, wir

Durch das Nahrungsüberangebot haben sich Algenfresser wie hier Streifen-Borstenzahndoktoren *Ctenochaetus striatus* (juvenil) schlagartig vermehrt.

Taucher, Schnorchler und Bewunderer des Lebensraums Ozean können dies noch viele Jahre selbst beobachten.

Frankfurt, nach 25 Jahren im Frühjahr 1999   Helmut Debelius

Malediven-Impressionen der besonderen Art.

BILDNACHWEIS

(o = oben, m = Mitte, u = unten, g = Ganzseiter)

CHARLES ANDERSON: 81 o m 98 o 102 o u 113 m u 122 u 126 m 137 m 164 o u 187 u 203 o 205 u 206 m 207 o 208 u 221 m 223 m 232 m 263 o 268 m 272 o 305 c
WALTRAUD BINANZER: 19 o 28 o 117 m 162 o
HELMUT CORNELI: 35 u 47 m 52 m 253 o
HELMUT DEBELIUS: 20 u 21 o m u 22 m u 26 o u 28 u 30 o u 32 o m u 34 o 35 o 41 o u 42 m 44 u 45 m u 46 o m u 47 o u 48 m u 52 u 53 o m u 54 o m u 56 o m 57 o 58 u 66 o u 67 m 68 m 70 o m u 71 o 74 o 76 o 77 m u 78 o 79 m u 80 u 81 u 82 o 83 o m 84 m u 86 o 87 u 88 m 89 m 90 o m u 91 o m u 96 u 97 o 98 m u 99 o m u 102 m 103 u 104 m u 106 o m u 107 o m 108 u 109 o u 110 u 111 m u 112 o m u 113 o 114 m u 115 o u 116 o m u 117 o u 122 o m 123 o 124 o m u 125 m 126 o u 127 o m u 130 m u 131 m u 132 o u 133 u 134 o m 135 o 136 m u 137 o 138 u 140 m u 141 o m u 142 o u 143 m u 144 o m u 145 o m u 146 o m u 147 o 148 u 154 o m 155 m u 156 o m 157 o 158 m u 159 o 160 o m u 162 m u 163 o u 165 m u 166 o u 167 o m u 168 o m u 169 o u 174 o m u 175 o 176 o 177 o u 178 o 179 o u 180 o m u 181 o u 182 o m u 183 o 184 o m u 185 o m u 186 o m u 187 o 188 m 189 o u 190 m u 192 o m u 193 o m u 198 o m u 200 o m u 201 o m 202 m 203 m 204 u 206 o 208 o m 209 m u 210 o m u 211 o u 212 o m u 213 m 214 o 215 o m u 216 o m u 217 o m u 218 m u 219 o u 220 o m u 221 o 222 o m 223 o 227 o m 228 o m u 229 u 230 m u 232 o u 233 o 234 m u 235 o u 236 o m 237 u 238 m u 239 u 240 o m u 241 o u 242 o m u 243 o 250 o 251 o u 252 o m u 253 o 255 m 257 g 258 o 259 o 262 o m 266 u 267 o 269 o m u 270 o 271 o 272 m 275 o u 276 u 277 o 278 m u 279 o u 282 m u 284 m 285 m 288 m u 289 m u 290 o u 291 o u 293 o m 294 o m u 295 o 296 o u 297 o m 298 o m u 299 o 300 o m u 301 o m u 302 o u 303 o m 305 u 306 o m u 307 o m u 308 o m u 310 u 311 o m 313 o 316 u
STEVE DROGIN: 13 u
KARIN ELGERT: 214 u
KIYOSHI ENDOH: 129 g
TOM HAIGHT: 19 u
JOHANN HINTERKIRCHER: 33 o 89 u 110 m 158 o 169 m 218 o 261 o m
HARALD JANUSCHKE: 205 o
GARY JEAN-BAPTISTE: 80 m 143 o

RODNEY JONKLAAS: 312 u
DENNIS KING: 82 u 83 o 84 o 85 m u 87 m 95 g 96 o m 100 m u 110 o 132 m 133 o 134 u 135 m u 136 o 148 o m 183 o 188 o 213 o 233 m u
MICHAEL MOXTER: 131 o
PAUL MUNZINGER: 42 u 77 o 292 u
JOHN NEUSCHWANDER: 29 u 207 m
WINFRIED PERSINGER: 63 m 71 m 137 o 239 m 284 t
JAN POST: 68 o 74 o 76 m 86 m 88 o 130 o 159 u 176 m 178 o 199 o 202 o u 204 m 213 u 222 u 250 m 272 u 274 m 278 o 289 o 297 u
NORBERT PROBST: 73 o 103 o 178 m 199 m 223 m 255 o 256 m 261 u 262 o m u 276 u 282 o 285 o 299 u 303 u 313 m
JACK RANDALL: 201 u
JÜRGEN SCHAUER: 18 u
FRANK SCHNEIDEWIND: 236 u 239 o
MARK STRICKLAND: 13 o m 17 o 18 o 22 o 26 m 27 o 30 m 31 u 40 g 42 o 45 o 52 o 58 m 59 o u 61 g 62 o u 63 u 67 o u 68 u 69 g 72 m u 75 g 78 o 79 o 80 o 85 o 87 o 97 u 104 o 105 o 107 u 111 o 114 o 123 u 125 o 128 o m u 138 o 147 u 155 o 159 m 190 o 199 o 203 u 204 o 205 m 206 u 209 o 219 m 221 o 227 u 230 o 234 o 235 m 237 o 243 m u 250 o 251 m 254 m u 255 u 256 o 258 o 259 m u 268 u 270 m u 275 m 276 m 277 o 283 u 310 o m 316 o
HERWARTH VOIGTMANN: 11 g 17 u 19 m 20 m 27 m 29 o 31 o 34 m u 41 m 43 o u 48 o 55 g 57 m u 58 o 60 m u 63 o 71 u 72 o 73 u 76 u 82 m 88 u 89 o 100 o 101 g 105 u 108 o 109 u 121 g 125 u 140 o 142 m 153 g 154 o 156 u 157 o 161 g 175 o 176 u 177 m 179 m 188 u 191 o u 197 g 207 u 214 m 229 o m 231 g 238 o 241 m 247 o u 260 o u 263 m u 267 m 268 o 271 m 273 g 274 o 279 m 285 u 292 o 295 u 311 u 312 o
LAWSON WOOD: 256 u 271 u 274 u 283 o 284 u
PHIL WOODHEAD: 33 o 316 m

TITELSEITE, von links nach rechts:
Carcharhinus albimarginatus - Mark Strickland
Scarus rubroviolaceus - Helmut Debelius
Lysmata debelius - Herwarth Voigtmann
Sepia pharaonis - Mark Strickland
Acanthurus leucosternon - Helmut Debelius
Amphiprion ephippium - Mark Strickland

RÜCKTITEL:
Plectorhinchus vittata, Chaetodon collare - Helmut Debelius

HAIE UND ROCHEN — ELASMOBRANCHII

Je mehr sich das Sporttauchen entwickelt, desto häufiger kommt es zu Begegnungen zwischen Menschen und Elasmobranchiern, allgemein als Haie und Rochen bekannt. Heutzutage wird nicht nur in Küstennähe getaucht, sondern Taucher-Hotelschiffe, sogenannte 'live-aboards' ermöglichen küstenferne Tauchgänge und Begegnungen mit Hochseetieren. Außerdem gibt es Inseln und Atolle im Indischen Ozean, die noch relativ unberührt und unter Wasser voller Überraschungen sind. Daher interessieren sich viele Taucher dafür, die gesehene oder fotografierte Fischart zu identifizieren und mehr über ihr Verhalten zu erfahren. In diesem Buch werden hervorragende UW-Fotos von Haien und Rochen von überallher aus dem Indik gezeigt, wobei insbesondere Aspekte von Biologie und Verhalten der Art betont werden, wo immer möglich. Dabei werden nicht nur augenfällige Arten wie Walhai und Mantarochen vorgestellt, die man am richtigen Ort leicht sehen kann, sondern auch scheue und versteckt lebende Arten, die man vorsichtig in ihrem benthischen Habitat aufspüren muß. Man darf jedoch nicht erwarten, nach einem ersten Blick sofort jede Art korrekt bestimmen zu können. Manchmal ist es sogar für Spezialisten schwierig, Haie und Rochen anhand eines einzigen Fotos zu identifizieren. Aber gute Fotos sind immer noch das beste Mittel, den gültigen Namen einer Kreatur herauszufinden, und Namen sind wichtig in der Kommunikation.

Das Skelett von Haien und Rochen (Elasmobranchier = Bogenkiemer) wird aus mehr oder weniger kalkhaltigen Knorpelzellen aufgebaut (daher Knorpelfische, zu denen auch die meist im Tiefwasser lebenden Chimären zählen). Ihre Wirbelsäule besteht - je nach Art - aus 60 bis 420 Wirbelkörpern. Die Rumpfmuskulatur ist durch Bindegewebe fest mit der Wirbelsäule verbunden und dient der Fortbewegung. Früheste Fossilfunde heute noch lebender Haiarten sind die extrem widerstandsfähigen Zähne von Mako- und Weißen Haien (etwa 100 bzw. 65 Mill. Jahre alt). Seit Beginn des Tertiärs, der Periode gewaltiger Gebirgsauffaltungen (Alpen, Himalaya, Anden), schwimmen also nahe Verwandte rezenter Haie fast unverändert durch die Meere! Wie bescheiden klingen im Vergleich die 120.000 Jahre, vor denen sich der Vormensch zum Homo erectus aufrichtete.

Knorpelfische sind Fleischfresser, und obwohl viele das fressen, was sie erbeuten können, gibt es Arten mit Vorlieben. So verzehren Graue Riffhaie hauptsächlich Fische, Ammenhaie mögen Seeigel, Adler- und Kuhrochen bevorzugen Muscheln. Allerdings hängt das Jagdverhalten auch vom Alter des Jägers ab. Junge Adlerrochen suchen Muscheln direkt auf dem Substrat, während Adulte mit ihrem ausgeprägten 'Entenschnabel' tiefer graben. Viele Adler- und Stechrochen haben flache, kräftige Malmgebisse, um die Panzer von Krabben, Muscheln, Schnecken und Seeigeln zu knacken.

Knorpelfische haben interessante Jagdstrategien entwickelt. Junge Ammenhaie wie auch Stechrochen wurden beobachtet, wie sie sich bewegungslos auf ihren Brustflossen abstützten und so eine Höhle unter ihrem Körper bildeten. An diesem Ort Schutz suchende Fische oder Krebse haben keine Chance. Viele Haie verlassen sich auf ihre Geschwindigkeit, um schnelle und agile Beute zu fangen. Graue Riffhaie greifen Schnapper-Schulen an, um einzelne Individuen zu isolieren und diese unglaublich schnell zu packen, wenn sie versuchen, ins schützende Riff zu entkommen. Einige Hammerhaiarten haben sich auf eingegrabene Stechrochen spezialisiert. Wie bei allen Knorpelfischen ist ihr eigenartiger Kopf mit vielen elektrosensitiven Poren ausgestattet, deren Empfindlichkeit so hoch ist, wie die der besten technischen Meßgeräte. Der Kopf wird beim Voranschwimmen hin und her geschwenkt. So können sie die elektrischen Muskelpotentiale im Substrat eingegrabener Tiere aufspüren. Ist die Beute lokalisiert, dient der Kopf auch als 'Entenflügel' (Canard) dem engen Kurvenschwimmen bei hoher Geschwindigkeit, um flüchtende Stechrochen erbeuten zu können.

Elasmobranchier haben diverse Reproduktionsmethoden: viele legen dotterreiche Eier (ovipar), doch die meisten Arten in diesem Buch gebären lebende Junge (ovovivipar) nach langen Tragzeiten von mehreren Monaten und mit plazentaler Versorgung (plazental vivipar) bei vielen Arten. Je nach Art werden ein oder zwei bis zu dreihundert Junge geboren. Es muß betont werden, daß sich alle Knorpelfische im Vergleich zu Knochenfischen nur sehr langsam vermehren, was sie anfällig für Überfischung macht. Im Indik können noch viele Arten beobachtet werden; aber viele sind - zumindest lokal - durch unkontrollierten Fang in Treibnetzen bedroht, die jedes Jahr Millionen dieser wichtigen Mitglieder der Nahrungskette ertränken. Oft werden den lebenden Haien nur die Flossen für teure (kommerziell erfolgreiche) Haiflossensuppe abgeschnitten; anschließend verenden sie langsam und elend am Meeresboden. Diverse Vereinigungen versuchen weltweit, diesen kurzsichtigen Raubbau zu bekämpfen, indem sie die Konsumenten über Opfer und Verantwortlichkeiten aufklären. Lokale Fischerei entnimmt dem Meer eigentlich nur das, was die Anwohner zum Leben benötigen. Das läßt genug Zeit zum Erholen der Bestände. Aber sobald Exporte eine Rolle zu spielen beginnen, werden die Bestände schnell überfischt, was zum Aussterben von Arten führen kann. Man denke also zweimal darüber nach, ob man irgendwelche Haiprodukte kauft.

WALHAIE — RHINCODONTIDAE

Walhai
Whale shark

Länge: bis zu 12 m; es gibt fragwürdige, unbestätigte Sichtungen von Exemplaren von bis zu 18 m Länge. Verbreitung: zirkumtropisch, im gesamten Gebiet dieses Buches.
Tiefe: 1 - 130 m.
Allgemein: die größte lebende Fischart ist leicht an ihrer immensen Größe und dem Zweifarbmuster aus hellen Flecken und Streifen auf einem dunkelbraunen Rücken zu erkennen. Anders als bei anderen Haiarten ist das enorme Maul endständig. Es kann zum Filtern riesiger Wassermengen weit geöffnet werden; Beute sind kleine Fische, Kalmare, kleine Krebstiere und anderes Plankton.

Der Walhai ist ovovivipar und nicht ovipar, wie lange Zeit angenommen wurde. 1995 wurde ein 8 m langes Weibchen vor Taiwan harpuniert, das Hunderte von Embryonen in verschiedenen Entwicklungsstadien enthielt. Einige waren bereits aus ihren Eihüllen geschlüpft: sie waren etwa 70 cm lang, was wahrscheinlich der Geburtslänge entspricht. Die größte Haiart hat also auch die größte Nachkommenzahl pro Wurf.

Die Lebensweise des Walhais ist so gut wie unbekannt. Subadulte leben in kleinen Gruppen, die man aber nur selten sieht; adulte sind meist Einzelgänger. Wie sich diese Giganten finden, wie und wo sie sich paaren, weiß niemand.

Walhaie sind bei Tauchern sehr populär, denn trotz ihrer allgemeinen Seltenheit sind vor den Seychellen, Thailand (Similan Islands), Christmas Island und dem tropischen Westaustralien (Ningaloo Reef) Begegnungen garantiert. Den größten Fisch an einem dieser Plätze zu treffen, hängt jedoch von der Jahreszeit ab, man sollte seinen Tauchreiseveranstalter nach der besten Zeit fragen.

Richelieu Rock, Thailand

Richelieu Rock, Thailand

Rhincodon typus — Ningaloo Reef, Westaustralien

IM INDISCHEN OZEAN ENTDECKT: DER GRÖSSTE FISCH DER ERDE!!

Er ist der größte Fisch, und doch weiß man immer noch recht wenig über ihn, denn als Hochseebewohner läßt er sich nur selten dort sehen, wo Taucher unter Wasser sind. Trotzdem hat man über sein Verhalten und seine Anatomie in den letzten Jahren eine Menge dazugelernt. Wie also lebt, frißt und vermehrt sich ein Riese von 12 m Länge und 11.000 kg Gewicht, der größte lebende Fisch der Erde, der Walhai?

Ein seltener Anblick: eine ungewöhnlich große Gruppe von Kobias schwimmt zusammen mit diesem adulten Walhai von etwa 9 m Länge.

Der erste der Wissenschaft bekannt gewordene Walhai wurde 1828 am Kap der Guten Hoffnung gefangen. Diese südlichste Verbreitung der tropischen Haiart wird durch den warmen Mozambik-Strom entlang der Ostküste Afrikas ermöglicht. Der relativ kleine, nur 4,6 m lange Fisch wurde mit einer Harpune erlegt. Das getötete Tier wurde konserviert, seine wissenschaftliche Beschreibung durch Andrew Smith noch im selben Jahr im südafrikanischen Zoological Journal publiziert, und der Fisch dann an das Musée National d'Histoire Naturelle in Paris geschickt, wo er heute noch (!) ausgestellt wird. Der längste, genau vermessene Walhai ging 1983 einem Fischer an der indischen Küste vor Bombay ins Netz: das männliche Tier maß exakt 1218 cm (12,18 Meter) und wog 11 Tonnen. Einen Eindruck von der Seltenheit des größten Fisches der Erde aber gibt eine Liste aller jemals registrierten Walhaibegegnungen von 1828 bis 1987: eine Biologin kam auf 320 Tiere - im Schnitt nur magere zwei pro Jahr. Erst im November 1994 entdeckte ein Hubschrauberpilot aus der Luft, direkt vor Mahe/Seychellen, ganz in der Nähe einer Tauchbasis, gleich mehrere Walhaie zusammen. Über Funk informierte er die Basis. Das Resultat war ein bis heute einzigartiges Filmdokument, denn man sieht bis zu vier Walhaie bei der Nahrungsaufnahme im Bild.

Im Gegensatz zu den meisten anderen Haiarten sitzt das breite Maul des Walhais nicht an der Unterseite, sondern am Vorderende des Kopfes. Die Nasenöffnungen liegen direkt darüber, und ihre Barteln erinnern an die Verwandtschaft mit den Ammenhaien. Wie aber funktionieren die Augen des Giganten? Im Vergleich zum riesigen Körper sind sie recht winzig und dienen wie bei allen Haien nur der Nahsicht. Der für Haie ungewöhnlich geformte, stark abgeplattete Kopf beinhaltet Augenhöhlen, die viel größer sind als die Augäpfel selbst. So ist deren Beweglichkeit in alle Richtungen größer als bei anderen Haiarten. Zum Schutz können die Augen sogar weggedreht, ja regelrecht versenkt werden. Nickhäute zum Schutz des Auges - wie von vielen anderen Haiarten bekannt - fehlen. Beim Filtrieren schwimmt der Walhai geradlinig ohne das sonst für Haie typische Seitwärtsschwenken des Kopfes, das der sensorischen (inklusive optischen) Orientierung dient. Er sammelt seine Beute einfach beim Durchschwimmen der oberflächennahen Planktonschicht ein. Die Augen dienen dabei zur Registrierung der Planktondichte und weisen dem Tier den Weg auch zu einem Sardellenschwarm, sobald er diesen entdeckt hat. Daß beim Abseihen der Oberfläche auch Luft ins Maul gerät, ist kein Problem: sie verläßt den Kiemenreusenapparat einfach wieder durch die langen Kiemenschlitze.

Walhaie können ihre Augen in fast jede Richtungen drehen, um sie zu schützen, sogar nach innen.

Ein Walhai durchseiht das Oberflächenwasser nach Plankton.

Um etwas über die Lebensweise eines Tieres zu erfahren, muß man es möglichst störungsfrei in seiner

Nach Vollmond im März steigen Sperma- und Laichschleier aus den *Favia*-Korallen am Ningaloo-Riff Westaustraliens.

natürlichen Umgebung beobachten. Eine elegante Methode der Wildtierbeobachtung, das Anbringen eines Senders mit diversen Sensoren und einem Aufzeichnungsgerät, hat beim größten aller Meereskaltblüter bisher leider versagt. Also sind Walhaibeobachtungen immer noch purer Zufall, es sei denn, man kennt ihr 'Lieblingslokal'. Einem australischen Walhaiforscher fiel in den 1980er Jahren der Zusammenhang zwischen dem Ablaichen der Korallen im März und dem darauffolgenden vermehrten Erscheinen von Walhaien am Ningaloo-Riff Westaustraliens auf. Nach Vollmond ist das Meer im dortigen Herbst bald von den weiten rosa und lila Schleiern des Korallenlaichs bedeckt. Diese Proteinmasse ist der Beginn einer interessanten Nahrungskette: Riesenschwärme des tropischen Krillkrebses *Pseudeuphausia latifrons,* die aus der Tiefe des Indiks kommen, laichen ebenfalls. Während man die Krillkrebse sonst nur nachts nahe der Oberfläche sieht, sind sie während der Planktonblüte auch tagsüber dort zu finden - und auch die Walhaie, deren Lieblingsfutter sowieso Krebstiere sind. Natürlich kommen auch Sardellenschwärme, um sich am Korallenlaich zu laben, was wiederum pelagische Fische wie Thune und Makrelen anzieht. Sie treiben die Sardellen zu riesigen Bällen zusammen, um dann von unten fressend in diese Fischmassen einzutauchen. Das wiederum gefällt den Walhaien, die eigennützig mithelfen, die Schwärme zu dezimieren.

Lange Zeit konnten die Wissenschaftler nur spekulieren, wie sich Walhaie vermehren. Nach dem Fund einer großen Eikapsel inklusive lebendem Walhaiembryo 1953 glaubte man zunächst an Ovipiarie (Vermehrung durch Ablegen von Eikapseln) wie beim verwandten Leopardenhai. Doch erst vor wenigen Jahren kam die ganze Wahrheit ans Licht (siehe S. 13). Juvenile Walhaie sind rund um den Erdball gefangen worden, allerdings nur kleine bis zu einem Meter und dann wieder größere ab 3 m Länge. Im Gegensatz zu den Adulten schwimmen sie in Gruppen. Wo sich die Zwischengrößen aufhalten, ist noch unbekannt.

Die Paarung selbst ist nur bei wenigen Haiarten im natürlichen Lebensraum beobachtet worden, beim Walhai allerdings noch nicht. Trotzdem gilt auch hier wie bei allen Knorpelfischen, daß sie sich intern befruchten. Im Gegensatz zu den Knochenfischen wird Energie in wenige, dafür aber gut geschützte und bei der Geburt fertig entwickelte, selbständige Junge mit hoher Überlebensrate investiert. Wie bei allen Haiarten hat der männliche Walhai ein Paar Klas-

Die rötlichen Muster des Korallenlaichs an der Wasseroberfläche erinnern an moderne Kunst.

Frisch gefangene tropische Krillkrebse der Art *Pseudeuphausia latifrons,* die zusammen mit den Korallen laicht.

per, längliche, zylindrische Begattungsorgane, die sich mit der Geschlechtsreife am Innenrand der Bauchflossen entwickeln. Ihre An- oder Abwesenheit läßt das Geschlecht eines Hais ab einem gewissen Reifegrad leicht von außen erkennen. Während der Kopulation (vermutlich Bauch an Bauch) wird einer der beiden Klasper in die weibliche Geschlechtsöffnung (Kloake) eingeführt. Bei noch nicht geschlechtsreifen Walhai-Männchen sind die penisartigen Klasper kurz und weich, bei adulten Tieren dagegen deutlich länger als die Bauchflossen und durch Verkalkung der knorpeligen Skelettelemente steif. Waren die Klasper eines Walhais bereits einmal in Gebrauch, ist es ihnen an Schrammen und Narben deutlich anzusehen. Mit den Klaspern verbunden sind zwei muskulöse Säcke, die unter der Bauchhaut nach vorne verlaufen und vor der Kopulation mit Meerwasser gefüllt werden. Während

Die halbmondförmige Lücke in der Hinterkante dieser Walhai-Schwanzflosse ist wahrscheinlich von einem räuberischen Hai verursacht worden.

Wunden an den Klaspern eines adulten Walhais sind aktuelle Beweise für sexuelle Aktivitäten.

Die schlitzförmige Kloakenöffnung eines weiblichen Walhais, ein Schiffshalter und eine juvenile Pilot-Stachelmakrele.

des Geschlechtsaktes wird dieses Wasser ausgepreßt und gleichzeitig Sperma in die inneren Geschlechtsorgane des Weibchens geschwemmt.

Selbst ein so riesiges Tier wie der Walhai hat offensichtlich Feinde, wie Verletzungen und fehlende Flossenteile beweisen. Ob andere große Haiarten oder gar Bootspropeller dafür verantwortlich sind, kann man nur vermuten. Es gibt noch keine Belege für einen solchen Zweikampf der Giganten. Harmlos sind dagegen seine ständigen Begleiter: es sind Knochenfische aus verschiedenen Familien, die aus mehreren Gründen seine Nähe suchen. Der immer auf Futtersuche befindliche Riese garantiert auch für Mitesser ein ausreichendes Futterangebot. Außerdem ist es energiesparend, im 'Windschatten' eines Walhais zu schwimmen.

Ein 45 cm langer Walhaiembryo sieht bereits wie ein adultes Tier aus.

Die häufigsten Hitchhiker sind Stachelmakrelen und Schiffshalter. Sehr augenfällig sind die Juvenilen der Schwarzgoldenen Pilot-Stachelmakrele *Gnathanodon speciosus*, die in Gruppen von bis zu 150 Tieren am Kopf des Walhais schwimmen. Sehr häufig sieht man den Gestreiften Schiffshalter *Echeneis naucrates* in Gesellschaft des Walhais. Mit einer länglichen Saugscheibe (umgewandelte Rückenflosse), einer Profilsohle ähnlich, auf dem Kopf, saugt er sich an den unmöglichsten Stellen des Riesen fest, so unter dem Maul, auf dem Kopf, im Spritzloch, an den Flossen oder sogar in der Kloake des Walhai-Weibchens. Der Gestreifte Schiffshalter kann bis zu 80 cm lang werden. Der größte Begleiter des Walhais ist die Kobia *Rachycentrum canadum*. Sie kann bis zu 200 cm lang werden, aber die bei Walhaien gesichteten Kobias waren kaum einen Meter lang. Die typischen weißen Längsstreifen der Jungtiere werden bei adulten Kobias dunkelgrau wie der Rest des Körpers. Und noch einen Hitchhiker gibt es - leider: den Menschen, vom Berührungs- und Fummelwahn auch unter Wasser besessen. Der beste Rat: Fotografieren oder Mitschwimmen erlaubt, aber berühren verboten!

Dieser subadulte Walhai wird von verschieden großen Schiffshaltern begleitet. Das Foto entstand am Richelieu Rock in Thailand.

ZEBRAHAIE STEGOSTOMATIDAE

Leopardenhai
Zebra shark

Länge: bis zu 350 cm.

Verbreitung: gesamtes Gebiet.

Tiefe: 5 - 65 m.

Allgemein: man trifft diesen unverwechselbaren Hai meist einzeln in Korallenriffen und Lagunen. Seine Schwanzflosse ist fast so lang wie der Körper. Entlang des Rückens ziehen charakteristische Kanten. Die Jugendfärbung (dunkle und helle, senkrechte Streifen, Populärname!) weicht völlig vom Erwachsenenfarbkleid (siehe grosses Foto unten) ab.

Tagsüber ruht der Leopardenhai meist bewegungslos am Boden (großes Foto), nachts schwimmt der nachtaktive Jäger dicht über den Boden, um seine Beute zu finden: Krebstiere, andere schalentragende Wirbellose, Fische und sogar Seeschlangen. Manchmal schwimmt er auch am Tage umher.

Kanten und Färbung erinnern an den Walhai, und einige Wissenschaftler halten beide für nahe verwandt. Die Hauptunterschiede gehen auf die hochspezialisierte pelagische Lebensweise des Walhais zurück.

Stegostoma fasciatum Similan Islands, Thailand

AMMENHAIE — GINGLYMOSTOMATIDAE

Ginglymostoma ferrugineus — Mulaku Atoll, Malediven

Gemeiner Ammenhai
Indian Ocean nurse shark
Länge: bis zu 300 cm. Verbreitung: gesamtes Gebiet. Tiefe: 1 - 70 m. Allgemein: eine nachtaktive, bodenlebende Haiart, die sich tagsüber in Höhlen versteckt, oft in Gruppen (siehe große Fotos). Die Färbung ist einheitlich bräunlichgelb ohne Muster.

Die beiden nominellen Arten der Gattung *Nebrius* werden von einigen Haitaxonomen (namensgebende Forscher) unter dem Argument vereint, *N. ferrugineus* seien nur große *N. concolor*.

Ginglymostoma ferrugineus — Myanmar

Ein Paar Barteln am Innenrand der Nasenöffnungen über dem Maul (kleines Foto) dienen zum Finden und Erkennen der Beute: Krebstiere, Seeigel, Kopffüßer und Riffische, alle werden buchstäblich mit dem dicklippigen Maul aus Spalten herausgesaugt.

KATZENHAIE — SCYLIORHINIDAE

Scyliorhinus comoroensis — Komoren

Komoren-Katzenhai
Comoros cat shark
Länge: bis zu 60 cm. Verbreitung: bislang nur von den Komoren bekannt. Tiefe: 40 - 300 m. Allgemein: dies ist das erste Foto, das die Art in ihrem natürlichen Habitat zeigt. Alle Flachwasser-Katzenhaiarten haben Tarnmuster aus Streifen oder Flecken und Punkten, ideal für ein Leben am Boden. Alle sind ovipar und fressen hauptsächlich Bodenwirbellose. Sie selbst werden von größeren Haien und räuberischen Knochenfischen gejagt.

| SANDHAIE | ODONTASPIDIDAE |

Sandhai
Sandtiger shark

Länge: bis zu 330 cm.
Verbreitung: Mosambik bis Südafrika, auch Rotes Meer.
Tiefe: 1 - 200 m. Allgemein: einzeln oder in Gruppen an der Küste. Die Aggressivität dieser Art wird noch diskutiert. Es wird von scheuen Tieren berichtet, die auch in die Enge getrieben nicht angreifen, aber auch von Angriffen auf Menschen, besonders in Südafrika und bei schlechter Sicht.

Sandhaie sind für ihre besondere Art der Reproduktion bekannt: sie sind ovovivipar und gebären pro Uterus nur ein großes Junges, das bereits ein Drittel der Länge der Mutter mißt und zuvor seine Geschwister und unbefruchtete Eier im Uterus gefressen hat (Adelphophagie). Adulte fressen Knochenfische, Haie, Rochen und Krebse.

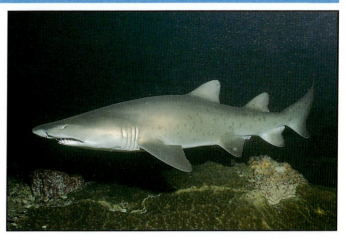

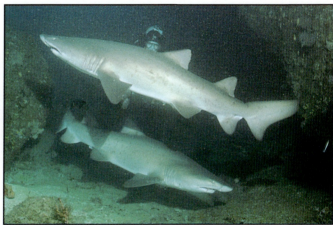

Carcharias taurus — alle Fotos: Aliwal Shoal, Südafrika

| RIESENMAULHAIE | MEGACHASMIDAE |

Riesenmaulhai
Megamouth shark

L: bis zu 520 cm. V: Atlantik, Pazifik, Indik. T: 50 - 1.500 m. A: 1976 entdeckt, bis jetzt nur 10 Tiere aus Treibnetz-Zufallsfängen und Strandungen, eine davon im Indik nahe Perth, W-Australien. Alle außer einem 470 cm Weibchen waren subadulte Männchen. Über diesen höchst ungewöhnlichen pelagischen Hai weiß man nur wenig, und obwohl die Chance, einem im Meer zu begegnen, nur gering ist, sollte ihn jeder erkennen können, um so mehr über die Art zu erfahren.

Megachasma pelagios — Ostpazifik

FUCHSHAIE — ALOPIIDAE

Alopias vulpinus — Amiranten, Seychellen

Gewöhnlicher Fuchshai
Common thresher shark

Länge: bis zu 330 cm.
Verbreitung: gesamtes Gebiet.
Tiefe: 1 - 150 m.
Allgemein: unverwechselbare Art mit sehr langer Schwanzflosse, die benutzt wird, um Schwarmfische zu betäuben, die Hauptnahrung dieses scheuen Hais. Frißt auch schwarmbildende Garnelen und Kalmare. Der Fuchshai ist pelagisch und nur selten küstennah anzutreffen. Er ist ovovivipar und gebiert zwei Junge pro Wurf. Die Familie umfaßt drei Arten, alle in unserem Gebiet. Sie sind nicht leicht zu unterscheiden.

GRUNDHAIE — CARCHARHINIDAE

Ari Atoll, Malediven

Grauer Riffhai
Grey reef shark

Länge: bis zu 180 cm.
Verbreitung: gesamtes Gebiet und Rotes Meer.
Tiefe: 5 - 280 m.
Allgemein: eine der populärsten und bekanntesten Haiarten überhaupt. Es ist DIE häufigste Haiart an den Korallenriffen im Indik und Roten Meer. Sie ist neugierig, nähert sich Tauchern und wurde schon oft gefilmt und fotografiert. Alle Grundhaie sind plazental vivipar: vor der Geburt ist jedes Junge über eine Dottersack-Plazenta lange mit der Innenwand des mütterlichen Uterus über eine Art 'Nabelschnur' verbunden. Bis zu 6 Junge werden am Ende der etwa zweijährigen Reproduktionsperiode geboren. Hauptsächlich zwischen Abend- und Morgendämmerung jagt die Art viele verschiedene Knochenfische. Lebendbeobachtungen im Pazifik zeigten, daß die Art ähnlich eingezäunten Hunden Territorien verteidigt. Bei Störung zeigt sie ein typisches agonistisches Verhalten: Buckeln, Absenken der Brustflossen, übertriebenes Schwimmen. Im Indischen Ozean viel weniger aggressiv und durch Unterwasser-Handfütterung kommerziell wichtig für lokale Tauchbasen. Siehe auch Seite 11.

Carcharhinus amblyrhynchos — Lhaviyani Atoll, Malediven

GRUNDHAIE — CARCHARHINIDAE

Seidenhai
Silky shark
L: bis zu 330 cm. V: Nordindik, südlichster Nachweis aus Mosambik. T: 1 - 500 m. A: die Art lebt eigentlich pelagisch, ist aber auch küstennah anzutreffen. Nicht aggressiv, friedliche Zusammentreffen im offenen Wasser vor dem Riff möglich. Frißt hauptsächlich Thunfisch, daher bei Fischern unbeliebt. Nach dem Ozeanischen Weißspitzenhai und dem Blauhai ist der Seidenhai die Nr. 3 in der Hierarchie ozeanischer Haie. Sein Name bezieht sich auf den seidenen Schimmer der Haut, der durch Millionen von Hautzähnchen entsteht.

Carcharhinus falciformis — Aldabra, Seychellen

Schwarzspitzen-Riffhai
Blacktip reef shark
Länge: bis zu 180 cm. Verbreitung: gesamtes Gebiet. Tiefe: 1 - 30 m. Allgemein: ein häufiger Hai indopazifischer Riffe, wo er meist in kleinen Gruppen Fische jagt. Dringt ohne Zögern in sehr seichtes und manchmal sogar brackiges Wasser ein. Einfach an den schwarzen Flossenspitzen zu erkennen, die im Seichten oft den Wasserspiegel überragen.
 Lebhaft, wird in Meerwasseraquarien zur Schau gestellt, sollte aber nicht mit größeren (dominanten) Haien zusammen gehalten werden. Siehe auch LANDGÄNGER, S. 49-51.

Carcharhinus melanopterus — Mauritius

Ozeanischer Weißspitzenhai
Oceanic white-tip shark
L: bis zu 350 cm. V: gesamtes Gebiet. T: 1 - 150 m. A: pelagisch, nur selten am Riff. Eine der größten Arten der Familie. Leicht an den großen, gerundeten Rücken- und Brustflossen mit weißen, breiten Spitzen zu erkennen. Dem eleganten Schwimmer fehlt die hektische, für viele Grundhaie typische Schwimmweise. Wird oft von Pilotmakrelen *Naucrates ductor* und anderen Haien begleitet. Angeblich eine der vier für den Menschen gefährlichsten Haiarten, es gibt aber keinen bestätigten Angriff!

Carcharhinus longimanus — Cocos Keeling Islands, Westaustralien

| GRUNDHAIE | CARCHARHINIDAE |

Silberspitzenhai
Silvertip reef shark
L: bis zu 300 cm. V: Westindik südwärts bis Südafrika. T: 30 - 150 m. A: im offenen Wasser nahe Korallenriff-Drop-offs, oft unter 30 m. Meist einzeln oder paarweise, auch in kleinen Gruppen. Scheu, nicht leicht zu fotografieren. Die Reproduktion ist - wie bei allen Gattungsmitgliedern - plazental vivipar. Etwa alle zwei Jahre werden bis zu 11 lebende Junge geboren (Anzahl abhängig von Größe und Alter der Mutter). Die Art frißt Knochenfische und wurde vor über 150 Jahren aus dem Roten Meer beschrieben.

Carcharhinus albimarginatus — Burma Banks, Thailand

Weißspitzen-Riffhai
White-tip reef shark
L: bis zu 210 cm. V: gesamtes Gebiet. T: 1 - 40 m. A: die häufige Art lebt einzeln oder in kleinen Gruppen im Riff, ruht tags auf dem Grund oder in Höhlen und jagt nachts Fische zwischen den Korallen. Oft der erste Hai, dem man in unserem Gebiet begegnet.

Triaenodon obesus — Praslin, Seychellen

| HAMMERHAIE | SPHYRNIDAE |

Bogenstirn-Hammerhai
Scalloped hammerhead shark
Länge: bis zu 420 cm.
Verbreitung: gesamtes Gebiet.
Tiefe: 3 - 280 m.
Allgemein: der häufigste der merkwürdigen Hammerhaie. Der friedliche Art begegnet man einzeln oder in riesigen, wandernden Schulen. Wie bei den nahe verwandten Grundhaien ist die Reproduktion der Hammerhaie plazental vivipar. Diese Art kann bis zu 31 Junge pro Wurf gebären. Sie ernährt sich von Rochen, Haien und Knochenfischen, z. B. Makrelen und kleinen Thunfischen.

Sphyrna lewini — Aldabra, Seychellen

HAIE VON BEDEUTUNG FÜR DIE MALEDIVEN

Was assoziieren Taucher und meeresorientierte Urlauber mit den Malediven? Großfische wie Haie und Rochen sowie Schnapper, Süßlippen, Makrelen und Thunfische, die dort noch in riesigen Schwärmen vorkommen. Die genannten Knochenfische sind nach wie vor Hauptziel der maledivischer Fischer, aber der Fang von Haien nimmt immer mehr zu.

Auf den Malediven kennt man einige Arten des Haifischfangs, drei wichtige sind das gezielte Tiefseeangeln von Dornhaien (*Centrophorus* spp., Familie Squalidae) wegen ihres wertvollen Leberöls, das Hochsee-Angeln von pelagischen Haiarten wie Weißspitzen-Hochseehai (*Carcharhinus longimanus*) und Tigerhai (*Galeocerdo cuvier*) wegen Flossen und Fleisch sowie wegen der gleichen Produkte schließlich die Küstenfischerei auf riffgebundene Arten wie Silberspitzenhai (*Carcharhinus albimarginatus*) und Grauer Riffhai (*Carcharhinus amblyrhynchos*) mit Netzen und Handleinen. Alle Haiprodukte werden exportiert. Die Aktivitäten zur Riffhai-Fischerei stehen seit einigen Jahren in Konflikt mit der Tourismus-Industrie der Malediven. "Shark watching" ist eine der Hauptattraktionen für Taucher. Groben Schätzungen zufolge resultieren jährlich allein aus der Haiversessenheit der Taucher US $ 2,3 Millionen für die Regierung der Malediven. Glaubt man weiteren Angaben, ist der Graue Riffhai lebend hundertmal mehr wert als tot auf einem Fischerboot.

Auf den Malediven haben Haie nicht wie in anderen Ländern den ohnehin falschen Ruf von Menschenfressern. Obwohl es einige wenige Fälle gibt, in denen Fischer bei der Arbeit von Haien gebissen wurden, ist von den Malediven kein unprovozierter Angriff auf Taucher oder Schnorchler bekannt. Daher hat sich dort ein ungeahnter Hai-Boom entwickelt. Die Garantie des Reiseveranstalters für eine sichere Haibegegnung unter Wasser ist zu einem wichtigen Verkaufsargument geworden. Natürlich stellen Haie nur einen Teil eines Malediven-Pakets dar, denn weißer Sand und Palmen, klares Wasser und bunte Korallenfische sind wohl genauso wichtig. Aber eine Befragung von 32 erfahrenen Tauchlehrern auf den Malediven ergab eine

Haiflossen trocknen auf einem Boot in der Sonne.

Liste von 35 Tauchplätzen, die nur der Haien wegen besucht werden. Dazu gehören der Fish Head, Maaya Tila, Lion's Head sowie Madivaru und Kuda Faru. Die Anzahl an reinen Haitauchgängen pro Jahr ist schwer zu schätzen. Unter Berücksichtigung der Saison, Perioden der Abwesenheit der Haie und dem Desinteresse mancher Taucher kommt man immerhin auf 77.000 reine "shark watching dives" oder rund 15 % der halben Million Touristen-Tauchgänge auf den Malediven pro Jahr. Rechnet man US $ 30 für einen Tauchgang, so resultieren allein aus Haibeobachtungen jährlich die erwähnten US $ 2,3 Millionen.

Wie immer man die genannten Zahlen bewertet, es wird deutlich, daß Reiseveranstalter ein großes (finanzielles) Interesse an gesunden Riffen haben müssen. So überraschten die heftigen Proteste keineswegs, die folgten, als maledivische Haifischer an Fish Head und Lion's Head erwischt wurden. Als von Februar bis Juni 1992 die Haie am Fish Head gar ganz ausblieben, machte sich Bestürzung unter den Betreibern der Tauchbasen breit. Heute weiß man, daß dies nur eine außergewöhnlich lange Periode des alljährlichen Phänomens war, wenn die Haie (meistens Graue Riffhaie) für einige Wochen einfach in der Tiefe verschwinden. Wer läßt sich beim Liebesspiel schon gern zuschauen? Trotzdem forderten die Reiseveranstalter bereits mehrfach von der maledivischen Regierung, Hainetze und Haiangeln innerhalb der Atolle ganz zu verbieten. Mit folgender Rechnung wurden die Forderungen untermauert: etwa 20 adulte Haie sind regelmäßig am Fish Head zu sehen. Teilt man den Ertrag aus Haibeobachtungen von US $ 670.000, ist jeder Hai am Fish Head US $ 33.500 wert. Die analoge Rechnung für alle 35 Haitauchplätze ergibt immerhin noch den fiktiven Haiwert von US $ 3300 pro Jahr. Natürlich läßt sich auch der Wert eines toten Grauen Riffhais errechnen, denn

Ein gefinnter Riffhai stirbt einen langsamen Tod.

Eine viel bessere 'Nutzung': lebende Haie, eine Freude für jeden UW-Fotografen.

wenn man den Erlös für getrocknetes Fleisch und Flossen sowie für Gebiß und Leberöl addiert, kommt man etwa auf US $ 32. Aufgerundet ist ein lebender Grauer Riffhai am Tauchplatz also hundertmal mehr wert als ein toter. Das gilt für ein Jahr, wenn man aber davon ausgeht, daß ein Grauer Riffhai 18 Jahre alt wird und er ortstreu ist, vervielfacht sich diese Summe.

Nicht nur die Überlegung ist wichtig, welcher Ertrag erwirtschaftet wird, sondern auch wem er zukommt. Die Malediven-Fischer sind direkt von den Einkünften aus ihrem Fang abhängig. Sie würden von keinem Fischfangverbot profitieren. Das heißt aber nicht, daß sie nicht indirekt vom Tauchtourismus profitieren, denn etwa US $ 8 vom Preis für einen Tauchgang entfallen auf die Bootskosten inklusive der Dhoni-Crew, die sonst fischen würde. Ein konkretes Beispiel: sieben von 19 Haie fischenden Dhoni-Crews von Dungati haben von Juli 1991 bis August 1992 das Angebot genutzt, für ein neueröffnetes Tauch-Ressort in der Nähe zu arbeiten. Auch die Tauchzentren selbst stellen Malediviern Arbeitsplätze zur Verfügung und tragen indirekt zu deren Wohl bei, denn sie bezahlen für alle Importe und Gäste Steuern, welche die Regierung für Gesundheits- und Erziehungsprogramme weitergibt.

Die Malediven haben wegen der Vielfalt ihrer Fischwelt und des Reichtums an Großfischen auch heute noch einen großen Wettbewerbsvorteil gegenüber anderen Tauchdestinationen. Gerade in benachbarten Gebieten wie Südostasien droht eine Überfischung der Riffe wegen der hohen Nachfrage einer gewachsenen Bevölkerung. Wird der Fischfang bei den Malediven weiterhin sinnvoll betrieben, so bleiben auch die Vorteile bestehen. Die meisten Tauchbasenleiter sind jedoch der festen Überzeugung, daß die Besucherzahlen drastisch zurückgingen, wenn es auf den Malediven keine Haie mehr zu sehen gäbe.

Hitliste der Maledivenhaie

Bis heute sind von den Malediven 26 Haiarten wissenschaftlich korrekt identifiziert. Drei Dornhai-Arten aus der Tiefe des Indischen Ozeans werden dort zwar häufig gefangen, sind aber noch nicht genau bestimmt. Aufgrund von Gebissen allein weiß man noch von 4 weiteren Haiarten. Man kann also durchaus von 33 nachgewiesenen Haiarten sprechen. Die Malediven-Fischer zählen darüber hinaus noch den Bogenmund-Gitarrenrochen (*Rhina ancylostoma*) und den Großen Gitarrenrochen (*Rhynchobatus djiddensis*) zu den Haien! Die fünf Haiarten, die jeder Taucher - je nach Jahreszeit fast garantiert - um die Malediven beobachten kann, werden in der Reihenfolge ihrer Häufigkeit vorgestellt.

GRAUER RIFFHAI *Carcharhinus amblyrhynchos*
Malediven-Name: thila miyaru

Dieser kräftige, imposante Hai von bis zu 180 cm Länge kommt oft in Gruppen vor. Eine Begegnung mit 10 oder mehr Tieren ist für die meisten Taucher DAS Maledivenerlebnis. Normalerweise ist diese Art recht scheu, aber einige Tauchlehrer haben sie - zumindest in der Vergangenheit - angefüttert, so daß sie sich Menschen nähern. Es sind die Weibchen, die herankommen, während Männchen und Juvenile in tieferen Bereichen leben. Die besten Tauchplätze für Graue Riffhaie (weil dort ganzjährig zu sehen) sind der Fish Head (Mushimasmingili Thila) im Ari-Atoll und der Lion's Head im Nord Male Atoll. Beim Miyaru Kandu, Guraidhoo und Embudu-Channel sieht man sie nur während des Nordost-Monsuns (November bis April), während sie um Kuda Boli

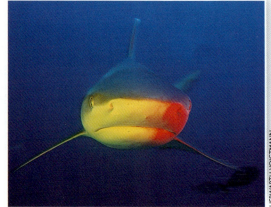

UW-Fotografie etwas anders: auch farbiges Licht schadet nicht!

und Rasfari im Südwest-Monsun auftreten. Mit den Monsunen wechseln auch die Strömungen. Die Art findet sich immer an den Kanalmündungen, die der Strömung ausgesetzt sind. Zur Paarung zwischen März und Mai verschwinden auch die weiblichen Grauen Riffhaie. Von einem im August im Ari-Atoll gefangenen Weibchen von 144 cm Länge weiß man, daß es zwei Jungtiere von 48 cm Länge trug. Die Art wird von den Malediven-Fischern bevor-

Die meisten tauchen auf den Malediven, um lebende Haie zu sehen. Was wird die Zukunft Haien und Touristen bringen?

zugt und mit Stellnetzen, Bodenlangleinen und Handleinen gefangen.

WEIßSPITZEN-RIFFHAI *Triaenodon obesus*   Malediven-Name: faana miyaru

Im Vergleich zum Grauen Riffhai ist diese Art weit weniger eindrucksvoll, obwohl sie mit 210 cm Länge noch größer wird. Der Weißspitzen-Riffhai ist auf den Malediven garantiert, da er kaum Scheu vor Tauchern zeigt. Das gilt das ganze Jahr, also auch in beiden Monsunperioden. Oft findet man die Art tagsüber in Höhlen oder unter Schirmkorallen ruhend vor, nicht selten sogar auf offenen Sandflächen und auch in so flachem Wasser, daß sogar Schnorchler diesen Riffhai beobachten können. Die nachtaktive Art jagt in Gruppen und frißt Papageifische, Meerbarben sowie Drückerfische. Jedes Individuum ist ortstreu und kehrt zu seinem Ruheplatz zurück. Die maledivischen Fischer fangen den Weißspitzen-Riffhai nachts mit Stellnetzen und Handleinen.

GEWÖHNLICHER AMMENHAI *Ginglymostoma ferrugineus*   Malediven-Name: nidhan miyaru

Der Malediven-Name bedeutet "Schlafender Hai". Genau das tut dieser nachtaktive Hai tagsüber in Riff-Höhlen, wo er häufiger als der ähnlich lebende Leopardenhai von Tauchern gesehen werden kann. Der Bodenbewohner wird bis zu 320 cm lang und ist auf den Fang von Kraken und anderen Kopffüßern spezialisiert. Mit seinen Barteln tastet er im Korallendickicht und in Felsspalten auch nach Krebsen und kleinen Fischen, die vom Maul eingesaugt werden. Bei einem weiblichen Tier wurden 8 Embryos gezählt. Früher verkauften die Fischer die lebenden Tiere auch an die Touristenressorts, wo sie in sogenannten "shark pools" den Touristen vorgeführt wurden. Die Fischer fangen diesen Ammenhai nachts mit Stellnetzen und Handleinen.

SILBERSPITZENHAI *Carcharhinus albimarginatus*   Malediven-Name: kattafulhi miyaru

Diese Art ist um die Malediven weit verbreitet und regelmäßig zu sehen. Der einheimische Name bezieht sich auf die deutlichen weißen Ränder an den Flossen. Der Silberspitzenhai schwimmt wesentlich majestätischer als der oft hektische Graue Riffhai, was auch an seiner größeren Körperlänge liegt, die 300 cm erreichen kann. Allerdings sieht man große Silberspitzenhaie nur an Außenriffen, wo sie auch von den Fischern gefangen werden (bis zu 230 cm Länge). Juvenile von 75 - 125 cm Länge wurden innerhalb der Malediven-Atolle gefangen. Magenuntersuchungen ergaben, daß die Art Knochenfische und Kopffüßer frißt. Um die Malediven kommt sie als Einzelgänger auch im Flachwasser (um 10 m) vor, anderswo eher tiefer.

WALHAI *Rhincodon typus*   Malediven-Name: fehurihi

Der größte lebende Fisch (bis 12 m lang) ist ein harmloser Planktonfresser. Der massige Fisch - um die Malediven sieht man meist 5 bis 7 m lange Exemplare - schwimmt oft in geringer Tiefe und ist am weißen Fleckenmuster auf dem Rücken gut zu identifizieren. Das riesige, endständige Maul wird zum Nahrungsfiltern weit aufgerissen. Deutlich muß darauf hingewiesen werden, daß Walhaie bei den Malediven nicht überall regelmäßig beobachtet werden können. Bei Nordost-Monsun fließt die Strömung von Ost nach West, während sie bei Südwest-Monsun von West nach Ost fließt. Wenn diese Strömungen wechseln, wird bei den Malediven viel Sediment aufgewirbelt. Daraus resultieren Planktonblüten, die die Walhaie anlocken, und zwar vor allem im Norden, wo um die doppelten Atollketten das Wasser mehr durchmischt wird und der Monsunwechsel heftiger ist als im Süden. Es soll nicht unerwähnt bleiben, daß Walhaie um die Malediven auch gefangen werden. Befragungen zufolge handelt es sich um etwa 30 Tiere im Jahr, was bei der relativ seltenen Art auf Dauer zu viele sind, besonders, wenn man mit ihnen Touristen anlocken will. Fleisch und Flossen werden nicht genutzt, sie müssen wegen nur 100 - 200 Liter Öl pro Tier sterben: 30 getötete Walhaie ergeben den Ertrag von (nur) US $ 4000!

HAIFLOSSEN-GITARRENROCHEN   RHYNCHOBATIDAE

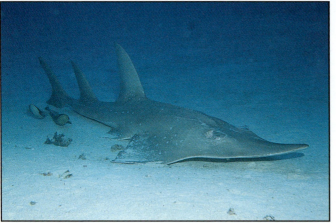

South Male Atoll, Malediven

Großer Gitarrenrochen
Spotted shovelnose ray
Länge: bis zu 310 cm.
Verbreitung: gesamtes Gebiet.
Tiefe: 2 - 50 m.
Allgemein: ähnlich der folgenden Art, aber schlanker und mehr abgeplattet wie ein typischer Rochen. Mit unterem Schwanzflossenlappen, obwohl meist dicht am Boden schwimmend, anders als sein massigerer Verwandter *Rhina*. Größter Gitarrenrochen, häufig auf Sand, manchmal in extrem flachem Wasser. Ovovivipar mit bis zu 10 Jungen pro Wurf, die in Ästuaren oder Mangrovengebieten geboren werden. Frißt bodenlebende Fische und Wirbellose.
  Obgleich das mittlere Foto nicht unter optimalen Bedingungen gemacht wurde, ist es ungewöhnlich: es zeigt ein Paar dieser Art, sehr wahrscheinlich während der Balz. Das Männchen ist das kleinere Exemplar unter dem Weibchen.
  Das kleine Foto unten zeigt ein Jungtier mit den typischen weißen Punkten auf der Oberseite. Die meisten davon verschwinden im Alter, wie auf dem oberen Foto zu sehen.

Rhynchobatus djiddensis   Myanmar

Rhina ancylostoma   Mauritius

Bogenmund-Gitarrenrochen **Bowmouth guitarfish**
L: bis zu 240 cm. V: gesamtes Gebiet. T: 3 - 90 m. A: lebt auf Korallengeröll und schwimmt auch im Freiwasser, wie auf der folgenden Seite zu sehen. Die Schwanzflosse dieser Übergangsform zwischen Haien und Rochen hat einen unteren Lappen, eigentlich ein Merkmal echter Haie, aber alle Mitglieder dieser und der folgenden Knorpelfischfamilien sind echte Rochen. In der Indik-Region nennen viele Fischer auch die Gitarrenrochen Haie, bei echten Rochen liegen die Kiemenschlitze jedoch auf der Kopfunterseite.

HAIFLOSSEN-GITARRENROCHEN　　　RHYNCHOBATIDAE

Bogenmund-Gitarrenrochen
Fortsetzung

Beide Geschlechter ähneln sich auf den ersten Blick, aber wie bei allen Knorpelfischen sind die Weibchen meist größer, und ihnen fehlen die männlichen Begattungsorgane oder Klasper am Innenrand der Bauchflossen. Das kleine Foto unten zeigt die ungewöhnlich langen Klasper eines männlichen Gitarrenrochens. Die der Stechrochen sind viel kürzer, wie bei *Himantura undulata* auf der folgenden Seite zu sehen.

Alle Gitarrenrochenarten sind ovovivipar mit Wurfgrößen von etwa 4 Jungen. Sie ernähren sich von Krebsen und anderen Wirbellosen.

Rhina ancylostoma　　　Burma Banks, Thailand

TORPEDOROCHEN　　　TORPEDINIDAE

Schwarztupfen-Torpedorochen
Black-spotted torpedo ray
Länge: bis zu 64 cm.
Verbreitung: Sri Lanka bis Südafrika, fehlt aber rund um die Arabische Halbinsel.
Tiefe: 3 - 500 m.
Allgemein: wie fast alle Arten der Familie lebt auch diese bodennah. Dort ist sie durch ihr dunkles Netzmuster auf hellerem Hintergrund und Sandbedeckung perfekt getarnt (siehe kleines Foto unten). Torpedorochen jagen bodenlebende Fische und Wirbellose, die sie durch die Entladung (über 200 Volt und mehrere Ampere!) zweier nierenförmiger elektrischer Organe betäuben oder töten.

Torpedo fuscomaculata　　　Ari Atoll, Malediven

27

TORPEDOROCHEN — TORPEDINIDAE

Marmorierter Torpedorochen
Marbled torpedo ray
Länge: bis zu 100 cm.
Verbreitung: gesamtes Gebiet.
Tiefe: 2 - 200 m. Allgemein: in Lagunenriffen um Korallentürme und Felsen. Während der Paarungszeit in Schulen. Das kleine Foto unten aus dem Oman zeigt eine Farbvariante.

Torpedo sinuspersici — Pemba, Tansania

STECHROCHEN — DASYATIDIDAE

Leoparden-Stechrochen
Leopard whipray
Breite: bis zu 140 cm.
Verbreitung: gesamtes Gebiet.
Tiefe: 3 - 80 m.
Allgemein: eine mäßig häufige Art des inneren Kontinentalschelfs, manchmal im Flachwasser. Kann von ähnlichen Arten am besten durch das Muster unterschiedlich geformter dunkler Flecken (vergleiche Fotos) auf hellerem Hintergrund unterschieden werden, die bei Adulten enger stehen und nicht zu einem Irrgartenmuster verschmelzen wie bei dem häufigeren *H. uarnak*.
Man beachte die Klasper und den Schwanzstachel auf dem unteren Foto (gleiches Männchen wie auf dem großen Foto).

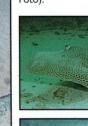
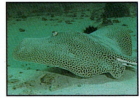

Himantura undulata — Aldabra, Seychellen

STECHROCHEN   DASYATIDIDAE

Waben-Stechrochen
Honeycomb whipray
Breite: bis zu 150 cm.
Verbreitung: gesamtes Gebiet.
Tiefe: 3 - 175 m. Allgemein:
der (nicht abgebrochene) peitschenähnliche Schwanz dieser
Art erreicht mehr als die doppelte Länge der Körperscheibe. Schnauze zugespitzt, Brustflossenspitzen stumpf gerundet. Das typische Netzmuster
verschwindet im Alter allmählich. Die Art lebt auf Sandböden in Riffnähe; meist sind nur
Teile wie Augen und Schwanz
sichtbar, wenn sich das Tier im
Sand eingegraben hat. Ernährt
sich von Krebsen, Weichtieren,
Kalmaren und Quallen.

Himantura uarnak   Punto d'Oro, Mosambik

Mangroven-Stechrochen
Mangrove whipray
Breite: bis zu 100 cm.
Verbreitung: gesamtes Gebiet.
Tiefe: 5 - 10 m. Allgemein: diese Stechrochenart lebt im
Seichtwasser der Mangrovengebiete, Ästuare und geschützten Küstenbuchten der Korallenriffe. Sie kann leicht am teilweise weißen Schwanz (inklusive Dorn) erkannt werden, der
wie in weiße Farbe getaucht
aussieht. Schwanzbasis und
Oberseite der Körperscheibe
sind dunkel schiefergrau mit
unregelmäßig verteilten, weit
auseinanderstehenden weißen
Punkten. Dieses typische
Muster ist auf den Fotos deutlich zu sehen (unteres kleines
von den Similan Islands, Thailand). Wie viele Stechrochen
ernährt sich auch diese Art
von den unterschiedlichsten
beschalten Bodenwirbellosen,
die von der stumpf gerundeten
Schnauze bedeckt, aus dem
Substrat gesaugt und schließlich zwischen den Zähnen zermalmt werden. Letztere bilden
Reihen stumpfer Spitzen, sind
aber nicht zu Zahnplatten verschmolzen wie bei den Adlerrochen (siehe weiter unten).

Himantura granulata   Gaafu Atoll, Malediven

STECHROCHEN   DASYATIDIDAE

Himantura jenkinsi

Jenkins Stechrochen
Jenkins' whipray B: bis zu 100 cm. V: ges. Gebiet. T: 5 - 55 m. A: Körperscheibenrand deutlich weiß, Körper und Schwanz gelblichbraun. Einzeln, manchmal auch in Gruppen.

Ari Atoll, Malediven

Himantura fai   Surin Island, Thailand

Lila Stechrochen
Pink whipray

Breite: bis zu 150 cm. Verbreitung: gesamtes Gebiet. Tiefe: 20 - 200 m. Allgemein: eine große Stechrochenart mit sehr langem Schwanz; ist er nicht abgebrochen, kann die Gesamtlänge 5 m überschreiten! Die Färbung der Oberseite ist einheitlich bräunlichrosa mit dunkleren Flecken. Die Art wird meist küstenfern angetroffen, oft im Tiefwasser um Atolle. Frißt Krebstiere und scheint Garnelen zu bevorzugen, da oft als Beifang in den Netzen der Garnelenfischerboote.

Taeniura lymma   Sri Lanka

Blaupunkt-Stechrochen
Bluespotted stingray
B: bis zu 100 cm. V: gesamtes Gebiet. T: 2 - 20 m. A: häufig, kann leicht an vielen, großen, leuchtend blauen Flecken auf der Körperscheibe erkannt werden. Stachel (oft zwei) weit hinten auf dem Schwanz, der auch eine kleine, saumartige Schwanzflosse trägt. In Riffen, tags auf Sand (selten eingegraben) unter Korallen und in Spalten, nachts auf Beutesuche. Frißt Würmer, Garnelen und Einsiedlerkrebse. *Dasyatis kuhlii* (siehe S. 32) ist ähnlich, hat aber weniger, dafür dunkel umrandete blaue Flecken und eine weiße Schwanzspitze.

STECHROCHEN DASYATIDIDAE

Schwarzpunktrochen
Blotched fantail ray

B: bis zu 180 cm. V: gesamtes Gebiet. T: 6 - 100+ m. A: mit unbeschädigtem Schwanz bis zu 3 m lang. Häufigste Stechrochenart unseres Gebietes. Färbung sehr variabel, von blaßgrau bis fast schwarz mit vielen unregelmäßigen dunklen Flecken. Meist ein Schwanzstachel, der weit von der Schwanzwurzel entfernt sitzt.

Man trifft die Art am Fuß von Drop-offs oder auf Sandflächen in oder nahe Korallenriffen. Gräbt oft große Löcher (siehe großes Foto rechts), indem sie Wasser aus dem Maul bläst, das vorher durch die Spritzlöcher eingesogen wurde. Die Spritzlöcher sind 'verkümmerte' Kiemenöffnungen hinter den Augen, die allen bodenlebenden Rochen die Aufnahme von Atemwasser ermöglichen, sogar wenn sie auf dem Grund liegen. Bläst der Rochen ins Substrat, legt er Weichtiere und Krebse im Sand frei, die aufgenommen und gefressen werden. Das untere große Foto zeigt einen *Himantura fai*, der einen größeren *T. meyeni* 'reitet.' Dieses Zusammentreffen kann in unserem Gebiet recht häufig beobachtet werden, auch mit anderen Arten der Gattung *Himantura*. Seine Bedeutung ist bislang noch nicht untersucht worden, aber wahrscheinlich profitieren die kleineren Stechrochen vom nahrungsfördernden Substratwühlen der größeren Art.

Kleine Fotos unten: die Art ist nicht scheu und oft Fotomodell; drei juv. *Gnathanodon speciosus* nahe dem Spritzloch.

Punto d'Oro, Mosambik

Taeniura meyeni   Myanmar

STECHROCHEN — DASYATIDIDAE

Pastinachus sephen — Thailand

Federschwanz-Stechrochen
Feathertail stingray
Breite: bis zu 180 cm. Verbreitung: gesamtes Gebiet. Tiefe: 1 - 60 m. Allgemein: die Art lebt in Korallenriffen und Lagunen, auch in Flüssen. Färbung einheitlich braun, bis auf einen deutlichen, großen Hautlappen auf der Unterseite der hinteren Schwanzhälfte, der viel dunkler ist. Auf dem Schwanz sitzt ein Stachel, etwa am Beginn des Schwanzflossenlappens. Frißt beschalte Weichtiere und Krebse. Neugierig, inspiziert die Aktivitäten von Tauchern. Wird oft von Pilotmakrelen begleitet.

Kuhls Stechrochen
Kuhl's stingray B: bis zu 40 cm. V: ges. Gebiet. T: 3 - 90 m. A: ähnlich *T. lymma* (siehe S. 30), aber tags oft im Sand eingegraben und weniger häufig im Riff, eher auf weiten Sandflächen zu finden. Mit Schwanzflossensaum und meist zwei Stacheln in der Mitte auf dem Schwanz. Weiße Schwanzspitze typisch.

Dasyatis kuhlii — Sri Lanka

Igelrochen
Porcupine ray
B: bis zu 100 cm. V: gesamtes Gebiet. T: 1 - 30 m. A: typisch sind der ovale bis kreisförmige Umriß und zahlreiche Rückendornen; kein Schwanzstachel. Auf Korallengeröll, seichten Sandflächen und in Seegras. Frißt Fische (im Sand schlafende Lippfische) und Krabben.

Urogymnus asperrimus — Ari Atoll, Malediven

FALTER-STECHROCHEN — GYMNURIDAE

Arabischer Falterrochen
Butterfly stingray
Breite: bis zu 250 cm.
Verbreitung: gesamtes Gebiet, um die Arabische Halbinsel, nicht Rotes Meer.
Tiefe: 1 - 50 m.
Allgemein: meist einzeln anzutreffen. Bewohnt Lagunen, aber auch auf weit vom Korallenriff entfernten Sandflächen. Falterrochen sind schnelle Schwimmer, die in kleinen Gruppen jagen; ihre Hauptbeute sind kleine Schwarmfische.

Körperscheibe und Brustflossen aller Familienmitglieder sind viel breiter als lang, was ihnen beim Schwimmen ein schmetterlingshaftes Aussehen verleiht. Der Schwanz ist kurz und trägt meist zwei widerhakenbewehrte Stacheln an der Basis, die - wie bei allen Stechrochen - nur zur Verteidigung eingesetzt werden. Die Reproduktion ist ovovivipar, bis zu 8 Junge pro Wurf, Tragzeit etwa ein halbes Jahr. Schon die Ungeborenen tragen Schwanzstacheln.

Gymnura poecilura — Oman

ADLERROCHEN — MYLIOBATIDIDAE

Gemusterter Adlerrochen
Patterned eagle ray
Breite: bis zu 160 cm.
Verbreitung: das kleine Foto unten (Kuredu, Malediven) ist der Erstnachweis der Art aus dem Indik, sonst weit verbreitet im Westpazifik (Taiwan, Indonesien, Nordaustralien).
Tiefe: 5 - 50 m.
Allgemein: dieser sehr attraktive Adlerrochen trägt ein typisches Netzmuster aus dunklen Linien und Ringen auf der Oberseite (vergleiche beide Fotos). Der Schwanz ist extrem lang und trägt, wenn unbeschädigt, erheblich zur Maximallänge von fast 4 m bei. Der massige Kopf des Molluskenfressers trägt in jedem Kiefer sieben Zahnreihen.

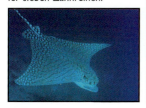

Aetomylaeus vespertilio — Felidhoo Atoll, Malediven

ADLERROCHEN — MYLIOBATIDIDAE

Gefleckter Adlerrochen
Spotted eagle ray

Breite: bis zu 350 cm. Verbreitung: gesamtes Gebiet. Tiefe: 1 - 45 m. Allgemein: häufigster 'fliegender' Rochen im Indik einschließlich des Roten und Arabischen Meeres. Meist im Freiwasser küstennaher Korallenriffgebiete, auch um Atolle. Typisch ist die dunkle Oberseite mit zahlreichen, kleinen, weißen, recht regelmäßig angeordneten Punkten (vergleiche mit *Aetomylaeus vespertilio*). Einzeln oder in kleinen Gruppen anzutreffen, wie auf den Fotos zu sehen. Das Exemplar auf dem mittleren Foto sucht im Substrat nach beschalten Weichtieren, seiner Lieblingsspeise. Diese werden zwischen zwei flachen Platten aus ineinander verzahnten Brechzahnreihen geknackt.

Manchmal legen riesige Schulen von Adlerrochen auf ihren Wanderungen gewaltige Entfernungen zurück. Wahrscheinlich sind es Hochzeitsversammlungen auf ihrem Weg zu den Paarungsgründen, doch sind diese weiträumigen Bewegungen der Rochen noch wenig untersucht. Adlerrochen paaren sich im Freiwasser oder am Boden. Das Männchen beißt sich an der Brustflosse des Weibchens fest. Bauch an Bauch führt es dann einen Klasper in die weibliche Kloake ein. Nach einer Tragzeit von einem Jahr werden bis zu 4 Junge geboren (ovovivipar).

Aldabra, Seychellen

Aetobatus narinari — Ari Atoll, Malediven

TEUFELSROCHEN — MOBULIDAE

Mantarochen
Manta ray

B: bis zu 670 cm, max. 400 cm. V: gesamtes Gebiet. T: 1 - 40 m. A: der größte Rochen lebt pelagisch im offenen Meer, kommt aber auch in Riffnähe vor (Foto links). Unten: Manta als Nahrung (Sri Lanka).

Manta birostris — Ari Atoll, Malediven

TEUFELSROCHEN   MOBULIDAE

Mantarochen
Fortsetzung

Trotz seiner zahlreichen kleinen Zähne ist der riesige Manta ein Filtrierer, der Plankton und kleine Fische frißt. Manchmal kann man ihn einzeln oder in kleinen Gruppen dicht über Korallen (siehe große Fotos rechts) oder sogar Seegras sehen, wo er dicht am Boden winzige Organismen aufnimmt. Die Beute wird zwischen den fleischigen Lappen zu beiden Seiten des Kopfes (Kopfflossen) in das enorme Maul geleitet. Meist jedoch fressen Mantas nahe der Oberfläche, dort, wo sich Plankton angesammelt hat. Dabei schlagen die Rochen Purzelbäume und durchbrechen sogar die Oberfläche. Manchmal kann man sie auch hoch in die Luft springen sehen. Dies könnte Spiel- oder Dominanzverhalten sein. Auch Befreiung von lästigen Hautparasiten könnte eine Rolle spielen, ähnlich wie bei Walen. Mantas suchen häufig Putzerstationen im Riff auf. Dort lassen sie sich von Putzerlippfischen Hautparasiten und alte Haut an verheilten Wunden entfernen. Bei den Malediven ist oft der Lippfisch *Thalassoma amblycephalum* beteiligt.

Mantas sind ovovivipar und gebären nach einer langen Tragzeit von 13 Monaten ein oder zwei Junge. Schwangere Weibchen wurden schon bei spektakulären Luftsprüngen beobachtet, bei denen sie manchmal ihre Jungen ausstoßen.

Das kleine Foto unten aus Pemba zeigt die fast vollständig weiße Unterseite von Körperscheibe und Brustflossen eines Mantas. Die meisten Exemplare tragen dort verteilt einige dunkle Flecken, die im Alter zahlreicher werden. Diese Muster können unter Wasser zur Unterscheidung einzelner Individuen dienen, auch auf größere Distanz (man vergleiche die Fotos).

Ari Atoll, Malediven

Manta birostris   Ari Atoll, Malediven

35

KNOCHENFISCHE   OSTEICHTHYES

In der stammesgeschichtlichen Forschung galt lange Zeit die Auffassung, daß es zunächst nur die urtümlicher wirkenden Knorpelfische gegeben hätte und sich die Knochenfische später aus diesen entwickelten. Inzwischen hat man umgelernt. Die meisten Fachleute neigen heute zu der Ansicht, daß - vor 440 Millionen Jahren - zunächst die Knochenfische auftraten und die Knorpelfische erst nach etwa weiteren 15 Millionen Jahren folgten. Einiges läßt vermuten, daß die Frühphase der Evolution von Knochenfischen in Brack- und Süßwasser stattfand. Erst später wanderte ein Teil dieser 'neuen Modelle' ins Meer, aus dem ihre Ahnen gekommen waren und wo deren nächste Verwandte immer geblieben sind. Für Knorpelfische wird vermutet, daß sie sich aus Tiergruppen entwickelten, die das Meer nie verlassen haben. Obwohl mit gleichen Urahnen, haben die beiden großen Klassen deutlich verschiedene Merkmale ausgebildet. Den Knochenfischen gelangen dabei wesentlich mehr Neuentwicklungen, was zu einem explosiven Anstieg der Artenzahl führte: auf einen Knorpelfisch kommen zur Zeit wenigstens 36 Arten von Knochenfischen!

Unter anderem entwickelten die Knochenfische die Schwimmblase, ein überaus nützliches Organ, das seinem Besitzer erlaubt, ohne Energieaufwand in beliebiger Tiefe im Wasser zu schweben. Zum Steigen oder Sinken braucht der Fisch nur seinen Kopf nach oben oder unten zu richten und seine Antriebsmuskeln zu betätigen. Die Schwimmblase registriert jede Druckveränderung und sorgt automatisch durch Ablassen oder Nachfüllen für den richtigen Gasdruck, um das spezifische Gewicht des Fisches dem des Wassers in dieser Tiefe anzupassen. Ihre Größe bleibt dabei gleich. Man hält die Schwimmblase für das Überbleibsel eines Organs zur Luftatmung, das in warmen, sauerstoffarmen Brackwasserhabitaten notwendig geworden war. Knorpelfische nahmen an jener Entwicklung nicht teil und müssen bis heute ohne diese praktische Tariereinrichtung auskommen. Auch einige Knochenfische haben ihre Schwimmblase wieder reduziert, da sie wegen einer Lebensweise am Boden überflüssig wurde. Auch bei den Stoffwechselprozessen gibt es wichtige Unterschiede zwischen beiden Klassen, wobei Knochenfische den Wirbeltieren gleichen, die sekundär ins Meer zurückgekehrt sind: Reptilien, Vögel und Säuger. Die fortschrittlichere Entwicklung der Knochenfische ermöglichte ihren neuen Formen die Eroberung aller Ökosysteme.

Im Indik gibt es interessante Beispiele für Symbiosen zwischen Knochen- und Knorpelfischen: oft sieht man Putzerlippfische der Gattung *Labroides* beim Parasiten-Entfernen an bodenlebenden Knorpelfischen wie Ammenhaien und Blaupunkt-Stechrochen. Der Lippfisch *Thalassoma amblycephalum* hat sich auf Mantas spezialisiert und schwimmt sogar in deren Kiemenöffnungen hinein. Dauerschwimmende Wal- und Grundhaie sind oft von Schiffshaltern umgeben, die ihre großen Wirte nicht nur von Parasiten befreien, sondern auch Nahrungsreste aufschnappen. Der Hauptvorteil für diese Knochenfische ist aber energiesparender Transport und Schutz durch den Knorpelfisch. Die Kobia *Rachycentrum canadum* findet man stets zusammen mit Walhaien, Adler- und Stechrochen. Wenn die Rochen am Boden fressen, umkreist sie die Kobia, um aufgeschreckte Fische zu erhaschen. Viele Stachelmakrelen der Gattungen *Caranx* und *Seriola* begleiten große Haie oder Schildkröten und nutzen sie als Deckung beim Anpirschen von Beute. Aus der gleichen Familie stammen die Pilotmakrelen *Naucrates ductor* und *Gnathanodon speciosus*, die sich sehr dicht am Körper oder vor der Schnauzenspitze von Haien aufhalten, ohne irgendwie gefährdet zu sein. Heute weiß man, daß sie die Haie nicht führen, aber in deren Druckwellen energiesparend mitschwimmen. Auch sie wurden schon beim Entfernen von Parasiten beobachtet.

Der erste Knochenfisch, der auf den folgenden Seiten präsentiert wird, ist in vielfacher Hinsicht ein herausragender Vertreter seiner Gruppe...

LATIMERIA

Die uralten Ozeane sind die Wiege allen Lebens - und Bewahrer alter Lebensformen. Die Liste der sogenannten lebenden Fossilien, von Arten also, die das Aussterben ihrer nächsten Verwandten überlebt haben, ist bis heute, am Ende eines Jahrhunderts der Forschung, recht lang geworden. Ein absoluter Höhepunkt für die Evolutionsforscher war die Entdeckung eines neuen Meeresfisches im südlichen Indischen Ozean.

Vor etwa 400 Millionen Jahren fand in der Stammesgeschichte der Wirbeltiere ein besonderes Ereignis statt: aus einer Gruppe urtümlicher Fische, den Crossopterygiern oder Quastenflossern, entwickelten sich erste, nicht fischähnliche Amphibien - die Evolution der landlebenden Wirbeltiere nahm ihren Lauf. Vor rund 60 Millionen Jahren verschwanden die Crossopterygier jedoch. Ausgestorben, meinten zumindest die Wissenschaftler, die Quastenflosser lediglich in Form von Versteinerungen kannten. Aus jüngeren Epochen sind keine Funde mehr bekannt geworden.

Seitenansicht eines lebenden Quastenflossers im natürlichen Habitat in 200 m Tiefe.

Die Sensation war 1938 perfekt, als vor einer Flußmündung an der südafrikanischen Küste des Indischen Ozeans einem Trawler ein anderthalb Meter langer Quastenflosser ins Netz ging: der Ichthyologe James L. B. Smith identifizierte den Fisch und nannte ihn *Latimeria chalumnae* nach seiner Entdeckerin Marjorie Courtnay Latimer und dem Fundort Chalumna River. In der Hoffnung, weitere Quastenflosser ausfindig zu machen, setzte Smith eine Belohnung für neue Funde aus und verteilte einen dreisprachigen "Steckbrief" an der Küste Ostafrikas. Doch erst 1952 wurde wieder ein Exemplar des lebenden Fossils gefangen, diesmal vor den Komoren. Neue Theorien über Lebensraum und Verhalten der Art entstanden.

Der Verhaltensforscher Hans Fricke war, wie viele seiner Kollegen, fasziniert vom Urfisch aus dem Indischen Ozean und empfand es als Privileg, diesen Fisch mit einer derartig berühmten Vorgeschichte erforschen zu dürfen. Mit seinen Mitarbeitern vom Max-Planck-Institut für Verhaltensforschung in Seewiesen trug er über etliche Jahre viele Fakten über den Quastenflosser zusammen und ließ sogar ein Forschungstauchboot bauen, um ihn in seinem natürlichen Lebensraum von geschätzten 200 m Tiefe zu beobachten. Während einer Nachttauchfahrt vor den Komoren im Januar 1987 sichteten die Forscher den ersten lebenden Quastenflosser: widerlegt wurde sogleich Smiths Theorie vom "old fourleg", denn der Urfisch setzte seine paarigen Flossen nicht zur Fortbewegung am Boden ein, sondern präsentierte sich als träger, langsamer Schwimmer, der seine Flossen als Tragfläche zum Gleiten und zur Balance nutzte. Eine Ähnlichkeit mit Vierfüßern konnte Fricke aber beobachten: vergleichbar mit einem trabenden Pferd bewegt der Quastenflosser Bauch-

und Der innovative deutsche Wissenschaftler Hans Fricke vor seinem Tauchboot *Jago*.

Brustflossen über Kreuz - richtet sich die linke Brustflosse nach unten, so vollführt die rechte eine Aufwärtsbewegung. Die Bauchflossen arbeiten genau im Gegentakt. Meist schwimmt der Urfisch mit einer fast stoisch anmutenden Ruhe, doch ist ein Beutetier in Sicht, verändert sich sein Verhalten: mit einem Schnellstart beschleunigt der Quastenflosser auf bis zu 26 m/Sek.!

Mit einem neuen, für größere Tiefen geeigneten Tauchboot wurden ab 1991 weitere Fragen zum Verhalten des Quastenflossers geklärt. Über fünf Jahre hinweg wurden bei der Insel Grande Comore entlang einer Küstenlinie von 10 km rund 70 Exemplare von *Latimeria* an Hand ihrer individuellen, weißen Fleckenmuster identifiziert und beobachtet. Per

Eine Gruppe von Quastenflossern ruht tagsüber in einer Höhle. Einige der Fische schwimmen normal am Höhlenboden, andere haben ihre Bäuche zur Decke gewandt.

Videokamera und schmerzfrei angebrachtem UW-Ultraschall-Minisender konnten die Bewegungen der Tiere rund um die Uhr verfolgt werden. So ergab sich ein erstes Bild vom Revier des Quastenflossers: tagsüber verweilt er in friedlichen Gruppen von bis zu 14 Individuen in Höhlen im relativ jungen Lavauntergrund der Insel. Diese liegen zwischen 160 und 210 m Tiefe. Bei Sonnenuntergang jedoch verlassen die einzigartigen Fische ihre Tagesraststätte und begeben sich in größeren Tiefen einzeln auf Beutefang (hauptsächlich Kardinal- oder Fahnenbarsche, auch kleine Haie), meist zwischen 250 und 300, einmal sogar in fast 700 m Tiefe, wo die Beutedichte bereits niedrig ist. Mit ihrem reduzierten Stoffwechsel werden sie wohl auch von Gelegenheitsfängen satt. In all ihren Aktivitäten scheinen die Urfische auf

Gombesa heißt der Quastenflosser auf den Komoren.

Sparflamme gestellt zu sein. Möglicherweise ist das der Grund für ihr Überleben als prähistorische Reliktform.

Kopfporträt eines Quastenflossers.

Neben der für ein meist langsam schwimmendes Tier recht eindrucksvollen vertikalen Ausdehnung des Reviers konnten bis mindestens 8 km horizontale Revierlänge durch Verfolgung des Sendersignals ermittelt werden. Auch die große Standorttreue des Quastenflossers wurde nach fünf Jahren der Beobachtung deutlich: manche Individuen konnten über den ganzen Zeitraum hinweg im selben Revier gefunden werden. Die Tagesrast-Höhlen wurden allerdings gewechselt, wobei Vorlieben für die eine oder andere erkennbar wurden.

Quastenflosser sind ovovivipar. Sie gebären nach etwa einem Jahr Tragzeit 35 cm lange Junge von je 0,5 kg Gewicht. Diese wachsen aus extrem dotterreichen, bis 9 cm durchmessenden Eiern heran, die zu den größten bekannten Fischeiern zählen. Eine zusätzliche Versorgung im Mutterleib, etwa durch eine Dottersackplazenta, existiert nicht. Ein Weibchen von rund

Typische Organismen aus des Quastenflossers Tiefseehabitat: Fächerkorallen, Federsterne, Seefledermaus *Halieutaea sp.*

100 cm Länge, Zufallsfang eines Fischtrawlers vor Mosambik, trug 26 nahezu schlupfreife Junge. Bei der Geburt, die vermutlich in größerer Tiefe stattfindet, ist der äußere Dottersack praktisch verschwunden. Ein Teil des Dotters ist aber noch im Inneren des Quastenflosserbabys zur weiteren Nutzung, sozusagen als Starthilfe im selbständigen Leben, gespeichert.

Eine Population von nur 500 Individuen bei Grande Comore legt zusammen mit großer Revierausdehnung und Mobilität eine hohe Inzuchtrate nahe. Auch die genetische Analyse einiger Exemplare spricht dafür. Einzelexemplare, die weiter entfernt von den Komoren über untypischen Substraten in (zu) geringen Tiefen gefangen wurden, sind mit großer Wahrscheinlichkeit von Meeresströmungen (Mosambik- und Agulhas-Strom) verdriftet worden. Nun stellen sich sofort Fragen zum Umgang mit einem derartig kleinen, aber einmaligen und weltberühmten Tierbestand. Schon wurde - zum Glück erfolglos - versucht, einen lebenden Quastenflosser für Schauaquarien zu fangen, um kommerzielle Interessen zu befriedigen. Wie viele werden jedoch von den Komoren-Fischern gefangen? Deren Ziel ist eigentlich der Ölfisch *Ruvettus pretiosus,* der fern der "Quastenflosserzone" von Motorbooten aus mit Langleinen gefangen wird. Wenn die Fischer aber kein Geld zur Reparatur der Motoren haben, benutzen sie ihre Kanus, um Ölfische in der "Zone" zu fangen. Da fangen sie natürlich auch Quastenflosser. Anfang der 1990er beobachtete man immer weniger Quastenflosser. Hastig wurde *Latimeria* 1994 in Kategorie I (vollständiger Schutz) des Washingtoner Artenschutzabkommens (CITES) aufgenommen. Das bedeutet, kein Quastenflosser darf getötet oder irgendwie gehandelt werden. Dennoch steht das Umlernen der Komoren-Fischer an erster Stelle: manchmal werden Quastenflosser nicht einmal zum Verzehr getötet, sondern nur um die wertvollen Angelhaken zurückzubekommen! Auf den Komoren und in benachbarten afrikanischen Ländern ist bereits der Versuch unternommen worden, Quastenflosser anders als zum Verzehr zu nutzen, nämlich in Form von Handarbeiten zum Verkauf als Souvenirs, Briefmarken mit Quastenflossermotiv und ähnliches.

Wie ist es wirklich um die Gesamtzahl der Quastenflosser in den Weltmeeren bestellt? Sollte es wirklich nur etwa 500 Überlebende eines ausgestorbenen Zweigs des Fischstammbaums bei den Komoren geben? Im Jahr 1964 wurden zwei handgefertigte Silberfiguren (siehe Foto) in den spanischen Städten Bilbao und Toledo entdeckt, die zweifelsfrei und detailgetreu bis hin zu den individuellen Fleckenmustern (nur am lebenden Tier zu erkennen!) Quastenflosser darstellen. Experten zufolge stammen sie aus dem 17. oder 18. Jahrhundert und sind das Werk indianischer Silberschmiede und damit mesoamerikanischen Ursprungs. Gibt es also noch Quastenflosser im Atlantik oder gar auf der Pazifik-Seite Mittelamerikas?

Seit 1997 weiß man von *L. chalumnae* sehr ähnlichen (? identischen) Fischen in der Sulawesi-Region Indonesiens. Nun ist es nur noch eine Frage der Zeit und des politischen Geschicks der beteiligten Forscher, bis man erfährt, ob eine der seltensten und ausgefallensten lebenden Tierarten der Erde nicht ganz so selten und bedrohbar ist, wie bislang befürchtet.

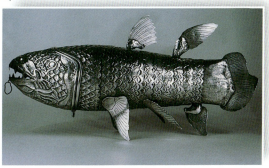

Spanische Silberfigur eines Quastenflossers, Länge etwa 35 cm. Der Kopf kann an einem meisterhaft geschmiedeten Gelenk nach unten geklappt werden. Man beachte das Muster auf den Schuppen.

MURÄNEN — MURAENIDAE

Geistermuräne
Ribbon eel

L: bis zu 120 cm. V: gesamtes Gebiet. T: 1 - 55 m. A: unverkennbare Muräne tropischer Riffe. Die heimliche Art lebt in Sand oder Kies vergraben, nur der Kopf schaut heraus. Kopf und Vorderteil des sehr langen Körpers langen aus dem Grabgang nach kleinen Beutefischen (z. B. Riffbarsche). Die Art ist protandrischer Zwitter und kann schnell Geschlecht und Farbe wechseln. Achtung: Männchen sind schwarz, Weibchen leuchtend blau mit hellgelben Flossen (Foto links, Similan Islands, Thailand), alte Weibchen sind gelb (Foto rechts).

Rhinomuraena quaesita — Mauritius

Schwarztupfen-Muräne
Black-spotted moray

Länge: bis zu 180 cm. Verbreitung: gesamtes Gebiet. Tiefe: 10 - 30 m. Allgemein: diese Muränenart bewohnt die Außenhänge der Kontinentalschelfriffe und geschützte Atollriffe. Sie lebt als Einzelgänger und ist grundsätzlich nachtaktiv. Über das spezifische Verhalten und die Biologie dieser relativ seltenen Art ist nur sehr wenig bekannt.

Gymnothorax isingteena — Komoren

Große Netzmuräne
Honeycomb moray

L: bis zu 200 cm. V: gesamtes Gebiet. T: 3 - 40 m. A: eine der größten Muränen unseres Gebietes, relativ häufig in Küstenbuchten und tiefgelegenen Riffen, Färbung ist typisch. Beute sind diverse kleine Rifffische. Rechts: subadult; das kleine Foto unten (Thailand) zeigt ein juveniles Exemplar.

Gymnothorax favagineus — Kenia

MURÄNEN — MURAENIDAE

Weißmaulmuräne
White-mouth moray

L: bis zu 100 cm. V: gesamtes Gebiet. T: 1 - 35 m. A: unverwechselbar durch weißes Maulinneres. In unserem Gebiet nicht häufig, eher im Westpazifik. Lebt in üppigen, klaren Küsten- und geschützten Innenriffen, meist zwischen lebenden Korallen und Algen.

Gymnothorax meleagris — Surin Island, Thailand

Gelbkopfmuräne
Fimbriated moray

Länge: bis zu 80 cm.
Verbreitung: Mauritius bis Sri Lanka, nicht Rotes Meer.
Tiefe: 10 - 55 m.
Allgemein: die Färbung dieser Muräne variiert mit der Größe der dunklen Punkte. Die Art bewohnt Lagunen und Außenriffe. In unserem Gebiet ist sie eher selten, soll aber um Bali häufig sein. Anscheinend bevorzugt die Muräne steile Sandhänge mit vielen isolierten Fleckriffen und Schwämmen, in denen sie wohnt, besonders dort, wo Putzergarnelen gut etablierte Putzstationen haben.

Gymnothorax fimbriatus — Cocos Keeling Islands, Westaustralien

Rußkopfmuräne
Yellow-edged moray

Länge: bis zu 120 cm.
Verbreitung: gesamtes Gebiet.
Tiefe: 3 - 60 m.
Allgemein: die relativ häufige und weit verbreitete Art hat eine kräftige Bezahnung, die beim nächtlichen Fang verschiedener kleinerer Riffische genutzt wird. Sehr aktive Art mit kryptischer Färbung aus Gelblichbraun und kleinen, dunkelbraunen Punkten. An der Kiemenöffnung sitzt ein schwarzer Fleck. Am Hinterkörper zeigen die lange Rücken- und Bauchflosse einen gelbgrünen Rand.

Gymnothorax flavimarginatus — Réunion

MURÄNEN MURAENIDAE

Breedens Muräne
Bearded moray

Länge: bis zu 65 cm.
Verbreitung: Tansania, Komoren bis Malediven.
Tiefe: 4 - 30 m.
Allgemein: diese Art ist durch einen schwarzen Fleck zwischen Auge und Mundrand gekennzeichnet. Bevorzugt ozeanische Inseln und Plattformriffe mit Korallengeröll. In der Nähe ihres Unterschlupfs angeblich aggressiv. Bei den Malediven wurden hohe Populationsdichten dieser Art beobachtet

Gymnothorax breedeni Raa Atoll, Malediven

Riesenmuräne
Giant moray

Länge: bis zu 240 cm, vielleicht bis 300 cm.
Verbreitung: gesamtes Gebiet.
Tiefe: 10 - 50 m.
Allgemein: die Riesenmuräne ist am gelbbraunen Kopf mit kleinen dunklen Punkten und einem großen dunklen Fleck an der Kiemenöffnung zu erkennen. Adulte tragen ein Leopardenfleck-Muster. Die Bezahnung ist beeindruckend: die Kiefer tragen eine Reihe seitlich abgeflachter, scharfrandiger Fangzähne. Die Frontzähne sind lang und spitz, die zwei längsten stehen in der Mittelreihe. Eine weitere, unregelmäßige Zahnreihe steht am Gaumendach. Die Art lebt in Lagunen und Außenriffen. Juvenile leben versteckt auf Riffdächern in bis zu nur 20 cm tiefem Wasser. Größte Muräne unseres Gebietes. Kann Taucher verletzen, wenn diese beim Füttern nicht vorsichtig genug sind. Die abgebildeten Exemplare werden von einer Putzergarnele (großes Foto bzw. einem Putzerlippfisch geputzt (Foto unten).

Gymnothorax javanicus Male Atoll, Malediven

MURÄNEN | MURAENIDAE

Marmormuräne
Undulate moray

Länge: bis zu 150 cm.
Verbreitung: gesamtes Gebiet.
Tiefe: 1 - 30 m.
Allgemein: diese Muräne ist häufig auf Plattformriffen und zwischen Korallenschutt; sie lebt auch in Lagunen und Außenriffen. Juvenile finden sich in nur 20 cm tiefen Gezeitentümpeln.

Das kleine Foto unten von den Similan Islands, Thailand, zeigt die **Goldene Muräne** *Gymnothorax melatremus*. Die kleine und seltene Art findet sich im gesamten Indik mit Ausnahme des Roten Meeres, ist aber nur von wenigen, verstreuten Punkten bekannt. Ihre leuchtend orangegelbe Färbung ist typisch und verrät sie im Riff schneller als die Tarnfärbung vieler ihrer Verwandten. Sie lebt hauptsächlich zwischen Korallen und Schwämmen in küstennahen Buchten und Riffen. Ihre leuchtende Färbung könnte eine Anpassung an die ähnlich gefärbten Wirbellosen sein, die um das Versteck der Muräne herum im Riffhabitat vorherrschen.

Gymnothorax undulatus

Mauritius

Weißfleckenmuräne
Bar-tail moray

L: bis zu 46 cm. V: gesamtes Gebiet, aber nicht Rotes Meer. T: 6 - 40 m. A: kleine Art, an Überhängen und im Geröll der Außenriffhänge. Wird oft tiefer angetroffen als andere Muränenarten. Farbmuster typisch, aber nur nachts vollständig zu sehen (Foto links).

Gymnothorax zonipectis   Kenia

MURÄNEN   MURAENIDAE

Weißaugenmuräne
White-eyed moray

Länge: bis zu 65 cm.
Verbreitung: gesamtes Gebiet.
Tiefe: 1 - 35 m.
Allgemein: diese weit verbreitete Art bewohnt küstennahe, oft siltige Habitate, flache Korallenriffe, Lagunen, und isolierte Korallenköpfe auf sandigen und schlammigen Abhängen. Zu erkennen am hellbraunen Körper mit sehr schwacher Wölkung, einer weißen bis bläulichen Schnauze und silberweißen Augen. Man findet sie oft paarweise oder sogar zusammen mit anderen Muränenarten wie *Gymnomuraena zebra* (siehe S. 46).

Siderea thyrsoidea   Richelieu Rock, Thailand

Graue Muräne
Peppered moray

L: bis zu 38 cm. V: im Indik nicht so häufig wie im Roten Meer. T: 1 - 40 m. A: relativ klein, auf Korallenriffe beschränkt. Juvenile leben in Gruppen bis zu 10 Individuen in ihrer schützenden Felsspalte. Jagt nachts kleine Fische. Synchroner Zwitter.

Siderea grisea   Beau Vallon, Seychellen

Gemalte Muräne
Painted moray

Länge: bis zu 68 cm.
Verbreitung: gesamtes Gebiet.
Tiefe: 0 - 12 m.
Allgemein: eine Flachwasserart der Riffplattformen und Gezeitentümpel. Bei Ebbe kommt sie manchmal ganz aus dem Wasser heraus, um Krabben zu jagen. Ist wie die Graue Muräne ein synchroner Hermaphrodit (Zwitter), also Männchen und Weibchen zugleich.

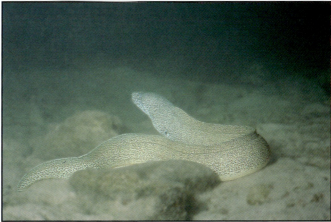

Siderea picta   Ari Atoll, Malediven

MURÄNEN   MURAENIDAE

Zebramuräne
Zebra moray

L: bis zu 150 cm.
V: gesamtes Gebiet.
T: 10 - 50 m. A: eine relativ häufige, aber verborgen lebende Art, die sich von kleinen Riffbewohnern, meist Krebsen, ernährt. Das komplette Tier kann man nur nachts sehen. Kleines Foto unten: Seychellen.

Gymnomuraena zebra   Ari Atoll, Malediven

Ringelmuräne
Barred moray

Länge: bis zu 60 cm.
Verbreitung: gesamtes Gebiet und Rotes Meer.
Tiefe: 1 - 15 m.
Allgemein: man findet die Ringelmuräne meist im klaren Wasser der Plattformriffe und Lagunen. Ihr Muster besteht aus undeutlichen dunklen Bändern auf hellem Hintergrund, die im Alter verblassen. Hat deutliche Falten in der Kehlregion. Nachtaktiv, jagt dann kleine Beutetiere, mit Vorliebe Krabben. Kann aber auch tagsüber in ihrem Versteck beobachtet werden.

Echidna polyzona   Sri Lanka

Leopardenmuräne
Leopard moray

L: bis zu 120 cm. V: gesamtes Gebiet, aber nicht um die Arabische Halbinsel. T: 5 - 20 m.
A: selten im gesamten Verbreitungsgebiet. Lebt in Riffen mit reichem Korallenwuchs. Ihre Färbung ist blaßbraun bis blaßgelblich mit zahlreichen großen und kleinen dunkelbraunen, irregulär gerundeten Flecken. Typisch ist auch der massige Kopf mit den verhältnismäßig kleinen Augen. Die schlanken und scharfen Zähne der Leopardenmuräne eignen sich perfekt zum Ergreifen und Festhalten ihrer schlüpfrigen Beute, diverser Korallenfischarten.

Scuticaria tigrina   Mauritius

SCHLANGENAALE — OPHICHTHIDAE

Ringelschlangenaal
Banded snake eel L: bis 88 cm. V: ges. Gebiet. T: 5 - 25 m. A: frißt kleine sandbewohnende Fische und Krebse, die mit dem exzellenten Geruchssinn aufgespürt werden, ein Merkmal vieler aalartiger Fische. Imitiert Seeschlangen. Unten: **Gepunkteter Schlangenaal** *Myrichthys maculosus*, 100 cm.

Myrichthys colubrinus — Kenia

Krokodil-Schlangenaal
Crocodile snake eel
L: bis zu 100 cm. V: gesamtes Gebiet. T: 3 - 29 m. A: Kiefer sehr lang, Augen weit vorne. Schlangenaale sind relativ häufig, werden aber leicht übersehen, weil sie meist im Sand vergraben sind. Unten: **Marmorschlangenaal** *Callechelys marmoratus*, 57 cm, 9 - 22 m.

Brachysomophis crocodilinus — Baa Atoll, Malediven

RÖHRENAALE — HETEROCONGRIDAE

Perlen-Röhrenaal
Freckled garden eel
L: bis zu 70 cm. V: Malediven, Seychellen, Komoren, Maskarenen. T: 25 - 90 m. A: scheu, in Kolonien auf Sandböden. Jeder Röhrenaal lebt einzeln in einem senkrechten, röhrenförmigen Grabgang, der länger als der Fisch selbst ist, so daß er sich schnell darin verbergen kann. Der Sand der Röhrenwand ist mit dem Sekret einer Schwanzspitzendrüse verklebt. Eine Kolonie sieht aus wie ein Spargelfeld, das sich in die Strömung neigt, die die Planktonnahrung heranträgt.

Gorgasia maculata — North Male Atoll, Malediven

RÖHRENAALE   HETEROCONGRIDAE

Pracht-Röhrenaal
Splendid garden eel
L: bis zu 33 cm. V: Malediven bis Westpazifik. T: 35 - 80 m. A: ein bunter, wenig bekannter Röhrenaal. Lebt in Kolonien an Sandhängen mit starker Strömung, auch zusammen mit *G. maculata*.

Das Foto gleich links und das kleine Foto unten zeigen den **Ohrfleck-Röhrenaal** *Heteroconger hassi* (kommt in unserem gesamten Gebiet vor). Er erreicht eine Länge von bis zu 40 cm und lebt zwischen 15 und 40 m Tiefe. Die häufigste Röhrenaalart des Indiks lebt wie ihre Gattungsgenossen in Kolonien, oft zusammen mit *Gorgasia maculata*.

Gorgasia preclara   Malediven   *Heteroconger hassi*   Malediven

KORALLENWELSE   PLOTOSIDAE

Gestreifter Korallenwels
Striped eel catfish
L: bis zu 32 cm. V: ges. Gebiet und Rotes Meer. T: 1 - 30 m. A: die meisten Welsarten leben im Süßwasser, nur wenige sind marin. Nur diese ist im Riff häufiger. Juvenile in dichten Schulen über Sand und Seegras, Adulte sind nachtaktive Einzelgänger und tagsüber versteckt. Sie fressen nachts Krebse, Mollusken und Fische. Man sollte diese Welse nicht unachtsam hantieren, da ihre kräftigen Flossenstacheln giftig und mit starken Widerhaken auf beiden Seiten versehen sind, die ein Entfernen aus Wunden schwierig machen.

Plotosus lineatus   Mauritius

48

LANDGÄNGER

Die Idylle am Frühstückstisch auf Mirihi ist nahezu perfekt: eine leichte Brise weht in das Inselrestaurant und der Blick streift über das spiegelglatte Meer, das fast bis zu den Tischen reicht. Bei wolkenlosem Himmel steht einigen Gästen bereits um 7:30 Uhr der Schweiß auf der Stirn. Die Rühreier dampfen auf dem Teller, und als der Kellner den Kaffee gebracht hat, weiß jeder der Taucher, was zu tun ist. Doch die Idylle trügt. Plötzlich ein wildes Plätschern und Klatschen vom Strand her! Die Gäste springen auf und rennen zur Restaurantveranda, um einen besseren Blick auf das Geschehen zu erhaschen...

Das Strandrestaurant in Mirihi, Malediven, vom Ufer aus gesehen. Hier wurde ein Frühstück durch eine wilde Jagdszene unterbrochen...

Aber so schnell wie der Lärm begann, so rasch glättet sich auch die aufgewühlte Wasseroberfläche direkt am Strand wieder. Verblüfft schaut man auf den kleinen Schwarzspitzenhai *Carcharhinus melanopterus*, der - halb auf dem Strand liegend - nun zurück ins Wasser robbt. Jetzt ist auch der Grund für seinen Landgang zu erkennen: auf dem Sand liegen zahlreiche kleine, zappelnde, silbrige Fische. Und auch sie suchen den Rückweg in ihren natürlichen Lebensraum. Was war geschehen?

Offensichtlich hatte ein noch früheres "Frühstück" stattgefunden. Denn die dunklen Schatten, die das flache Wasser durchstreifen, sind durch die Oberfläche hindurch deutlich zu erkennen: etwa zehn Blauflossenmakrelen *Caranx melampygus* patrouillieren schon wieder, bereit zur nächsten Attacke. Wie man im Laufe des Vormittages noch mehrfach beobachten kann, ist ihr Ziel - und auch das von mehreren kleinen Schwarzspitzenhaien - eine riesige Schule von Ährenfischen *Atherinomorus lacunosus*, die sich wie ein langes Band im sandigen Flachriff direkt vor dem Strand ausgebreitet hat. Es gibt praktisch keinen Platz mehr zwischen den Leibern der etwa 8 bis 12 cm langen Fische und dem Sand oberhalb des Wassers. Für diese sicher ein ungewöhnlicher Aufenthaltsort!

Aber aus der Schnorchlerperspektive begreift man schnell, warum die Ährenfische das tun. Ihre ohnehin schon kontrastarm gefärbten Körper lösen sich im gleißenden Sonnenlicht des reflektierenden Wassers über der hellen Sandfläche fast völlig auf. Für einen Freßfeind ist es daher extrem schwierig, ein einzelnes Opfer gezielt zu fokussieren. Und trotzdem versu-

Eine Schule von Schwarzstreifen-Ährenfischen gleicht im Seichtwasser einer Wolke und ist Beute für viele Räuber.

ALLE FOTOS: HELMUT DEBELIUS

49

Einer der gnadenlosen Jäger: ein Schwarzspitzen-Riffhai *Carcharhinus melanopterus* im Seichtwasser.

chen es Makrelen und Haie in vereinten Aktionen immer wieder, in dem Ährenfischschwarm Beute zu machen. Meist führt ein Hai die Makrelentruppe an, die parallel zum Strand und zur Beute schwimmt. Wo die Räuber sind, wird das etwa 150 m lange Ährenfisch-Band dünn, davor und dahinter ist es breiter. Für die silbrigen Schwarmfische ist auch jeder Schnorchler ein potentieller Freßfeind: schwimmt er in das Fischband, teilt es sich und hinterläßt einen großen, leeren Kreis um den Beobachtenden herum. Erstaunlicherweise lassen sich die Jäger von am Strand stehenden Touristen nicht ablenken, obwohl sie nur etwa einen Meter davor patrouillieren. So geht es hin und her, bis die Jäger plötzlich Geschwindigkeit aufnehmen und mit voller Wucht in die Ährenfischmasse stoßen! Dort bricht Panik aus, denn Platz zur Flucht oder Versteckmöglichkeiten gibt es im brodelnden Flachwasser ohne Korallenbewuchs nicht. Also springen etliche aus dem Wasser und suchen - unabsichtlich - Schutz auf dem Trockenen. Und sogar dahin folgen ihnen die besonders gierigen kleinen Schwarzspitzenhaie!

Während die maledivischen Ährenfische gezwungenermaßen "an Land gehen", gibt es im Golf von Kalifornien Fische, die das freiwillig tun. Wiederum handelt es sich um eine (andere) Ährenfischart. Am dritten Tag nach Vollmond in den Frühlingsmonaten Februar bis Mai nutzen Tausende, wenn nicht Millionen von Grunions *Leuresthes sardina* die Springflut und lassen sich an Land spülen. Ein nahezu unglaubliches Ereignis! Die Weibchen bohren sich in den Sand, werden von den Männchen umschlungen, und die Paare laichen außerhalb des Wassers zusammen ab. Kommt die nächste Welle, winden sie sich wieder zurück ins Meer.

Blauflossen-Stachelmakrelen *Caranx melampygus* leben eigentlich im offenen Wasser, wenn aber eine Mahlzeit winkt, schwimmen auch sie ins Seichte, um mit den Haien Ährenfische zu jagen.

Die Ährenfisch-Schule von nahem gesehen. Wie Sardellen und Sardinen werden diese kleinen Fische Beute diverser Meeresräuber.

Die wilde Jagd nach Ährenfischen ist voll im Gange: mehrere Schwarzspitzen-Riffhaie nähern sich von See und zwingen die Ährenfische im Seichten zu hohen Luftsprüngen. Manchmal überschießt einer der Jäger sein Ziel und wird zum Landgänger...

HORNHECHTE — BELONIDAE

Krokodil-Hornhecht
Crocodile needlefish

L: bis zu 130 cm, meist bis 90 cm. V: gesamtes Gebiet. T: 0,2 - 5 m. A: eine pelagische Art der Küstengewässer, aber auch küstenfern anzutreffen. Alle Hornhechtarten fressen hauptsächlich kleine Fische, die aus Tarnungsgründen dicht unter der silbrig reflektierenden Wasseroberfläche 'angeschlichen' werden (siehe Foto). Versehentliche Verletzungen von Menschen durch die speerartige Knochenschnauze sind bekannt geworden. Weit verbreitet im tropischen bis warm-temperierten Indik.

Tylosurus crocodilus — Thailand

FLIEGERFISCHE — EXOCOETIDAE

Rotkinn-Flieger
Redchin flyingfish

L: bis zu 23 cm. V: gesamtes Gebiet. T: 0,1 - 8 m. A: pelagisch, küstennah an der Oberfläche, im offenen Meer selten. Springt aus dem Wasser, gleitet weit über die Oberfläche, um Räubern zu entgehen.

Cypselurus poecilopterus — Gaafu Atoll, Malediven

EIDECHSENFISCHE — SYNODONTIDAE

Graziler Eidechsenfisch
Gracile lizardfish

Länge: bis zu 30 cm. Verbreitung: Südindik. Tiefe: 1 - 135 m. Allgemein: eine häufige Art seichter Sandflächen nahe bei Korallenriffen oder an den Rändern von Fleckriffen. Eidechsenfische fressen bevorzugt Fische. Sie fangen ihre oft relativ große Beute, indem sie regungslos am Boden lauern, sich plötzlich eine kurze Strecke weit hochschnellen und sie mit vielen nadelartigen Zähnen packen.

Saurida gracilis — Kenia

EIDECHSENFISCHE   SYNODONTIDAE

Riff-Eidechsenfisch
Variegated lizardfish
Länge: bis zu 25 cm.
Verbreitung: gesamtes Gebiet
und Rotes Meer. Tiefe: 3 - 50
m. Allgemein: der häufigste riff-
bewohnende Eidechsenfisch.
Vom Küsten- bis zum Außenriff. Ruht bewegungslos auf
dem Substrat. Einzeln oder
paarweise. Färbung variabel.

Synodus variegatus   Sri Lanka

Sand-Eidechsenfisch
Sand lizardfish
L: bis zu 22 cm. V: gesamtes
Gebiet und Rotes Meer. T: 1 -
50 m. A: auf küstennahen
Sandflächen und -hängen bis zu
Außenrifflagunen. Oft in Sand
oder Geröll nahe Riffen einge-
graben, einzeln oder in kleinen
Gruppen, wenn Männchen um
ein Weibchen werben.

Synodus dermatogenys   Réunion

Schwarzfleck-Eidechsenfisch
Blackblotch lizardfish
Länge: bis zu 20 cm.
Verbreitung: Südindien, Sri
Lanka, Malediven bis Mauritius.
Tiefe: 2 - 88 m. Allgemein:
meist in Korallenriffen, aber bis
in große Tiefe vordringend.
Wie alle Familienmitglieder ist
die Art vornehmlich piscivor
(fischfressend).
   Es gibt etwa 40 Arten
Eidechsenfische. Ihr runder
Körper ist von großen Schup-
pen bedeckt. Bei Störung
schwimmen Eidechsenfische
eine kurze Strecke, um sich
dann erneut regungslos auf die
Lauer zu legen.

Synodus jaculum   Mauritius

53

SOLDATENFISCHE — HOLOCENTRIDAE

Myripristis murdjan — Male Atoll, Malediven

Weißsaum-Soldatenfisch
White-edged soldierfish

L: bis zu 22 cm. V: gesamtes Gebiet und Rotes Meer. T: 2 - 37 m. A: eine der häufigsten Arten der Familie in unserem Gebiet. Manchmal in riesigen Schulen, auch fern des schützenden Riffs zu sehen. Siehe auch das Foto (Malediven) rechts: eine Gruppe von kleinen Exemplaren sucht Schutz unter einer Fächerkoralle.

Soldatenfische fressen nachts, hauptsächlich Zooplankton im offenen Wasser über dem Riff. Alle Familienmitglieder können Geräusche erzeugen, die der Kommunikation dienen.

Myripristis vittata — Sri Lanka

Weißspitzen-Soldatenfisch
White-tipped soldierfish

L: bis zu 15 cm. V: Ostafrika, Malediven, Seychellen. T: 3 - 80 m. A: tags versteckt in Korallenriffhöhlen, auch zwischen Geweihkorallenästen. Unten (Sri Lanka): **Silberner Soldatenfisch** *M. melanosticta*, bis zu 30 cm, 15 - 65 m.

Myripristis adusta — Aldabra, Seychellen

Bronzener Soldatenfisch
Bronze soldierfish

Länge: bis zu 25 cm. Verbreitung: Südindik, Malediven, nicht Rotes Meer. Tiefe: 2 - 30 m. Allgemein: lebt in relativ seichtem Wasser in Korallenriffen. Sucht wie alle Soldatenfische tagsüber Schutz unter Überhängen und in Höhlen. Leicht an seiner ungewöhnlichen Färbung zu erkennen.

Die Soldatenfische (Unterfamilie Myripristinae) sind generell kleiner als die Husarenfische; sie überschreiten selten 25 cm Länge, haben einen stumpfes Kopfprofil und vollständig rot gefärbte Körper.

SOLDATENFISCHE   HOLOCENTRIDAE

Blutfleck-Husar
Bloodspot squirrelfish
Länge: bis zu 24 cm.
Verbreitung: gesamtes Gebiet und Rotes Meer.
Tiefe: 2 - 46 m.
Allgemein: oft im Flachwasser geschützter Lagunen und Buchten. Ist unter den ersten, die bei Anbruch der Dunkelheit das Versteck verlassen.

Neoniphon sammara   Sri Lanka

Rotstreifen-Husar
Redcoat squirrelfish

Länge: bis zu 27 cm.
Verbreitung: gesamtes Gebiet und Rotes Meer.
Tiefe: 6 - 50 m.
Allgemein: lebt in Küstennahen Riffen und großen Lagunen. Meist paarweise in mittleren Tiefen (siehe Foto) oder kleinen bis großen Gruppen auf Riffhängen und Sandflächen mit großen Korallenköpfen. In einigen Gebieten, besonders bei abgelegenen ozeanischen Inseln, wird die Art durch den ähnlichen *S. praslin* ersetzt, der dunklere Längsstreifen hat.

Sargocentron rubrum   Burma Banks, Thailand

Seychellen-Husar
Seychelles squirrelfish
Länge: bis zu 25 cm.
Verbreitung: Seychellen, Madagaskar, Maskarenen, Chagos Archipel. Tiefe: 2 - 18 m.
Allgemein: Flachwasserart der Korallenriffe und Felsküsten. Wie die anderen Familienmitglieder hauptsächlich nachtaktiv, bleibt aber selbst dann immer im Schutz des Riffs.
  Ein Hauptmerkmal zur Unterscheidung beider Unterfamilien ist der rückwärtsgerichtete Vorkiemendeckeldorn der Husarenfische. Der sehr schmerzhafte Stich ist aber nicht so giftig wie der eines Skorpionsfisches.

Sargocentron seychellense   Praslin, Seychellen

SOLDATENFISCHE   HOLOCENTRIDAE

Diadem-Husar
Crown squirrelfish

Länge: bis zu 25 cm. Verbreitung: gesamtes Gebiet und Rotes Meer. Tiefe: 5 - 45 m. Allgemein: auf Plattformriffen, in Lagunen und Außenriffen. Tags einzeln oder in kleinen Gruppen unter Überhängen und in Höhlen. Frißt Meerasseln, Ringelwürmer und Krebse.

Sargocentron diadema   Aldabra, Seychellen

Riesenhusar
Giant squirrelfish

Länge: bis zu 45 cm. Verbreitung: gesamtes Gebiet und Rotes Meer. Tiefe: 5 - 122 m. Allgemein: größte Art der Familie und hochrückigster *Sargocentron*. Der lange Präopercular-Stachel ist giftig. In bestimmten Gebieten kann auch das Fleisch giftig sein. Das kommt daher, daß der Fisch Organismen gefressen hat, die bereits durch Aufnahme eines Toxins und dessen Anreicherung über die Nahrungskette giftig sind. Es wird Ciguatera-Toxin genannt und zuerst von einzelligen Algen produziert. Der Verzehr solcher Fische, die durch Nahrungsaufnahme giftig werden, kann zum Tode führen. Der Grad der Giftigkeit hängt von vielen Faktoren ab, z. B. Jahreszeit, Ort und Nahrungsmenge. Daher ist der Verzehr tropischer Raubfische nicht immer risikofrei. Tagsüber findet man die nachtaktive Art paarweise oder in kleinen Gruppen unter Überhängen (siehe Fotos, kleines unten: von den Malediven).

Raa Atoll, Malediven

Sargocentron spiniferum   Ari Atoll, Malediven

57

ANGLERFISCHE ANTENNARIIDAE

Ari Atoll, Malediven

Riesen-Anglerfisch
Giant anglerfish
L: bis zu 33 cm. V: gesamtes Gebiet und Rotes Meer. T: 1 - 45 m. A: Korallenriffart, die gelb, schwarz, grün, braun oder orange sein kann. Das untere Foto zeigt sie mit aufgerissenem Maul. Beim extrem schnellen Öffnen der Kiefer entsteht ein Unterdruck, der einen Beutefisch mit lautem Geräusch einsaugt.

Kl. Foto unten: **Sargassum-Anglerfisch** *Histrio histrio*. L: bis zu 19 cm. V: gesamtes Gebiet. T: 0 - 10 m. A: dieser 'spezielle' Anglerfisch lebt pelagisch in treibenden Sargassum-Algenpolstern. Er ahmt Farbe und Form der ihn umgebenden Pflanzen nach und kann seine Färbung sehr schnell von hell nach dunkel wechseln. Räuberisch und sogar kannibalisch. Wenn er von unten bedroht wird, kann er auf ein Algenpolster klettern. Das Tier wurde fotografiert, nachdem es aus seiner driftenden Alge 'fiel.'

Antennarius commersoni   Similan Islands, Thailand

Antennarius nummifer   Kenia

Rückenfleck-Anglerfisch
Spotfin anglerfish
L: bis zu 13 cm. V: ges. Gebiet und RM. T: 3 - 176 m, meist um 20 m. A: Färbung sehr variabel, aber oft mit einem großen, schwarzen Augenfleck an der Basis der weichstrahligen Rückenflosse (siehe Foto). In Riffen und Ästuaren. Erster Rückenflossenstrahl der Anglerfische zu einer 'Angel' (Illicium) mit 'Köder' (Esca) modifiziert, wird über dem Maul bewegt, um Beutefische anzulocken. Illicium dieser Art etwa so lang wie der zweite Rückenflossenstrahl; Esca groß und variabel in Form und Farbe, gleicht einer kleinen Garnele.

ANGLERFISCHE   ANTENNARIIDAE

Clown-Anglerfisch
Clown anglerfish

Länge: bis zu 10 cm.
Verbreitung: gesamtes Gebiet.
Tiefe: 2 - 30 m.
Allgemein: Adulte oft in siltigen Küstenhabitaten mit starkem Schwammbewuchs. Meist gelb mit roten Sattelflecken und warzenartigen Schwellungen überall auf Körper und Flossen. Kleine Juvenile sind leuchtend gelb oder weiß; man findet sie oft auf dunklem Untergrund, Nacktschnecken imitierend. Die Esca sieht wie ein kleiner Fisch aus.

Anglerfische haben aufgeblähte Körper und Brustflossen mit 'Ellenbogen', die wie Arme bewegt werden. Die Kiemenöffnungen sind kleine Löcher hinter den Brustflossen. Das große Maul ist aufwärts gerichtet. Färbung und regloses Verharren machen Anglerfische nahezu unsichtbar. Die lose, stachlige Haut ist oft mit fädigen Hautlappen verziert. Die Weibchen legen einige tausend winzige Eier, die in eine gelatinöse Masse eingebettet sind.

Antennarius maculatus   Similan Islands, Thailand

Sommersprossen-Anglerfisch
Freckled anglerfish

Länge: bis zu 24 cm.
Verbreitung: gesamtes Gebiet.
Tiefe: 1 - 75 m.
Allgemein: eine häufige, variable Korallenriffart.

Die beköderte Angel täuscht sogar Rotfeuerfische, selbst gierige Fischfresser. Das Zusammentreffen eines Anglers mit *Pterois volitans* wurde beobachtet: als sich der neugierige Rotfeuerfisch näherte, um die zuckende Angel zu inspizieren, überraschte der Angler seine Beute. Er schoß blitzartig nach vorne - viel zu schnell für eine normale Filmkamera - und verschlang den Rotfeuerfisch, ohne ihm die geringste Chance zum Entkommen zu geben.

Antennarius coccineus   Hin Daeng, Thailand

LATERNENFISCHE — ANOMALOPIDAE

Blitzlichtfisch
Flashlightfish
Länge: bis zu 11 cm. Verbreitung: gesamtes Gebiet. Tiefe: 1 - 50 m. Allgemein: unter jedem Auge sitzt ein Leuchtorgan, das Bakterien enthält, die ein weißlichgrünes Licht erzeugen. Es kann mit einem Lid bedeckt werden, was dem Fisch ermöglicht, Blinklichtfolgen zu erzeugen, die stark an Morsezeichen erinnern. Sehr wahrscheinlich dient dies der Kommunikation oder der Verwirrung von Freßfeinden. Tagsüber versteckt. Eine sehr ähnliche Art lebt im Roten Meer, wo sie nachts nahe der Oberfläche beobachtet werden kann.

Photoblepharon palpebratus — Komoren

EINGEWEIDEFISCHE — CARAPIDAE

Silberner Eingeweidefisch
Silver pearlfish L: bis zu 17 cm. V: gesamtes Gebiet und Rotes Meer. T: wirtsabhängig. A: tagsüber versteckt in Seegurken *(Stichopus, Thelonota)* und Muscheln (Foto). Verläßt nachts seinen Wirt, um kleine Beutetiere zu jagen (unten).

Carapus homei — Mulaku Atoll, Malediven

FLÜGELROSSFISCHE — PEGASIDAE

Flügelroßfisch
Seamoth
L: bis zu 10 cm. V: gesamtes Gebiet und Rotes Meer. T: 1 - 15 m. A: dieser bizarre Bodenfisch bewohnt meist paarweise Sand, Geröll und Plattformriffe. Sein Körper ist von verschmolzenen Knochenplatten umgeben, die um den Schwanz herum ringförmig sind und diesen beweglich lassen. Er bewegt sich nur langsam auf den Bauchflossen, die Brustflossen sind wie Flügel ausgestreckt. Das lange, röhrenförmige Rostrum überragt das kleine, ventrale, zahnlose Maul weit.

Eurypegasus draconis — Male Atoll, Malediven

GEISTERPFEIFENFISCHE   SOLENOSTOMIDAE

Fetzengeisterfisch
Ornate ghost pipefish
L: bis zu 12 cm. V: ges. Gebiet und RM. T: 1 - 25 m. A: zwischen Korallenzweigen, wegen perfekter Tarnung (wechselt Färbung) kaum zu finden. Frißt winzige Krebse. Paarweise oder in kleinen Gruppen.

Die Familie hat eine Gattung und derzeit 5 Arten, ähnlich und eng verwandt den Seenadeln und -pferdchen, aber die Weibchen inkubieren befruchtete Eier in einem Brutbeutel, der von den Bauchflossen geformt wird, nicht die Männchen, wie bei den Seenadeln und Seepferdchen. Siehe auch Vorseite (Similan Is., Thailand).

Solenostomus paradoxus   Surin Island, Thailand

Seegrasgeisterfisch
Seagrass ghost pipefish
Länge: bis zu 16 cm.
Verbreitung: gesamtes Gebiet und Rotes Meer.
Tiefe: 1 - 10 m.
Allgemein: lebt meist paarweise in geschützten Habitaten zwischen Seegras, angepaßt an dessen Farbe (man beachte die weißen Punkte, die Aufwuchs imitieren).

Die transparenten pelagischen Larven werden recht groß, bevor sie sich in kleine Fische umwandeln und zum Bodenleben übergehen. Die meisten Arten schwimmen kopfunter (siehe Foto) und suchen den Boden nach wirbelloser Beute (winzige Krebse) ab.

Solenostomus cyanopterus   Koh Racha Yai, Thailand

GEISTERPFEIFENFISCHE   SOLENOSTOMIDAE

Halimeda-Geisterfisch
Halimeda ghost pipefish
L: bis zu 16 cm. V: nur Malediven. T: 1 - 10 m. A: die bisher unbeschriebene und unbenannte Art wurde in enger Gemeinschaft mit der Alge *Halimeda* gefunden, der sie bemerkenswert ähnlich sieht (Alge im Foto oben). Von ihrer Lebensweise ist wenig bekannt.

Solenostomus halimeda   Ari Atoll, Malediven

Schlanker Geisterfisch
Slender ghost pipefish
Länge: bis zu 8 cm. Verbreitung: Indischer Ozean einschließlich Rotes Meer. Tiefe: 2 - 18 m. Allgemein: nachtaktiv, in Korallenriffen, nicht in Seegraswiesen. Frißt kleine Krebstiere. Foto rechts: transparente Postlarve; kleines Foto: adult.

Solenostomus leptosomus   Pemba, Tansania

TROMPETENFISCHE   AULOSTOMIDAE

Trompetenfisch
Trumpetfish L: bis zu 80 cm. V: gesamtes Gebiet, nicht Rotes Meer. T: 1 - 35 m. A: zwischen Korallen, Seegras und anderer Deckung (siehe auch TROMPETENSOLO, S. 64-65) um Fische und Krebse anzuschleichen. Unten: juvenil.

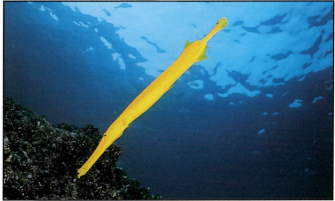

Aulostomus chinensis   Andamanensee

TROMPETENSOLO

Partnerschaften zwischen Meerestieren gibt es in großer Zahl. Oft sind es Vorteile beim Nahrungserwerb oder Schutzbedürfnisse, die zur Entwicklung von Tiergemeinschaften führen und die Existenz der einzelnen Arten sichern. Nicht immer jedoch haben die Partner Vorteile voneinander, denn in vielen Fällen nutzt eine Fischart einfach eine andere aus. Trompeten- und Flötenfische gehören zu dieser Kategorie.

ALLE FOTOS: HELMUT DEBELIUS

Inmitten eines Schwarmes von Blaustreifenschnappern nähert sich der Trompetenfisch unerkannt seinen Opfern.

Man kann unbesorgt von "dem" Trompetenfisch sprechen, denn seine Familie besteht aus nur zwei Arten, eine lebt weit verbreitet im Indopazifik, die andere im Atlantik. Den Trompetenfisch *Aulostomus chinensis* findet man in verschiedenen Färbungen von den Riffen Südafrikas bis nach Hawaii, nicht jedoch im Roten Meer. Er lebt also nicht nur in tropischen Gewässern, sondern auch bei Temperaturen unter 20 °C. Die Art schwimmt einzeln oder paarweise und ist leicht an dem lang ausgezogenen Körper mit der überdimensionalen Schnauze zu erkennen. Der vordere Teil der Rückenflosse trägt kurze Stachelstrahlen, an denen dreieckige Hautmembranen ansetzen. Dagegen liegt der hintere, weichstrahlige Teil der Rückenflosse weit hinten in der Nähe der Schwanzflosse. Die Bauchflossen setzen ebenfalls sehr weit hinten an, und die Schwanzflosse ist etwas zugespitzt.

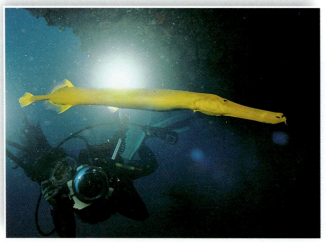

Der indopazifische Trompetenfisch in seiner gelben Farbform, einmal nicht bei der Jagd.

Man glaubt es kaum, aber dieser Fisch ist einer der ärgsten Räuber im Korallenriff und listig dazu: der Trompetenfisch zieht es aus "jagdtechnischen" Gründen vor, in Gemeinschaft mit anderen Fischen übers Korallenriff zu ziehen. Im Indopazifik bevorzugt er einzelne, große, tarnfarbene Zackenbarsche als Partner oder aber gelbe Schnapper, in deren Schulen sich seine Körperform praktisch auflöst. Seinen atlantischen Verwandten *Aulo-*

stomus maculatus dagegen sieht man oft mit Papageifischen umherziehen.

Auf den ersten Blick ist es sicher ein eigenartiges Tiergespann, wenn ein Zacki mit dem oft viel längeren Trompetenfisch unmittelbar über sich umherschwimmt. Sofort fallen einem Roß und Reiter ein. Dabei hält sich der Trompetenfisch nicht fest, sondern schwimmt nur dicht über der Rückenflosse des Zackenbarsches. Er paßt sich also in Schwimmweise und Färbung seinem Partner an, um in dessen Schutz unbemerkt an kleine Fische

Eine andere Farbvariante des Trompetenfischs in typischer Reiterhaltung über einem Zackenbarsch.

heranzukommen, die den Zacki nicht interessieren, die aber in das Röhrenmaul des Trompetenfisches hineinpassen. Mit blitzschnellem Vorstoß erbeutet er kleine Riffbarsche oder scheue Sandtaucher, die seine List zu spät durchschauen. Der Zackenbarsch hat keinen Nutzen von dieser Verbindung, sie scheint ihm aber auch nicht lästig zu sein. Während er sich auf einer

Wenn der "Jagdhelfer" einmal ruht, bleibt der Trompetenfisch solange in seiner unmittelbaren Nähe, bis der Zacki sich wieder fortbewegt. Sogleich "klettert" er "auf" dessen Rücken.

Tischkoralle ausruht, legt sich der Trompetenfisch zwar nicht daneben, bleibt aber immer in der Nähe, bis es weitergeht.

Die gleiche Jagdtechnik benutzt gelegentlich auch der ähnliche, noch schlankere Flötenfisch *Fistularia commersonii* aus der nahe verwandten Familie Fistulariidae. Die Art ist ebenfalls weit im Indopazifik verbreitet, aber auch im Roten Meer häufig. Durch einen langen Schwanzfaden ist sie sofort vom Trompetenfisch zu unterscheiden. Der Flötenfisch jagt bei Tage einzeln oder in kleinen Gruppen und legt nachts ein Tarnkleid aus dunklen, senkrechten Bändern an. Die Ähnlichkeit zu übergroßen Seenadeln ist nicht zufällig, Trompetenfische und Flötenfische sind mit ihnen verwandt.

Im Gegensatz zu Trompetenfischen sieht man Flötenfische auch in Gruppen. Eine Verwechslung ist nur auf den ersten Blick möglich.

FLÖTENFISCHE — FISTULARIIDAE

Flötenfisch
Cornetfish
Länge: bis zu 150 cm.
Verbreitung: ges. Gebiet und RM. Tiefe: 1 - 30 m. Allgemein: die lange, schlanke Art lebt einzeln oder in Gruppen über Sandhängen und in Korallenriffen. Ihre bevorzugte Beute sind kleine Fische und Garnelen. Sie ist verwandt mit dem kräftiger gebauten Trompetenfisch (siehe auch TROMPETENSOLO, S. 64-65). Der Flötenfisch kann leicht an seinem langen Schwanzfaden erkannt werden. Seine Nachtfärbung besteht aus dunklen, senkrechten Streifen, die sich der hellen Hintergrundfärbung überlagern.

Fistularia commersonii — Sri Lanka

SCHNEPFENMESSERFISCHE — CENTRISCIDAE

Gestreifter Schnepfenmesserfisch
Striped shrimpfish
L: bis zu 14 cm. V: Ostafrika, Seychellen, nicht Rotes Meer. T: 1 - 20 m. A: die Art tritt in Gruppen von bis zu mehreren Dutzend Exemplaren auf. Die meiste Zeit über schwimmen sie senkrecht mit dem Kopf nach unten und synchron, alle gleichzeitig wendend, um Blätter zu imitieren oder um sich generell zu tarnen. Sie - besonders die Juvenilen - verstecken sich auch zwischen den langen Stacheln der Diadem-Seeigel oder zwischen den Zweigen von Geweihkorallen (siehe kleines Foto unten von Mentawai). Die Art ernährt sich von Zooplankton-Krebsen und winzige Bodenwirbellosen (z. B. 5 mm lange Schwebegarnelen oder Mysidaceen), indem sie diese durch die verlängerte, röhrenförmige Schnauze einsaugt. Die Eier sind wahrscheinlich wie die Larven pelagisch. Zwei Gattungen und vier Arten dieser kleinen, merkwürdigen Fischfamilie sind aus unserem Gebiet bekannt.

Aeoliscus strigatus — Mentawai, Sumatra

SEENADELN   SYNGNATHIDAE

Putzer-Seenadel
Cleaner pipefish
Länge: bis zu 13 cm.
Verbreitung: Ostindik.
Tiefe: 3 - 35 m. Allgemein: lebt in üppigen Korallenriffen versteckt unter großen Korallenfächern oder in dichten, buschigen Schwämmen. In manchen Gegenden ist sie jedoch ein aktiver Putzer: schwimmt paarweise unter großen Tischkorallen und ist auf das Putzen von Kardinal- und Riffbarschen spezialisiert. Oft tief in Höhlen zu sehen, wo Putzergarnelen sind; sicher kommt hier die Putzer-Seenadel zum Zuge, wenn die geeignete Kundschaft auftaucht.

Doryrhamphus janssi   Similan Islands, Thailand

Blaustreifen-Seenadel
Bluestripe pipefish
L: bis zu 7 cm. V: ges. Gebiet. T: 9 - 40 m. A: lebt zwischen Seeigelstacheln, fängt dort Plankton. Bevorzugt Verstecke im Höhlensystem des Korallenriffs. Kleines Foto unten: ein 'schwangeres' Männchen mit Jungen. Juvenile auf dem Foto unten mit *D. multiannulatus*.

Doryrhamphus excisus   Kenia

Geringelte Seenadel
Multibar pipefish
L: bis zu 18 cm. V: ges. Gebiet. T: 8 - 45 m. A: unter Überhängen, in tiefen Höhlen kopfüber unter der Höhlendecke. Adulte meist paarweise. Das territoriale Männchen trägt die Eier außen unter dem Hinterleib, die teilweise, nie vollständig in die Haut eingebettet sind.

Dunckerocampus multiannulatus   Similan Islands, Thailand

SEEPFERDCHEN   SYNGNATHIDAE

Knysna-Seepferdchen
Knysna seahorse
L: bis zu 7 cm. V: Kapprovinz, Südafrika. T: 2 - 20 m. A: lebt einzeln oder paarweise hauptsächlich in Buchten und Ästuaren mit Pflanzenwuchs. Die Stacheln der Körperringe und das kleine Krönchen nur bei Juvenilen (unten), verschwinden bei den Adulten (links).

Hippocampus capensis — Knysna, South Africa

Borbon-Seepferdchen
Borbon seahorse

Länge: bis zu 18 cm.
Verbreitung: Ostafrika bis Westpazifik.
Tiefe: 1 - 30 m.
Allgemein: diese Art findet sich meist in Fels- und Korallenriffgebieten mit reichem Algenwuchs.
  Die Unterfamilie Seepferdchen (Hippocampinae) der Familie Seenadeln bedarf dringend einer taxonomischen Revision, da jährlich neue Arten entdeckt werden, und die existierenden wissenschaftlichen Namen nicht immer Gültigkeit haben.

Hippocampus borboniensis — Kenia

Tigerschwanz-Seepferdchen
Tigertail seahorse

Länge: bis zu 15 cm.
Verbreitung: Andamanensee bis Philippinen, Malaysia, Vietnam. Tiefe: 1 - 20 m. Allgemein: die Art lebt in Habitaten reich an Weichkorallen, Schwämmen und *Caulerpa*-Algen. Färbung gelb bis schwarz: Männchen meist dunkel, Weibchen oft gelb (siehe Paar auf dem Foto links). Der Schwanz ist üblicherweise dunkel und gelb geringelt. Das Foto auf der gegenüberliegenden Seite (Richelieu Rock, Thailand) zeigt ein Weibchen.

Hippocampus comes — Similan Islands, Thailand

SKORPIONSFISCHE · SCORPAENIDAE

Mauritius

Gewöhnlicher Rotfeuerfisch
Common lionfish
L: bis zu 40 cm. V: ges. Gebiet und RM. T: 2 - 60 m. A: weit verbreitet, der häufigste Feuerfisch unseres Gebietes. Einzeln oder in Gruppen an Riffkanten und auch in Algenfeldern. Juvenile haben schwärzliche, transparente Flossen mit großen Augenflecken.

Die Skorpionsfische sind eine komplexe Familie mit etwa 10 Unterfamilien. Die Feuerfische (Pteroinae) haben eine rotweiße Warnfärbung, sehr lange Rückenflossenstrahlen und stark vergrößerte Brustflossen, die oft bis hinter die Afterflosse reichen. **WARNUNG:** alle Familienmitglieder haben Giftstacheln. Ein Stich erzeugt extreme Schmerzen, gefolgt von Taubheit. Nach einem Stich ist es das beste, die Wunde so bald wie möglich zu erhitzen, und zwar so heiß, wie es das Opfer ertragen kann. Eintauchen der Wunde in sehr heißes Wasser wird empfohlen, aber Heißluft aus einem Föhn kann mindestens so effektiv sein und besser kontrolliert werden. Hitze zerstört das proteinartige Gift.

Pterois volitans   Ari Atoll, Malediven

Antennenfeuerfisch
Spotfin lionfish
Länge: bis zu 20 cm. Verbreitung: Ostafrika bis Sri Lanka. Tiefe: 5 -50 m. Allgemein: die häufige Art bewohnt Küsten- und Außenriffe von seichten Riffplattformen bis zu tiefen Hängen, auch Lagunen. Tags oft unter Überhängen. Jagt nachts kleine Fische, Garnelen und Krabben. Es gibt zwei Formen, die vielleicht verschiedene Arten sind: eine lebt tief und fern der Riffe, oft auf Schlamm, die andere im Riff. Die Körperbänder sind unterschiedlich breit und meist blaß- bis dunkelbraun, die Brustflossenstrahlen sind weiß.

Pterois antennata   Felidhoo Atoll, Malediven

SKORPIONSFISCHE   SCORPAENIDAE

Strahlen-Feuerfisch
Clearfin lionfish
L: bis zu 24 cm. V: ges. Gebiet.
T: 3 - 30 m. A: häufige Art mit
typischer Färbung: dunkler
Körper mit weißen Streifen. In
Lagunen und Außenriffen von
der Riffplattform an abwärts.
Ungewöhnlich ist die Präferenz
für Felsriffe mit nur begrenz-
tem Korallenwuchs. Vielleicht
reagieren die Korallen sensibel
auf die Giftstachelstrahlen, und
die Art ist deshalb selten in
Gebieten mit reichem Korallenwuchs. Tags unter Überhängen und in Höhlen versteckt,
die in der Dämmerung verlassen werden, um kleine Krabben und Garnelen zu jagen.

Pterois radiata Praslin, Seychellen

Pfauenaugen-Zwergfeuerfisch
Ocellated dwarf lionfish
Länge: bis zu 20 cm. Verbreitung: gesamtes Gebiet. Tiefe: 3
- 50 m. Allgemein: einzige Art
der Gattung mit einem deutlichen Paar Augenflecken auf
der weichstrahligen Rückenflosse und langen Barteln.
Bewohnt Klarwassergebiete
mit reichem Korallenwuchs.
Heimlich, tagsüber nur selten
zu sehen, aber oft nachts auf
seichten Plattformriffen und in
Höhlen anzutreffen, meist einzeln, zur Laichzeit aber auch
paarweise. Das Männchen ist
an seinen grauen Augenflecken
zu erkennen.

Dendrochirus biocellatus Pemba, Tansania

Zebra-Zwergfeuerfisch
Zebra dwarf lionfish
L: bis zu 20 cm. V: gesamtes
Gebiet und Rotes Meer. T: 5 -
35 m. A: weiße Körperstreifen
wie bei *Pterois*. Männchen sind
aggressiv und haben Territori-
en, wohin sie Weibchen locken.
Unten: **Kurzflossen-Zwerg-
feuerfisch** *D. brachypterus*, bis
17 cm, 2 - 30 m, ges. Gebiet, RM.

Dendrochirus zebra Baa Atoll, Malediven

71

SKORPIONSFISCHE SCORPAENIDAE

Synanceia verrucosa — Ari Atoll, Malediven

Steinfisch
Stonefish

L: bis zu 38 cm. V: gesamtes Gebiet. T: 5 - 45 m. A: im Seichtwasser der Korallenriffe, oft auf Korallengeröll, bei Ebbe auch in Gezeitentümpeln. Der gierige Räuber ernährt sich von Fischen und Krebsen. Vielleicht der Welt giftigster Fisch: hat in den meisten Flossen gefurchte Flossenstachelstrahlen mit den dazugehörenden Giftdrüsen. Es gibt ein Antiserum, aber es ist teuer und muß gekühlt aufbewahrt werden. Erste Hilfe besteht aus Erwärmen der Wunde bzw. des Körperteils, wie auf S. 72 für Fischgiftstiche beschrieben.

Scorpaenopsis barbatus — Andamanen, Indien

Bärtiger Drachenkopf
Bearded Scorpionfish

Länge: 22 cm.
Verbreitung: gesamtes Gebiet und Rotes Meer.
Tiefe: 3 - 30 m.
Allgemein: dieser Skorpionsfisch liegt die meiste Zeit bewegungslos in Korallenriffen, wobei er wie viele seiner Verwandten auf seine Tarnfärbung und giftigen Verteidigungswaffen vertraut.

Auf dem Foto ist ein Exemplar von *Scorpaenopsis barbatus* zusammen mit dem größeren *Synanceia verrucosa* (siehe oben) zu sehen.

Scorpaenopsis diabola — Surin Island, Thailand

Buckel-Drachenkopf
Devil scorpionfish

Länge: bis zu 22 cm.
Verbreitung: gesamtes Gebiet und Rotes Meer.
Tiefe: 5 - 70 m.
Allgemein: ein nicht häufiger Bewohner von Geröll- oder algenbewachsenen Korallenböden, Riffplattformen, Lagunen und Außenriffen. Diese ansonsten häßliche Art hat für Störenfriede eine farbenfrohe Überraschung: sie zeigt die Unterseite der Brustflossen in einem brillianten Gelb, Orange und Schwarz. Vermutlich ist diese Färbung eine effektive Abschreckung potentieller Freßfeinde.

SKORPIONSFISCHE — SCORPAENIDAE

Großer Schaukelfisch
Leaf fish

Länge: bis zu 12 cm.
Verbreitung: Ostafrika, Maskarenen, Malediven, Sri Lanka.
Tiefe: 8 - 134 m.
Allgemein: dieser ungewöhnliche kleine Fisch gleicht in Aussehen und Verhalten einem Blatt. Sein Körper ist seitlich abgeflacht. Der Fisch imitiert ein Blatt oder eine Alge, indem er hin und her schwankt. Färbung extrem variabel, an Schwämme und Algen angepaßt. Farbe weiß, grün, braun und rot, auch diverse gefleckte Mischungen (siehe Fotos: drei Farbvarianten). Ist in vielen Gebieten häufig, aber so gut getarnt, daß er leicht übersehen wird, obwohl hoch auf Korallen sitzende Exemplare auffallen können. Bewohnt Korallenriffe, meist die seichten Riffkronen und Hänge mit spärlicher Vegetation oder Schwämmen. Hat die merkwürdige Eigenschaft, seine obere Hautschicht von Zeit zu Zeit abzustreifen. Juvenile gehen mit etwa 20 mm Länge zum Bodenleben über; sie sind durchscheinend und haben glatte Haut.

Das untere große Foto zeigt *T. triacanthus* zusammen mit dem **Braunen Stirnflosser** *Ablabys binotatus,* der einzigen Art der Familie Tetrarogidae in unserem Gebiet (andere leben im Westpazifik). Er erreicht 6 cm Länge, lebt von 10 bis 25 m Tiefe und ruht ebenfalls auf dem Substrat, indem er wie Seegras in der Dünung hin und her schwankt.

Das untere kleine Foto (von Mauritius) zeigt einen 2 cm langen Juvenilen *T. triacanthus.*

Ari Atoll, Malediven

Taenianotus triacanthus — Male Atoll, Malediven

SKORPIONSFISCHE — SCORPAENIDAE

Rhinopias frondosa — Mauritius

Tentakel-Skorpionsfisch
Weedy scorpionfish

Länge: bis zu 24 cm.
Verbreitung: Westindik (Ostafrika, Madagaskar, Maskarenen).
Tiefe: 13 - 90 m.
Allgemein: der Körper dieser Art ist seitlich stark abgeflacht und mit unzähligen Hautfortsätzen bedeckt. Unter Wasser ähnelt der Fisch stark einem Klumpen fädiger Algen, die Art ist geradezu perfekt an einen pflanzenbewachsenen Lebensraum angepaßt.

Rhinopias eschmeyeri — Mauritius

Mauritius-Skorpionsfisch
Mauritius scorpionfish

Länge: bis zu 19 cm.
Verbreitung: Westindik, von Sri Lanka bis Mauritius.
Tiefe: 15 - 40 m.
Allgemein: diese Skorpionsfischart lebt in pflanzenbewachsenen Gebieten an Felsküsten. Der hohe Körper und die Flossen haben aber weder Hautfortsätze noch runde Fleckzeichnungen. Die Färbung variiert von hellblau bis gelb. Wie alle Skorpionsfische ist auch diese Art ein Lauerräuber, der gierig die verschiedensten kleineren Fische verschlingt.

Inimicus filamentosus — Madagaskar

Indischer Walkman
Indian Ocean walkman

L: bis zu 25 cm. V: ges. Gebiet. T: 10 - 55 m. A: nutzt seine freien unteren Brustflossenstrahlen als Laufbeine, wobei Spuren im Sand entstehen. Rückenflossenstrahlen extrem giftig. Oft bis zu den Augen eingegraben. Abschreckfarben an Brust- und Schwanzflossen.

ZACKENBARSCHE — EPINEPHELIDAE

Cephalopholis miniata — Baa Atoll, Malediven

Juwelen-Zackenbarsch
Coral grouper

Länge: bis zu 40 cm.
Verbreitung: gesamtes Gebiet und Rotes Meer.
Tiefe: 2 -100 m.
Allgemein: die Art lebt im klaren Wasser gut entwickelter Korallenriffe, oft an exponierten Stellen mit reichem Korallenwuchs. Die Färbung der Adulten variiert. Kleine Juvenile sind einfarbig orange; sie leben zwischen Korallen versteckt. Die räuberische Art ernährt sich von diversen kleineren Fischen und Krebstieren. Siehe auch das Foto (Andamanensee) auf der Vorseite.

Cephalopholis aurantia — Mauritius

Gold-Zackenbarsch
Golden grouper

L: bis zu 60 cm. V: Ostafrika, Maskarenen. T: 40 - 250 m. A: Tiefwasserart, meistens zwischen 50 und 200 m Tiefe anzutreffen, ist aber auch aus 300 m bekannt. Man achte auf die Putzergarnele und den Lippfisch im Foto.
  Die Serraniden oder Sägebarsche sind eine vielgestaltige Familie mit mehreren Hauptgruppen, deren Klassifizierung ständig revidiert wird. Man kennt zur Zeit weltweit etwa 50 Gattungen und weit über 400 Arten. Die erste hier gezeigte Unterfamilie sind die Zackenbarsche (Epinephelinae).

Cephalopholis sexmaculata — Male Atoll, Malediven

Sattel-Zackenbarsch
Saddle grouper

L: bis zu 45 cm. V: gesamtes Gebiet und Rotes Meer. T: 10 - 150 m und tiefer. A: die Art ist leicht an sechs dorsalen Sattelflecken zu erkennen. Sie lebt im klaren Wasser der Küstenriffe bis hin zu den Außenriff-Drop-offs, oft in großen Höhlen mit Schwämmen. Man sieht sie häufig bauchoben oder gar senkrecht an der Höhlenwand schwimmen. Sie frißt die verwandten Fahnenbarsche (Unterfamilie Anthiinae, siehe weiter unten), Kardinalbarsche (Familie Apogonidae, siehe weiter unten) und Garnelen.

ZACKENBARSCHE   EPINEPHELIDAE

Tomaten-Zackenbarsch
Tomato Grouper
Länge: bis zu 65 cm.
Verbreitung: gesamtes Gebiet.
Tiefe: 12 - 150 m.
Allgemein: die Art ist über 30 m selten und wird meist in tiefen Lagunenriffen und steilen Außenriffhängen mit Fels- und Korallenköpfen auf Geröll- und Schlamm-Mischboden angetroffen. Adulte leben im unteren Bereich der Tiefenverbreitung. Sehr kleine Juvenile sind schwarz mit blauem Kopf und breitem, weißen Rand an der Schwanzflosse. Mit zunehmendem Alter werden die Fische braun mit orangen Punkten; Adulte sind leuchtend rot.

Cephalopholis sonnerati   Réunion

Schwarzflossen-Zackenbarsch Blackfin grouper
L: bis zu 30 cm. V: Ostafrika bis Sri Lanka. T: 1 - 40 m. A: häufig in seichten, küstennahen Außenriffen, auf Flächen üppigen Korallenwuchses (Weich- und Steinkorallen). Adulte mit dunklen Brustflossen; ohne Weiß in der Schwanzflosse. Solitär, frißt Fische und Krebse.

Cephalopholis nigripinna   Mauritius

Pfauen-Zackenbarsch
Peacock grouper
L: bis zu 40 cm. V: gesamtes Gebiet. T: 1 - 40 m. A: in Lagunen und an Außenriffen, in klarem Wasser mit reichem Korallenwuchs. Juvenile scheinen seichte, geschützte Korallendickichte zu bevorzugen. Adulte paarweise oder in kleinen Gruppen. Frißt Feuerfische!

Cephalopholis argus   South Male Atoll, Malediven

77

ZACKENBARSCHE — EPINEPHELIDAE

Blaustreifen-Zackenbarsch
Blue-lined grouper
L: bis zu 34 cm. V: Westküste Indiens und Sri Lankas, Andamanen. T: 2 - 20 m. A: Flachwasserbewohner schlammiger, siltiger oder toter Riffe, auch nahe bei Flußmündungen. Man beachte den Putzerlippfisch nahe dem Kopf.

Cephalopholis formosa — Andamanen

Spitzkopf-Zackenbarsch
Slender grouper
Länge: bis zu 52 cm. Verbreitung: gesamtes Gebiet und Rotes Meer.
Tiefe: 1 - 50 m. Allgemein: versteckt lebende Korallenriffart, häufiger in geschützten als in exponierten Riffen.

Außer den zahlreichen Arten der Gattungen *Cephalopholis* und *Epinephelus* gibt es weitere sehr attraktive Zackenbarsche, die auf den folgenden beiden Seiten vorgestellt werden.
Unten: **Weißsichel-Juwelenbarsch** *Variola albimarginata,* bis zu 60 cm, Ostafrika bis Sri Lanka, 20 - 100 m, scheu, tief lebend, sehr selten, solitär.
Ganz unten: **Mondsichel-Juwelenbarsch** *Variola louti,* bis zu 80 cm, ges. Gebiet und Rotes Meer, 1 - 150 m, häufig. Leicht an der sichelförmigen Schwanzflosse zu erkennen.

Anyperodon leucogrammicus — Mulaku Atoll, Malediven

ZACKENBARSCHE — EPINEPHELIDAE

Indik-Forellenbarsch
Coral grouper
L: bis zu 110 cm. V: gesamtes Gebiet. T: 10 - 50 m. A: häufig in Korallenriffen, auch auf Sandflächen, in Seegraswiesen und Wracks. Der riesige Räuber wurde schon beim Angriff auf Röhrenaale in ihrer Kolonie beobachtet. Seine Färbung ist relativ variabel.

Plectropomus pessuliferus — Burma Banks, Thailand

Sattel-Forellenbarsch
Blacksaddle grouper
L: bis zu 110 cm. V: Südindik bis Malediven und Sri Lanka, nicht Rotes Meer. T: 4 - 150 m. A: von siltigen Riffen bis zu Außenriff-Drop-offs. Adult-Färbung variabel. Juvenile (kleines Foto unten, Aldabra) imitieren den sehr giftigen Kugelfisch *Canthigaster valentini*.

Plectropomus laevis — Male Atoll, Malediven

Afrika-Forellenbarsch
African grouper
Länge: bis zu 96 cm. Verbreitung: Ostafrika, Seychellen, Madagaskar, Maskarenen, Chagos. Tiefe: 3 - 62 m. Allgemein: die solitäre Art lebt in seichten Fels- und Korallenriffen des Indiks. An der Küste Ostafrikas und bei den Seychellen häufig. Unten: juvenil.

Plectropomus punctatus — Beau Vallon, Seychellen

ZACKENBARSCHE — EPINEPHELIDAE

Plectropomus areolatus — Similan Islands, Thailand

Dunkelflossen-Forellenbarsch
Squaretail grouper
L: bis zu 40 cm. V: gesamtes Gebiet. T: 6 - 200 m. A: häufig, meist küstennah auf Schlammhängen mit einzelnen Felsen oder terrestrischem Treibgut, oft in kleinen Gruppen. Die ausgerandete Schwanzflosse mit ihrem blassen Hinterrand unterscheidet diese Art deutlich von anderen, ähnlich gefleckten Zackenbarschen.

Da streng territorial in Riffen lebend, sind einige Arten anfällig gegen Harpunieren, was in gewissen Gebieten bereits zu einer bedrohlichen Abnahme der Bestände geführt hat.

Dermatolepis striolatus — Des Roches, Seychellen

Ozelot-Zackenbarsch
Smooth grouper
L: bis zu 85 cm. V: Ostafrika, Seychellen. T: 5 - 70 m. A: in geschützten, ziemlich trüben Gewässern, aber auch in klarem Wasser. Unten: **Rotmaul-Zackenbarsch** *Aethaloperca rogaa*, 60 cm, 5 - 40 m, scheu, bevorzugt klare Korallenriffe, meist bei Höhlen.

Gracila albomarginata — Astove, Seychellen

Fenster-Zackenbarsch
Window grouper
L: bis zu 45 cm. V: Südindik, Malediven, Sri Lanka. T: 6 - 150 m. A: an steilen Außenriffhängen und Drop-offs. Schwebt tags einige Meter über dem Boden, ist aber scheu. Unten (Aldabra): Juvenile sehen wie Fahnenbarsche (Unterfamilie Anthiinae) aus, siehe unten.

ZACKENBARSCHE　　　　　　　　　　　　EPINEPHELIDAE

Perlenketten-Zackenbarsch
White-speckled grouper
Länge: bis zu 35 cm.
Verbreitung: gesamtes Gebiet.
Tiefe: 3 - 30 m.
Allgemein: die Art lebt in klaren Küstenbuchten und auf gemischten Korallen- und Felsböden, auch versteckt entlang der Drop-offs, aber oft am Eingang einer Höhle oder unter einem Überhang zu finden. Ruht manchmal auf großen Schwämmen. Dieser Zackenbarsch kann am besten an seinem etwas dunkleren Kopf und den dicht gepunkteten Flossen und Körper erkannt werden.

Epinephelus ongus　　　　　　　Male Atoll, Malediven

Langstachel-Zackenbarsch
Long-spined grouper
Länge: bis zu 55 cm.
Verbreitung: gesamtes Gebiet.
Tiefe: 1 - 50 m.
Allgemein: dieser Zackenbarsch bevorzugt siltige Riffe und wird oft in geschützten schlammigen Gebieten mit Korallenbrocken oder anderem Geröll auf offenen Flächen beobachtet. Juvenile werden auf pflanzenbewachsenem Fels oder toten Korallen von der Gezeitenzone bis hinunter in über 30 m Tiefe angetroffen. Die Art ist im Indik weit verbreitet und kommt bis in den Westpazifik hinein vor.

Epinephelus longispinis　　　　　　Trinco, Sri Lanka

Vierfleck-Wabenbarsch
Foursaddle grouper
35 cm, Ostafrika, 1 - 25 m, in seichten, klaren Riffen, scheu.
Unten: **Zwerg-Wabenbarsch** *E. merra*, 28 cm, 1 - 50 m, längliche Seitenflecken typisch.

Epinephelus spilotoceps　　　　South Male Atoll, Malediven

ZACKENBARSCHE   EPINEPHELIDAE

Epinephelus fuscoguttatus   Ari Atoll, Malediven

Stierkopf-Zackenbarsch
Brownmarbled grouper
Länge: bis zu 90 cm. Verbreitung: gesamtes Gebiet. Tiefe: 12 - 60 m. Allgemein: in Korallenriffen und auf Felsböden. Im Vergleich zu den meisten anderen Zackenbarschen scheu. Frißt hauptsächlich Fische, Tintenfische und Krebse. Kleines Foto unten von Aldabra.

Epinephelus tukula   Mosambik

Kartoffel-Zackenbarsch
Potato grouper

Länge: bis zu 200 cm. Verbreitung: gesamtes Gebiet. Tiefe: 3 - 80 m. Allgemein: obwohl in Australien als einer der am wenigsten scheuen Zackenbarsche bekannt, gilt dies nicht für unser Gebiet. Die Art ist nicht häufig.

Riesen-Zackenbarsch
Giant grouper
L: bis zu 250 cm. V: gesamtes Gebiet. T: 5 - 100 m. A: weit verbreitet, aber selten. Bis zu mindestens 300 kg. Juv. oft in Ästuaren, Adulte einzeln in Höhlen, Wracks, Häfen und tiefen Ästuaren. Frißt Langusten, Krabben, Knochenfische, auch kleine Haie und Rochen.

Epinephelus lanceolatus   Sodwana Bay, Südafrika

ZACKENBARSCHE   EPINEPHELIDAE

Gelbflossen-Zackenbarsch
Blue-and-yellow grouper

L: bis zu 100 cm. V: gesamtes Gebiet. T: 10 - 150 m. A: Juvenile im Seichtwasser, Adulte bevorzugen tiefere Riffe. Kleine Adulte blau, gelb auf Schwanzstiel und Flossen, größere verlieren das Blau und werden schwarz. Wenig scheue Art.

Epinephelus flavocaeruleus   Mauritius

Baskenmützen-Zackenbarsch
Blacktip grouper

L: bis zu 40 cm. V: gesamtes Gebiet. T: 3 - 160 m. A: häufige Art auf Korallenriffen und Felsböden, die sich von Fischen und Krebsen ernährt. Leicht am 'Mützenfleck' auf dem Kopf zu erkennen. Das kleine Foto unten stammt aus Kenia.

Epinephelus fasciatus   Lhaviyani Atoll, Malediven

Halbmond-Zackenbarsch
Halfmoon grouper

Länge: bis zu 40 cm.
Verbreitung: Westindik (Ost- und Südafrika, Madagaskar bis Mauritius), nicht Rotes Meer, Malediven, Seychellen.
Tiefe: 1 - 150 m.
Allgemein: die Art findet sich in unterschiedlichen Habitaten von Korallenriff und Felsboden bis zu Algenfeld und Seegraswiese, Juvenile auch in Mangrovengebieten. Der Halbmond-Zackenbarsch ernährt sich hauptsächlich von diversen kleinen Knochenfischen sowie Garnelen und Krabben.

Epinephelus rivulatus   Durban, Südafrika

FAHNENBARSCHE — ANTHIIDAE

Juwelen-Fahnenbarsch
Jewel fairy basslet
L: bis zu 15 cm. V: gesamtes Gebiet und Rotes Meer. T: 1 - 35 m. A: in riesigen Schulen vor Drop-offs, wo sie Ziel aller UW-Fotografen sind, während sie Plankton fressen. Links: Harem mit einem Männchen und vielen orangen Weibchen. Unten (Seychellen): Männchen.

Pseudanthias squamipinnis   Durban, Südafrika

Coopers Fahnenbarsch
Cooper's fairy basslet
Länge: bis zu 14 cm. Verbreitung: Ostafrika, Maskarenen, Malediven, nicht Rotes Meer. Tiefe: 5 - 60 m. Allgemein: an strömungsreichen Drop-offs und auf Fleckriffen mit geringem Korallenwuchs. Das große Foto zeigt ein Männchen, das kleine Foto unten Weibchen.

Pseudanthias cooperi   Mauritius

Gelbschwanz-Fahnenbarsch
Yellowtail fairy basslet
Länge: bis zu 10 cm. Verbreitung: Ostafrika, Maskarenen, Chagos, Malediven. Tiefe: 5 - 40 m. Allgemein: sehr häufig, aber scheu. Frißt tags Plankton in der Wassersäule über Fleckriffen. Großes Foto: Männchen; unten: Weibchen.

Pseudanthias evansi   Gaafu Atoll, Malediven

FAHNENBARSCHE   ANTHIIDAE

Indischer Flammenfahnenbarsch
Indian flame fairy basslet
L: bis zu 6 cm. V: Malediven, Sri Lanka. T: 10 - 30 m. A: in großen Gruppen an steilen Riffhängen um 30 m. Nahe verwandt ist *P. dispar* aus dem Westpazifik. Foto: Männchen.
  Fahnenbarsche bilden Harems von einem Männchen und vielen Weibchen. Ein Harem kann Tiere enthalten, die sich gerade in Weibchen verwandeln (an der wechselnden Färbung zu erkennen). Wenn ein Männchen umkam, braucht der Harem einen neuen Führer, zu dem sich das stärkste Weibchen entwickeln wird.

Pseudanthias ignitus   Andamanensee

Connells Fahnenbarsch
Connell's fairy basslet
Länge: bis zu 11 cm. Verbreitung: endemisch in Südafrika. Tiefe: unter 25 m. Allgemein: die Art ist nicht häufig und bei Durban und der Aliwal Shoal meist in Wracks zu finden. Sie frißt Zooplankton. Die Fotos zeigen ein Männchen (rechts) und ein Weibchen (unten).

Pseudanthias connelli   Südafrika

Rotstreifen-Fahnenbarsch
Redstripe fairy basslet
L: bis zu 11 cm. V: gesamtes Gebiet und Rotes Meer. T: 50 - 60 m. A: Männchen mit Harems, zeigen Balzverhalten. Dem Männchen (rechts) fehlt der rote Seitenstreifen des Weibchens (unten). Fotos aus Südafrika, wo die Art selten ist.

Pseudanthias fasciatus   Südafrika

FAHNENBARSCHE — ANTHIIDAE

Faden-Fahnenbarsch
Threadfin fairy basslet
L: bis zu 13 cm. V: Ostafrika, Seychellen, Malediven. T: 4 - 30 m. A: in riesigen Schulen über Korallensäulen. Harems. Vorstehende Oberlippe. Unten:
Diadem-Fahnenbarsch
P. parvirostris, bis 9 cm, Malediven (Foto) bis Maskarenen, 35 - 60 m, an Außenriffhängen.

Nemanthias carberryi — Amiranten, Seychellen

SEIFENBARSCHE — GRAMMISTIDAE

Pfeilkopf-Seifenbarsch
Arrowhead soapfish
Länge: bis zu 15 cm.
Verbreitung: Ostafrika, Komoren, Maskarenen bis Malediven.
Tiefe: 4 - 45 m.
Allgemein: Riffbewohner, tags in Höhlen; nachtaktiv, verläßt in der Dämmerung seinen Unterschlupf, um zu jagen.
Die Grammistinae oder Seifenbarsche haben einen giftigen Hautschleim. Sie sind die verschiedenartigste Untergruppe der Sägebarsche; einige Gattungen werden ohne Zweifel in eine eigene Unterfamilie oder gar Familie gestellt werden.

Belonoperca chabanaudi — Surin Island, Thailand

Zweistreifen-Seifenbarsch
Double-striped soapfish

Länge: bis zu 25 cm.
Verbreitung: Malediven, Sri Lanka.
Tiefe: 15 - 25 m.
Allgemein: eine scheue Art, tags zwischen Korallen oder in Spalten versteckt, nachts an exponierteren Stellen.
Die Seifenbarsche leben meist versteckter als andere Familienmitglieder in Höhlen oder unter Überhängen, dicht am oder versteckt im Substrat. Einige Arten leben in lockeren Gruppen und sind selbst Tauchern gegenüber nicht scheu.

Diploprion bifasciatum — Raa Atoll, Malediven

SEIFENBARSCHE   GRAMMISTIDAE

Sechsstreifen-Seifenbarsch
Sixstriped soapfish
Länge: bis zu 25 cm.
Verbreitung: gesamtes Gebiet und Rotes Meer.
Tiefe: 5 - 40 m.
Allgemein: bewohnt Korallenriffe und Felsböden mit guten Versteckmöglichkeiten, oft in sehr seichtem Wasser. Carnivor. Haut mit giftigem Schleim. Das Balzverhalten wurde beschrieben (Geschlechter äußerlich gleich): das aggressivere Tier eines Paares scheint das Männchen zu sein, das wiederholt die Rückenflosse aufstellt und seinen Kopf in die Seite des Partners stößt.

Grammistes sexlineatus — Burma Banks, Thailand

Blauer Seifenbarsch
Goldribbon soapfish
Länge: bis zu 35 cm.
Verbreitung: gesamtes Gebiet, Nachweise sind aber selten und umfassen Südafrika, Mauritius, Réunion und Thailand.
Tiefe: 12 - 48 m. Allgemein: Körper tiefblau mit leuchtend gelbem Band von der Schnauze durch das Auge und entlang des Rückens. Carnivor, frißt hauptsächlich bodenlebende Krebse und kleine Fische.

Die Haut aller Seifenbarscharten hat eine dicke Schicht aus zähem Schleim; dieser enthält das Gift Grammistin, das bitter schmeckt. Die Giftmenge steigt unter Streß.

Aulacocephalus temmincki — Durban, Südafrika

Schneeflocken-Seifenbarsch
Snowflake soapfish
Länge: bis zu 27 cm.
Verbreitung: Madagaskar, bis Andamanensee.
Tiefe: 10 - 35 m.
Allgemein: die Art bewohnt Gebiete reichen Korallenwuchses und kann leicht an der Kinnbartel erkannt werden. *P. ocellata* ist eine reine Indik-Form, während der verwandte *P. punctata* nur im Pazifik vorkommt. Unterschied: *P. ocellata* hat die Musterung in allen Flossen, während Rücken- und Schwanzflosse von *P. punctata* durchsichtig ist.

Pogonoperca ocellata — Ari Atoll, Malediven

ZWERGBARSCHE   PSEUDOCHROMIDAE

Pseudochromis dutoiti — Durban, Südafrika

Blaustreifen-Zwergbarsch
Rein dottyback
Länge: bis zu 8,5 cm.
Verbreitung: Kenia bis Südafrika. Tiefe: 2 - 25 m.
Allgemein: nach wissenschaftlicher Revision zeigte sich diese Art als verschieden von *P. aldabraensis*, der im selben Verbreitungsgebiet vorkommt. Letzterer trägt einen blauen Streifen nur bis zum Kiemendeckel und nicht bis zur Schwanzflosse, wie bei dieser Art.
  Zwergbarsche haben klebrige, demerse Eier, die zum Boden absinken, wo sie am Substrat und aneinander kleben und so Klumpen bilden.

Pseudochromis andamanensis — Mentawai, Sumatra

Andamanen-Zwergbarsch
Andaman dottyback
L: bis zu 8,5 cm. V: Andamanensee, Sumatra. T: 2 - 28 m.
Allgemein: Erstnachweis von Sumatra, bislang nur aus der Andamanensee bekannt.
Unten: **Natal-Zwergbarsch**
P. natalensis, 9 cm, 1 - 25 m, Kenia, Südafrika, Madagaskar.

Chlidichthys johnvoelckeri — Komoren

Kirsch-Zwergbarsch
Cerise dottyback
Länge: bis zu 3 cm.
Verbreitung: Mosambik, Südafrika, Komoren.
Tiefe: 12 - 75 m.
Allgemein: in Korallenriffen, selten, nur wenige Nachweise.
  Unten (Sri Lanka):
Goldkopf-Zwergbarsch
Pseudochromis dilectus, 4,5 cm.

ZWERGBARSCHE — PSEUDOCHROMIDAE

Gelber Zwergbarsch
Yellow dottyback

Länge: bis zu 5 cm. Verbreitung: Chagos Archipel, Malediven, Sri Lanka. Tiefe: 2 - 20 m.
Allgemein: die Art wurde zwischen toten Korallen und Steinen gefunden, wo sie in kleinen Löchern und Höhlen lebt.
  Viele Zwergbarscharten sind sehr farbenfroh. Bislang gibt es jedoch keine befriedigende Erklärung dafür, warum einige Arten sexuellen Dichromatismus aufweisen und andere nicht. Alle Zwergbarsche sind Zwitter und können das Geschlecht wechseln. Das größere Tier in einem gleichfarbigen Paar ist immer das Männchen.

Chlidichthys inornatus — Ari Atoll, Malediven

MIRAKELBARSCHE — PLESIOPIDAE

Echter Mirakelbarsch
Comet longfin

Länge: bis zu 16 cm.
Verbreitung: gesamtes Gebiet.
Tiefe: 3 - 45 m.
Allgemein: der erstaunlich geformte und gefärbte Mirakelbarsch lebt einzeln in Verstecken im Korallenriff. Die Art zeigt ein Drohverhalten: das innen weiße Maul wird weit aufgerissen. Die Anzahl der Punkte auf dem Fisch nimmt mit dem Alter zu, während die Punkte selbst kleiner werden.

Calloplesiops altivelis — Trinco, Sri Lanka

FAHNENSCHWÄNZE — KUHLIIDAE

Fünfband-Fahnenschwanz
Barred flagtail

Länge: bis zu 20 cm.
Verbreitung: gesamtes Gebiet.
Tiefe: 0,5 - 20 m.
Allgemein: in dichten Schwärmen an Riffen und Felsküsten. Von gerade unterhalb des Spülsaums bis in etwa 20 m Tiefe. Die Fische sind oft an Höhleneingängen entlang der Wasserlinie zu beobachten. Juvenile sind in Gezeitentümpeln und an den Eingängen zu Strömungskanälen häufig. Nachts lösen sich die Schulen auf, um Planktonkrebse zu fressen.

Kuhlia mugil — Raa Atoll, Malediven

GROSSAUGENBARSCHE — PRIACANTHIDAE

Mahe, Seychellen

Gewöhnlicher Großaugenbarsch
Common bigeye
Länge: bis zu 40 cm.
Verbreitung: gesamtes Gebiet und Rotes Meer.
Tiefe: 15 - 250 m.
Allgemein: die Art ist an Außenriffhängen und in tiefen Lagunenriffen häufig. Sie wird oft in großen Gruppen angetroffen (siehe auch Seite 11). Unglücklicherweise ist der Fisch eine leichte Beute für UW-Jäger mit Harpune: beim Anschwimmen rührt er sich nicht von der Stelle.

Der Körper der Großaugenbarsche ist seitlich abgeplattet. Die einzelne Rückenflosse hat 10 Stachelstrahlen und bis zu 15 Weichstrahlen. Die Brustflossen sind viel kürzer als der Kopf. Der Hinterrand der Schwanzflosse ist trunkat, konvex oder konkav. Alle Familienmitglieder besitzen eine Schwimmblase. Ihre Schuppen sind ctenoid. Die Seitenlinie ist einfach, durchgehend und setzt sich nicht auf der Schwanzflosse fort. Kopf und Kiefer tragen Schuppen. Der Oberkiefer ist nur wenig vorstreckbar. Alle Zähne sind klein und konisch, große Fangzähne (Caninen) fehlen. Die Nasenöffnungen liegen eng beisammen. Großaugenbarsche leben bodennah in Fels- und Korallenriffgebieten tropischer und temperierter Zonen in Tiefen von 1 bis 400 m. Es gibt 3 Gattungen mit etwa einem Dutzend Arten.

Priacanthus hamrur — Male Atoll, Malediven

Blochs Großaugenbarsch
Bloch's bigeye

Länge: bis zu 35 cm.
Verbreitung: Arabisches Meer bis Südindik, Malediven, Sri Lanka.
Tiefe: 15 - 30 m.
Allgemein: die solitäre Art versteckt sich tagsüber in Höhlen. In der Dämmerung verläßt sie diese, schwimmt ins offene Wasser und frißt größeres Zooplankton wie Garnelen, andere Krebse und Fischlarven. Dieser Großaugenbarsch unterscheidet sich von anderen, völlig roten Familienmitgliedern durch seine silbrige Färbung.

Priacanthus blochii — South Male Atoll, Malediven

KARDINALBARSCHE   APOGONIDAE

Goldbauch-Kardinalbarsch
Goldbelly cardinalfish
Länge: bis zu 10 cm.
Verbreitung: gesamtes Gebiet, nicht Rotes Meer.
Tiefe: 10 - 35 m.
Allgemein: einzeln oder paarweise versteckt in Höhlen und Spalten im schattigen Riff. Das Foto zeigt, daß man die Art auch in Gruppen sehen kann.
  Kardinalbarsche sind klein, carnivor und leben überwiegend im Flachwasser aller tropischen und subtropischen Meere in diversen Habitaten wie Korallenriffe, auf Sand- und Algenböden, in trübem Wasser und Mangrovengebieten.

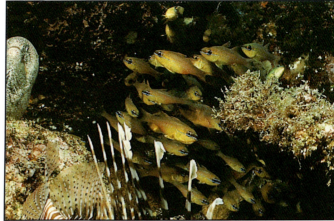

Apogon apogonoides   Réunion

Indischer Tiger-Kardinalbarsch
Indian tiger cardinalfish
Länge: bis zu 25 cm.
Verbreitung: gesamtes Gebiet.
Tiefe: 3 - 35 m.
Allgemein: große, weit verbreitete Art. Die Familie umfaßt 3 Unterfamilien und 26 Gattungen mit etwa 250 Arten. Immer wieder werden neue Arten entdeckt, besonders in tropischen Korallenriffen, wo sie am häufigsten sind. Tagsüber in Höhlen und Spalten; nachts erbeuten sie im Freiwasser kleine planktonische Wirbellose, einige fressen Fische. Viele haben arttypische Streifen- und Punktmuster.

Apogon lineatus   Ari Atoll, Malediven

Stachelkopf-Kardinalbarsch
Spiny-head cardinalfish
L: bis zu 10 cm. V: ges. Gebiet und Rotes Meer. T: 2 - 45 m.
A: diese Kardinalbarschart lebt einzeln; verläßt nachts das Riff, um Planktonkrebse zu fressen.
Unten: **Achtstachliger Kardinalbarsch** *Neamia octospina*, 5 cm, ges. Gebiet und RM.

Apogon urostigma   Praslin, Seychellen

CHAGOS

Mitten im Indischen Ozean, weit südlich der Malediven und über 1.500 km vom nächsten Festland entfernt, liegt eine kaum bekannte Gruppe winziger Koralleninseln: Chagos Islands. Diese Gruppe umfaßt fünf Atolle sowie zehn weitere Riffe und Untiefen. Insgesamt sind es rund 50 Inselchen, im allgemeinen sehr ähnlich den Malediven. Ein Meeresbiologe, Fotograf aller Bilder dieses Berichts, stellt einige Unterwasserspezialitäten vor.

ALLE FOTOS: CHARLES ANDERSON

Der Willkommensgruß für Besucher auf Diego Garcia, eine der Chagos Islands im British Indian Ocean Territory (BIOT).

Die Chagos Islands gehören zu Großbritannien und sind offiziell als British Indian Ocean Territory (BIOT) bekannt. Außer Diego Garcia, dem südlichsten Atoll der Chagos-Gruppe, sind die Inseln unbewohnt. Es ist ein kleines, längliches Atoll, rund 20 km lang und 8 km breit. Die wenigen Zugänge zur Lagune liegen am Nordende. Den größten Teil vom Rest des Atollrundes bildet eine einzige Sandinsel, die sich entlang der ganzen Atollkante von der einen Seite des Zugangs um die Südspitze herum zur anderen Seite des Zugangs erstreckt. Auch diese V-förmige

Insel wird Diego Garcia genannt; sie ist rund 60 km lang, aber nirgends mehr als ein paar hundert Meter breit. Heute ist der Westarm von Diego Garcia Basis einer vollständigen U.S. Militäreinrichtung, deren Ambiente eher dem der Florida Keys entspricht, als dem der Malediven. Diego Garcia beherbergt keine große, ständige Streitmacht, sondern dient eher als strategischer Stützpunkt in

Der endemische Chagos-Anemonenfisch *Amphiprion chagosensis* mit seinem Wirt, der Prachtanemone *Heteractis magnifica,* fotografiert bei Petite Ile de la Passe.

Zeiten regionaler Konflikte. Während des Golfkriegs gegen den Irak und des UN-Engagements in Somalia hat Diego Garcia eine wichtige Rolle für Nachschubunternehmen gespielt. Wegen der Militärpräsenz ist die gesamte Inselgruppe für die meisten Möch-

Der ostafrikanische Sansibar-Falterfisch *Chaetodon zanzibariensis* bei Ile Diamant.

tegern-Besucher gesperrt. Ein paar Liveaboard-Tauchschiffe haben es versucht, wurden aber ohne Ausnahme abgewiesen. So bleiben dem Taucher nur drei Möglichkeiten, um dorthin zu kommen: dem Militär beizutreten, mit einer Privatjacht, oder als Teilnehmer einer offiziellen wissenschaftlichen Expedition. Daher war ich sehr erfreut, als man mich 1995 zur Teilnahme an einer britischen wissenschaftlichen Tauchexpedition aufforderte, um Cha-

Ein 25 cm langer Blaustreifen-Drücker *Xanthichthys caeruleolineatus*, Foto von Middle Brother.

gos von Februar bis März 1996 zu besuchen. Als professioneller Meeresbiologe und Fischspezialist suchte und fotografierte ich Fischarten, die zuvor von Chagos nicht bekannt waren. Zwar mag das Chagos-Archipel fernab liegen, dennoch sind dort einige wissen-

Porträt einer Breedens Muräne *Gymnothorax breedeni*, fotografiert bei Ile Manoel.

schaftliche Arbeiten gemacht worden. Das Resultat früherer Besuche von Ichthyologen ist eine Checkliste mit 703 Fischarten, veröffentlicht 1989. Meine eigenen Beobachtungen, die anderer Expeditionsteilnehmer und Veröffentlichungen über

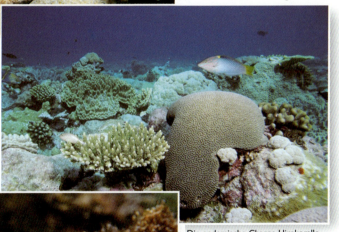

Die endemische Chagos-Hirnkoralle *Ctenella chagius*, fotografiert nahe der Riffkante der Ile Diamant.

Sammlungsexemplare seit 1989 haben die Liste um 100 weitere Arten verlängert. Zweifelsohne gibt es um Chagos noch viele Arten zu entdecken, denn von den unmittelbar nördlich gelegenen Malediven kennt man 1.000 Fischarten. Außer einem bloßen

Eine neue Plattwurmart, fotografiert bei Ile du Coin.

Kolonien diverser Arten von Seescheiden auf einer Fächerkoralle, fotografiert bei Ile Vache Marine.

Auflisten sollten die Arbeiten Aufschluß über die Biogeografie der Chagos-Fischarten geben. Erste Ergebnisse zeigen - wenig überraschend - große Ähnlichkeiten mit der Fischfauna der Malediven, besonders der der südlichen Inseln. Es gibt einige Fischarten, die von Chagos und den südlichen Malediven bekannt sind, nicht aber von den mittleren und nördlichen Malediven.

Das Tauchen in Chagos ähnelt sehr dem um die Malediven. Die Rifformen sind grundsätzlich die gleichen, ebenso die meisten Korallen und Fische. Es gibt jedoch einige interessante Unterschiede. Einer betrifft die bei Chagos häufig überfluteten, der Küste vorgelagerten Riffe, die den Malediven fehlen. Außerdem gibt es bei Chagos einige Meerestiere, die sonst nirgends vorkommen. Solche Tier- und Pflanzenarten mit einem sehr eng begrenzten Verbreitungsgebiet nennt man Endemiten.

Ein Endemit ist die Chagos-Hirnkoralle *Ctenella chagius*. Die meisten Korallenarten haben enorm weite Verbreitungen; warum diese Art, die bei Chagos häufig ist, auf eine derartig kleine Fläche begrenzt sein sollte, ist ein Rätsel. Eine mögliche Erklärung ist die sehr kurze Larvenphase von *Ctenella chagius*, die der Art nicht erlaubt, sich über Chagos hinaus zu verbreiten. Die Vermehrung von *Ctenella chagius* ist bislang jedoch nicht untersucht worden, daher bleibt dies nur eine begründete Vermutung. Weiterhin ist an der Art ungewöhnlich, daß sie im Indopazifik keine engen Verwandten hat; die nächsten verwandten Arten finden sich in der Karibik, was nahelegt, daß die Chagos-Population ein Relikt aus den Zeiten ist, als Atlantik und Indopazifik in tropischen Breiten miteinander verbunden waren.

Eine weitere Art, die nur bei diesen Inseln zu finden ist, ist der Chagos-Anemonenfisch *Amphiprion chagosensis*. Wie alle Anemonenfische lebt er in exklusiver Partnerschaft mit einer riesigen Seeanemone, die bis 1996 allerdings unbekannt war. Heute weiß man, daß es sich um *Heteractis magnifica* handelt, dieselbe Art, in

Ein Seestern der Gattung *Mithrodia*, fotografiert bei Middle Brother.

der auch der Malediven-Anemonenfisch *Amphiprion nigripes* lebt. Tatsächlich sehen sich die beiden Arten in ihrer Wirtsanemone sehr ähnlich. Der einzige auffällige Unterschied ist das zweite weiße Band von *A. chagosensis* und - weniger auffällig - seine etwas hellere Unterseite.

Etliche andere, bei Chagos wahrscheinlich endemische Arten sind noch nicht wissenschaftlich beschrieben worden. Darunter sind ein beeindruckender purpurner Plattwurm, ein Schermesserlippfisch und ein Sandtaucherfisch.

Graue Riffhaie *Carcharhinus amblyrhynchos* bei der Great Chagos Bank.

MEERBRASSEN   SPARIDAE

Großaugen-Stumpfnase
Bigeye stumpnose
L: bis zu 45 cm. V: Südafrika. T: 4 - 18 m. A: Augen groß, breites, gelbes Band auf der Unterseite. Oft in Schulen in seichten Küstengewässern, meist über Sandboden. Ernährt sich von bodenlebenden Krebsen und Weichtieren.

Das Foto auf der Vorseite (Sodwana Bay, Südafrika) zeigt die **Zebra-Brasse** *Diplodus cervinus*, 50 cm, gesamtes Gebiet, 5 - 40 m. Einzeln oder paarweise in küstennahen Felsriffen. Laicht in Mangrovengebieten. Die Art ernährt sich von Fischen, Weichtieren, Krebsen und Würmern.

Rhabdosargus thorpei   Südafrika

Engländer   Englishman
L: bis zu 80 cm. V: endemisch an den Küsten Mosambiks und Natals (Südafrika). T: 15 - 100 m. A: einzeln oder gruppenweise in Riffen. Rosa Bänder können blaß oder dunkel sein. Bläst Krebse aus dem Sand. Sehr scheu. Unten: **Deutscher** *Polyamblyodon germanum*, 45 cm, 12 - 30 m, häufig.

Chrysoblephus anglicus   Südafrika

Zweibandbrasse
Twobar seabream
L: bis zu 50 cm. V: gesamtes Gebiet. T: 2 - 25 m. A: einzeln oder in losen Gruppen in geschützten Buchten, Ästuaren und flachen Korallenriffen. Durch die zwei vertikalen schwarzen Bänder auf dem Kopf leicht von anderen Meerbrassen zu unterscheiden.

Acanthopagrus bifasciatus   Shimoni, Kenia

SÜSSLIPPEN — HAEMULIDAE

Orient-Süßlippe
Oriental sweetlips

Länge: bis zu 50 cm.
Verbreitung: Ostafrika, Maskarenen, Chagos, Malediven, Arabisches Meer.
Tiefe: 2 - 40 m.
Allgemein: Adulte in Schulen im klaren Wasser von Außenlagunen und Riffhängen. Sie sind Tauchern gegenüber nicht scheu, aber die Juvenilen (kleines Foto unten) verstecken sich zwischen Korallenästen. Die Art war früher als *P. orientalis* bekannt, einer aktuellen japanischen Revision zufolge ein jüngeres Synonym.

Die Familie umfaßt die Unterfamilien Plectorhinchinae, Süßlippen (Gattungen *Plectorhinchus, Diagramma*) und Haemulinae, ästuarine Grunzer (Gattung *Pomadasys*). Die große Familie umfaßt etwa 120 Arten. Ihre Taxonomie war wegen der sehr verschiedenen Juvenilen und Adulten nicht eindeutig, einige wurden einander erst kürzlich zugeordnet.

Süßlippen sind hauptsächlich Riffbewohner, tagsüber in Höhlen und Wracks versteckt, nachts über Sand und Kies auf der Suche nach bodenlebenden Wirbellosen. Sie leben einzeln oder in Gruppen, abhängig von der Art oder der Gegend, und laichen pelagische Eier. Die sich aus den planktonischen Larven entwickelnden Postlarven sind beim Übergang zum Bodenleben noch klein, oft weniger als 10 mm lang. Kleine Juvenile leben einzeln und haben ein eigenes Farbmuster (siehe oben). Die meisten schwimmen dicht über dem Substrat, indem sie ihre Schwanzflosse auf ungewöhnlich übertriebene Weise bewegen. Außer im Farbkleid unterscheiden sich Adulte von Juvenilen durch ein proportional kleineres Maul mit dicken Lippen. In Südafrika nennt man sie deshalb auch liebevoll Gummilippen (rubberlips).

Aldabra, Seychellen

Plectorhinchus vittatus — Richelieu Rock, Thailand

SÜSSLIPPEN — HAEMULIDAE

Plectorhinchus sp. — Negombo, Sri Lanka

Süßlippen-Art
Intensive Nachforschungen ergaben, daß diese Art (Länge 35 cm) für die Wissenschaft neu ist. Unten: **Riesen-Süßlippe** *P. obscurus*, bis 100 cm, im gesamten Gebiet, 8 - 50 m. In lockeren Gruppen über Plattformriffen und Geröllhängen. Körper silbergrau, die meisten Flossen sind dunkel.

P. obscurus

Plectorhinchus paulayi — Amiranten, Seychellen

Afrikanische Süßlippe
African sweetlips
Länge: bis zu 45 cm. Verbreitung: Ostafrika, Seychellen, Maskarenen. Tiefe: 12 - 25 m. Allgemein: bewohnt seichte Küstengewässer. Einzelne Tiere in Schulen anderer Süßlippen oder auch Schnapper (siehe kleines Foto unten von Aldabra). Selten.

Gelbmaul-Süßlippe
Yellowmouth sweetlips
L: bis zu 90 cm. V: Küste Afrikas von Sokotra südwärts, Seychellen bis Madagaskar. T: 2 - 25 m. A: in kleinen Gruppen, bevorzugt Lagunen und Mangrovengebiete. In trübem Wasser eignen sich die gelben Lippen sehr gut zur Identifikation. Foto unten von den Komoren.

Plectorhinchus plagiodesmus — Cosmoledo, Seychellen

SÜSSLIPPEN   HAEMULIDAE

Schwarztupfen-Süßlippe
Blackspotted sweetlips
Länge: bis zu 45 cm.
Verbreitung: gesamtes Gebiet und Rotes Meer (dort die häufigste Süßlippenart).
Tiefe: 5 - 55 m.
Allgemein: versteckt sich tagsüber unter Korallen. Juvenile tragen drei Doppelstreifen, die bei Adulten zu schwarzen Flecken werden.
  Riesige Süßlippen-Schulen sammeln sich an geeigneten Orten zu Werbung und Paarung: die Süßlippen schwimmen durcheinander, in Kreisen und schließlich in Schüben zur Oberfläche, wo sie gleichzeitig Eier und Sperma abgeben.

Plectorhinchus gaterinus — Amiranten, Seychellen

Harlekin-Süßlippe
Harlequin sweetlips
Länge: bis zu 60 cm. Verbreitung: Malediven, Sri Lanka. Tiefe: 8 - 35 m. Allgemein: häufig in klaren Lagunen und korallenreichen Außenriffen. Meist unter Überhängen oder Tischkorallen schwebend. Frißt hauptsächlich nachts Krebse, Weichtiere und Fische.

Plectorhinchus chaetodontoides — Male Atoll, Malediven

Silber-Süßlippe
Silver sweetlips
Länge: bis zu 90 cm. Verbreitung: gesamtes Gebiet, und Rotes Meer. Tiefe: 3 - 30 m. Allgemein: häufig, lebt einzeln oder in kleinen Gruppen in Lagunen und Innenriffen. Süßlippen haben keinen äußeren Sexualdimorphismus. Auch das kleine Foto stammt von Mahe.

Diagramma punctatum — Mahe, Seychellen

SÜSSLIPPEN | HAEMULIDAE

Diagramma cinerascens — Baa Atoll, Malediven

Schiefer-Süßlippe
Slate sweetlips
L: bis zu 100 cm. V: gesamtes Gebiet und Rotes Meer. T: 1 - 30 m. A: küstennahe Innenriffe. Adulte in kleinen Gruppen, werden oft mit *D. labiosum* verwechselt. Taxonomische Revision in Arbeit. Juvenile einzeln, Subadulte (siehe kl. Foto, Trinco, Sri Lanka) ändern Färbung.

Brackwasser-Süßlippe
Smallspotted grunt
L: bis zu 80 cm. V: Westindik. T: 1 - 15 m. A: in Küstengewässern, Mangrovengebieten, geschützten Ästuaren und Gezeitenkanälen. Jagt Krebse und Fische, indem sie diese aus Sand und Schlamm bläst.
Unten: **Streifen-Süßlippe**
P. striatum, bis 22 cm, 1 - 40 m.

Pomadasys commersonni — Durban, Südafrika

Graue Süßlippe
Grey grunt
L: bis zu 50 cm. V: Südafrika, Madagaskar. T: 1 - 15 m. A: auf Sand nahe Felsen. Bänder Juveniler vorne gegabelt, die der Adulten werden zu Doppellinien.
Unten: **Speer-Süßlippe**
P. kaakan, bis 45 cm, 1 - 75 m, auch in Ästuaren und Süßwasser.

Pomadasys furcatum — KwaZulu-Natal

SCHNAPPER — LUTJANIDAE

Lutjanus lutjanus — Negombo, Sri Lanka

Großaugenschnapper
Bigeye snapper
Länge: bis zu 30 cm.
Verbreitung: gesamtes Gebiet einschließlich Rotes Meer.
Tiefe: 2 - 90 m.
Allgemein: in exponierten Riffen des Kontinentalschelfs, nicht bei ozeanischen Inseln. Es gibt ähnliche Familienmitglieder, aber alle mit höherem Körper und kleineren Augen. Oft in Schulen zusammen mit anderen Schnapperarten: die Vorseite zeigt diese Art zusammen mit dem häufigsten Schnapper unseres Gebietes, dem **Blaustreifen-Schnapper** *L. kasmira* (die meisten Tiere im unteren Teil der Schule).

Lutjanus bengalensis — Flic en Flac, Mauritius

Bengalen-Schnapper
Bengal snapper
Länge: bis zu 35 cm.
Verbreitung: Arabisches Meer bis Sri Lanka, Maskarenen.
Tiefe: 15 - 30 m. Allgemein: meist einzeln, auch in Gruppen. Von ähnlichen blaugestreiften Schnapperarten durch einheitlich grauen Bauch zu unterscheiden. Unten: juvenil.

Lutjanus quinquelineatus — Hikkaduwa, Sri Lanka

Fünflinien-Schnapper
Five-line snapper
Länge: bis zu 38 cm.
Verbreitung: gesamtes Gebiet.
Tiefe: 2 - 40 m.
Allgemein: in Küstenriffen, Lagunen und auf Außenriffhängen zu finden. In kleinen Gruppen oder riesigen Schulen. Juvenile leben in Ästuaren und fressen auf Sandflächen. Sie sehen den Adulten ähnlich, sind aber weniger gelb und zeigen immer einen deutlichen dunklen Fleck. Adulte können den Fleck 'abschalten' und sind leicht mit *Lutjanus kasmira* (siehe Vorseite) zu verwechseln, haben aber fünf statt vier Streifen.

SCHNAPPER   LUTJANIDAE

Doppelfleck-Schnapper
Twinspot snapper
L: bis zu 80 cm. V: gesamtes
Gebiet. T: 10 - 55 m. A: Adulte in Höhlen der Außenriffhänge. Einzeln oder in riesigen
Schulen (großes Foto) über Riffen und Sandflächen mit Fleckriffen. Oft werden Einzeltiere
von Haien von der Schule getrennt und gefressen (kl. Foto
unten). Der Populärname bezieht sich auf die Färbung der
Juvenilen (zweites kl. Foto).

Lutjanus bohar — Felidhoo Atoll, Malediven

Buckel-Schnapper
Humpback snapper
Länge: bis zu 50 cm.
Verbreitung: gesamtes Gebiet,
nicht im Roten Meer.
Tiefe: 2 - 35 m.
Allgemein: Adulte in Schulen
auf Flächenriffen und entlang
von Dropoffs. Durch den
Rückenbuckel klar von anderen
Schnapperarten zu unterscheiden. Die Art ist um die ozeanischen Inseln relativ häufig.
Juvenile meist in der Gezeitenzone von Mangrovengebieten
oder in Seegraswiesen. Sehr
große Einzelexemplare finden
sich oft in Schiffswracks. Färbung sehr variabel, Adulte sind
oft rot, Juvenile sind ähnlich
gefärbt. Das kleine Foto unten
zeigt einen großen Adulten mit
dem typischen Buckel.

Lutjanus gibbus — Ari Atoll, Malediven

SCHNAPPER LUTJANIDAE

Lutjanus argentimaculatus Similan Islands, Thailand

Mangroven-Schnapper
Mangrove snapper

Länge: bis zu 100 cm, möglicherweise bis zu 120 cm.
Verbreitung: gesamtes Gebiet einschließlich Rotes Meer.
Tiefe: 1 - 120 m.
Allgemein: Juvenile in Mangrovengebieten und den Unterläufen von Süßwasser-Flußsystemen. Größere Juvenile leben in Schulen in Küstenriffen, von wo aus sie später in tieferes Wasser abwandern.

Lutjanus fulviflamma Beau Vallon, Seychellen

Schwarzflecken-Schnapper
Dory snapper

Länge: bis zu 35 cm.
Verbreitung: gesamtes Gebiet einschließlich Rotes Meer.
Tiefe: 1 - 35 m.
Allgemein: in kleinen Gruppen im trüben Wasser der Innenriffe und Mangrovengebiete, oft auch über Felsböden. Juvenile dringen in Brackwasserhabitate ein. Der auffällige, längliche Fleck auf der Seitenlinie unterhalb des weichstrahligen Teils der Rückenflosse ist leider kein Artmerkmal, da andere Arten der Familie einen sehr ähnlichen Fleck an der gleichen Stelle tragen.

Lutjanus fulvus Negombo, Sri Lanka

Schwarzschwanz-Schnapper
Blacktail snapper

Länge: bis zu 40 cm.
Verbreitung: gesamtes Gebiet.
Tiefe: 1 - 40 m.
Allgemein: Adulte werden meist einzeln in tiefen Lagunen und vom Küstenriff bis zum äußeren Riffhang angetroffen. Juvenile dagegen leben meist in der Gezeitenzone und in Süßwasserabläufen, wo sie lose Verbände bilden können. Im Unterschied zu den Adulten fehlt ihnen das Schwarz auf dem Schwanz.

SCHNAPPER — LUTJANIDAE

Ehrenbergs Schnapper
Ehrenberg's snapper

Länge: bis zu 35 cm, aber nur selten über 25 cm.
Verbreitung: gesamtes Gebiet einschließlich Rotes Meer.
Tiefe: 5 - 20 m.
Allgemein: küstennah lebende Art, meist in Schulen über flachen Riffen in der Nähe von Mangroven (großes Foto) zu finden, aber auch in Lagunen, manchmal in großer Zahl nahe bei Flußmündungen. Juvenile leben hauptsächlich im Brackwasser der Mangrovengebiete und Ästuare. Kleine Juvenile haben weniger, dafür aber breitere orange Linien. Das kleine Foto unten zeigt ein adultes Tier über Korallengeröll.

Lutjanus ehrenbergii — Richelieu Rock, Thailand

Einfleck-Schnapper
One-spot snapper

Länge: bis zu 60 cm.
Verbreitung: gesamtes Gebiet einschließlich Rotes Meer.
Tiefe: 5 - 30 m.
Allgemein: Adulte in geschützten Riffen mit Höhlen, oft auch bei Schiffswracks. Meist einzeln oder in kleinen, losen Gruppen (großes Foto), die sofort anfangen, in attraktiven Formationen zu schwimmen, sobald sie das Herannahen eines UW-Fotografen bemerken. Die Juvenilen sind nicht bekannt und werden vielleicht übersehen, weil sie denen anderer Schnapperarten sehr ähneln. Nachtaktive Art, ernährt sich hauptsächlich von Fischen.

Lutjanus monostigma — Ari Atoll, Malediven

SCHNAPPER   LUTJANIDAE

Kaiserschnapper
Emperor snapper

L: bis zu 80 cm. V: gesamtes Gebiet, nicht im Roten Meer. T: 2 - 100 m. A: Adulte einzeln oder in kleinen Gruppen (großes Foto), rot-weiße Färbung typisch. Bevorzugt korallenreiche Lagunen. Kleines Foto unten: *L. malabaricus*.

Lutjanus sebae — Similan Islands, Thailand

Schwarzweiß-Schnapper
Black-and-white snapper

L: bis zu 60 cm. V: gesamtes Gebiet und südl. RM. T: 5 - 20 m. A: Adulte in Gruppen an steilen Riffhängen, in Lagunen und Kanälen. Verteilen sich zum nächtlichen Fressen. Der Populärname bezieht sich auf das Farbmuster der Juvenilen, siehe kleines Foto unten.

Macolor niger — Praslin, Seychellen

Gelbkopf-Schnapper
Yellowhead snapper

L: bis zu 55 cm. V: Malediven, Sri Lanka. T: 5 - 50 m. A: Adulte meist einzeln oder in kleinen Gruppen an steilen Riffhängen. Oft mit dem weniger bunten *M. niger* verwechselt. Postlarven mit Crinoiden assoziiert. Solitäre Juvenile mit typischem Muster (Foto unten).

Macolor macularis — Kilifi, Kenia

SCHNAPPER   LUTJANIDAE

Großer Jobfisch
Big jobfish

L: bis zu 100 cm. V: gesamtes Gebiet und RM. T: 10 - 100 m. A: großer Räuber, schießt in die Riffe, um Kraken, Tintenfische und diverse Fische zu jagen. Große Individuen können ciguatoxisch sein. Sehr scheu. Unten: **Kleiner Jobfisch** *Aphareus furca,* bis zu 40 cm.

Aprion virescens — Mary Anne Island, Seychellen

Faden-Schnapper
Sailfin snapper

Länge: bis zu 60 cm.
Verbreitung: östl Indik, Pazifik.
Tiefe: 5 - 60 m.
Allgemein: Adulte und Juvenile leben in ähnlichen Habitaten: Sandflächen mit Korallenköpfen zwischen Riffen, auch in tiefen Lagunen. Große Adulte (Foto rechts) haben ein fast senkrechtes Kopfprofil. Unteres großes Foto: subadultes Tier; kleines Foto unten: juveniles Tier.

Diese ungewöhnliche Schnapperart ist wegen ihrer typischen Färbung und der Form von Körper und Flossen eines der attraktivsten Familienmitglieder. Die verlängerten Weichstrahlen der Rücken- und Afterflossen von Juvenilen verkürzen sich während der Entwicklung zum Adulten. Auch wechselt die bodenorientierte Lebensweise der Juvenilen zum Leben im offenen Wasser über dem Riff. Beide Entwicklungen und auch der Wechsel in der Gesamtfärbung sind durch die hier gezeigten Fotos gut dokumentiert.

Mentawai Islands, Sumatra

Symphorichthys spilurus — Mentawai Islands, Sumatra

STRASSENKEHRER — LETHRINIDAE

Großaugen-Straßenkehrer
Bigeye emperor

Länge: bis zu 60, meist 40 cm.
Verbreitung: gesamtes Gebiet einschließlich Rotes Meer.
Tiefe: 5 - 50 m.
Allgemein: relativ häufig über Sandboden. Adulte tagsüber in losen Gruppen, oft in großer Zahl. Nachts fressen sie auf dem Substrat in größeren Tiefen. Juvenile (kleines Foto unten) haben braune Streifen auf hellerem Hintergrund, die bei Adulten zu einer silbernen Gesamtfärbung verblassen. Kleine Juvenile leben einzeln über Geröll und Sandflächen in seichten Lagunen oder an den Kanten klarer Küsten- und Außenriffe.

Monotaxis grandoculis — Raa Atoll, Malediven

Goldfleck-Straßenkehrer
Yellowspot emperor

Länge: bis zu 30 cm.
Verbreitung: gesamtes Gebiet, nicht im Roten Meer.
Tiefe: 2 - 30 m.
Allgemein: eine häufige Art seichter Korallenriffe. Oft in kleinen Gruppen direkt auf dem Riff, selten in riesigen Schulen von mehreren hundert Individuen wie auf dem großen Foto. Einzelne Exemplare bevorzugen Höhlen in Dropoffs als Verstecke. Der gelbe Fleck unter dem weichstrahligen Teil der Rückenflosse ist üblicherweise bei allen Farbvarianten auffällig. Frißt meist am Boden von Lagunenriffen und an steilen Dropoffs. Kleines Foto unten: großer Juveniler.

Gnathodentex aureolineatus — Grande Baie, Mauritius

STRASSENKEHRER   LETHRINIDAE

Gelbflossen-Straßenkehrer
Yellowfin emperor
L: bis zu 60 cm. V: Ostafrika bis Malediven, nicht im RM. T: 10 - 120 m. A: solitär, oft im Riff versteckt. Frißt Weichtiere und Stachelhäuter. Kann ciguatoxisch sein. Die Fotos wurden vor einer tiefen Höhle in nur 12 m Tiefe gemacht.

Lethrinus erythracanthus   Ari Atoll, Malediven

Langnasen-Straßenkehrer
Longnosed emperor
L: bis zu 100 cm. V: ges. Gebiet, RM. T: 1 - 185 m. A: ohne auffällige Körperzeichnung, aber mit der längsten Schnauze aller Gattungsmitglieder. Schneller Schwimmer, in Lagunen und Korallenriffen. Frißt bevorzugt Bodenfische, auch Wirbellose.

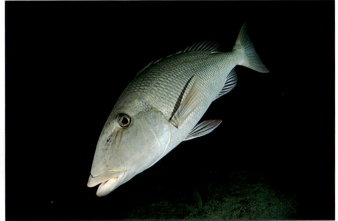

Lethrinus olivaceus   Male Atoll, Malediven

Gelblippen-Straßenkehrer
Yellowlips emperor
Länge: bis zu 70 cm. Verbreitung: gesamtes Gebiet und RM. Tiefe: 5 - 50 m. Allgemein: diese Art ist ein aggressiver Jäger, der an Korallenköpfen und Saumriffen zu finden ist. Der schnelle Schwimmer lebt meist einzeln. Er ist leicht an seiner gelben Oberlippe zu erkennen. Wissenschaftlicher und Populärname weisen auf dieses exzellente Kennzeichen hin. Die Postlarven vieler Straßenkehrerarten leben in Seegraswiesen, sind grün getarnt, können aber die Farbe schnell wechseln.

Lethrinus xanthochilus   Cocos Keeling Islands, Westaustralien

STRASSENKEHRER   LETHRINIDAE

Gelbflossen-Straßenkehrer
Yellowfin emperor
Länge: bis zu 60 cm.
Verbreitung: Westindik, südwärts bis Natal.
Tiefe: 10 - 150 m.
Allgemein: Flossen immer gelb, Wangen manchmal gefleckt. Körper junger Exemplare kann undeutliche Querbänder tragen. Adulte meist mit dunklerem Kopf, hellerem Körper und einem dunklen Punkt an der Basis jeder Schuppe.
  Familie mit 5 Gattungen und ca. 40 Arten im Indo-Pazifik. Juvenile und Adulte meist sehr verschieden, manche Arten sogar mit Zwischenfärbungen.

Lethrinus crocineus   KwaZulu-Natal

Schwarzfleck-Straßenkehrer
Blackpatch emperor
Länge: bis zu 60 cm.
Verbreitung: gesamtes Gebiet und RM. Tiefe: 5 - 20 m.
Allgemein: solitäre Flachwasserart, lebt auf Sand-, Geröll- oder Seegrasböden der Innenriffe und Küstenlagunen, auch in Mangrovengebieten anzutreffen. Frißt verschiedene Bodenwirbellose wie Borstenwürmer, Krebse, Weichtiere und Stachelhäuter und auch kleine Fische. Die Art ist an dem dunklen Seitenfleck einfach zu erkennen, der auch nach einer Konservierung nicht verschwindet.

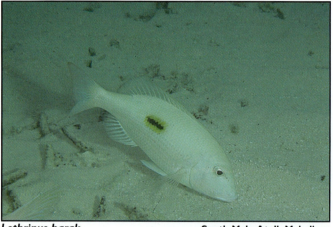
Lethrinus harak   South Male Atoll, Malediven

Goldstreifen-Straßenkehrer
Goldenstriped emperor
Länge: bis zu 40 cm.
Verbreitung: gesamtes Gebiet einschließlich Rotes Meer.
Tiefe: 10 - 30 m. Allgemein: solitäre Art, nur gelegentlich in kleinen Gruppen zu sehen. Lebt bei Fleckriffen auf Sandflächen. Der auffällige gelbe Streifen ist typisch.
  Straßenkehrer sind karnivore Bodenfische, die sich von Wirbellosen und kleinen Fischen ernähren. Einige Arten fressen nur nachts und ruhen tagsüber im Riff, andere fressen tags und nachts und wechseln zwischen Sandflächen und Riff.

Lethrinus obsoletus   Beau Vallon, Seychellen

STRASSENKEHRER   LETHRINIDAE

Blauschuppen-Straßenkehrer
Bluescale emperor

Länge: bis zu 80 cm.
Verbreitung: gesamtes Gebiet einschließlich Rotes Meer.
Tiefe: 2 - 50 m.
Allgemein: häufige Art, oft in kleinen Gruppen über Korallenriffen, Seegraswiesen, Geröll- und Sandflächen. Selten in großen Schulen zu sehen wie auf dem großen Foto oben rechts. Der Blauschuppen-Straßenkehrer jagt auf Hängen zwischen Seegras versteckte Tintenfische.

Die Eier der Straßenkehrer sind pelagisch, haben weniger als 1 mm Durchmesser und werden in riesigen Zahlen produziert. Die Larven schlüpfen mit weniger als 2 mm Länge, die Postlarven sind etwa 30 mm lang.

Straßenkehrer gelten als erstklassige Eßfische, aber einige Familienmitglieder können sehr viel Jod enthalten, was beim Kochen Probleme bereitet. Zusätzlich können diese Fische in manchen Gegenden ciguatoxisch sein.

Nosy Be, Madagaskar

Lethrinus nebulosus   Mauritius

Spitzkopf-Straßenkehrer
Smalltooth emperor

L: bis zu 65 cm. V: Westindik, RM. T: 10 - 30 m. A: einzeln über Sand und Seegras auf Küstenhängen mit niedrigen Fleckriffen, nahe tiefem Wasser. Frißt Krebse, Weichtiere, kleine Fische. Beim Fressen mit gewölktem Muster (unten).

Lethrinus microdon   Praslin, Seychellen

SCHEINSCHNAPPER — NEMIPTERIDAE

Schärpen-Scheinschnapper
Twoline threadfin bream
Länge: bis zu 20 cm.
Verbreitung: gesamtes Gebiet, nicht Rotes Meer.
Tiefe: 5 - 25 m.
Allgemein: scheu, meist einzeln. Nachtaktiv, frißt Bodenwirbellose wie Garnelen und Borstenwürmer.
  Die Familie der Scheinschnapper umfaßt 5 Gattungen mit 65 Arten, von denen zwei hauptsächlich in tieferem Wasser vorkommen. Beim Tauchen wird man meist einer der etwa 20 Arten der Gattung *Scolopsis* begegnen.

Scolopsis bilineatus   Mulaku Atoll, Malediven

Perlen-Scheinschnapper
Pearly spinecheek
L: 18 cm. V: Sri Lanka ostwärts. T: 3 - 40 m. A: einzeln oder in Gruppen an Riffhängen. Juv. mit breitem schwarzen Seitenband und einem dünneren höher auf dem Rücken; darüber gelb. Unten: **Arabischer Scheinschnapper** *S. ghanam*, 20 cm, ges. Gebiet, 3 - 20 m, häufig.

Scolopsis margaritifer   Mentawai Islands, Sumatra

Monogramm-Scheinschnapper
Lattice spinecheek
L: bis zu 30 cm. V: Andamanensee bis NW-Australien. T: 3 - 50 m. A: die Art lebt solitär auf Sandflächen in Lagunen und auf Küstenriffhängen. Juvenile bewohnen seichte Ästuare und Hafenbecken. Adulte findet man ab 15 m Tiefe abwärts, sie sind sehr scheu und halten immer Abstand zu Tauchern.
  Die hier vorgestellten Familienmitglieder fressen am Boden und sind hauptsächlich tagaktiv. Während der Nacht ruhen sie zwischen Felsen und Korallen auf dem Substrat.

Scolopsis monogramma   Similan Islands, Thailand

SCHEINSCHNAPPER — NEMIPTERIDAE

Breitstreifen-Scheinschnapper
Bridled threadfin bream

Länge: bis zu 26 cm.
Verbreitung: Ostafrika bis Seychellen und Chagos, südwärts bis Madagaskar und Mauritius.
Tiefe: 5 - 30 m.
Allgemein: Adulte in großen Gruppen, Juvenile und Subadulte solitär über Sand und Korallengeröll.

Das große Foto rechts zeigt eine Gruppe von Adulten in ihrem Korallenriffhabitat. Das große Foto darunter zeigt das farbenfrohere Muster der Juvenilen. Das kleine Foto zeigt einen Adulten in Nahaufnahme.

Die meisten der hier vorgestellten Familienmitglieder fressen kleine Krebse, Würmer, manche auch kleine Fische. Die Beute wird mit dem exzellenten Gesichtssinn der Scheinschnapper lokalisiert. Einige andere Arten der Familie sind planktivor. Die Bodenfresser sieben maulweise Sand nach Wirbellosen durch. Die meisten Arten leben in kleinen, losen Gruppen. Beim Fressen schwimmen sie direkt über dem Substrat und halten plötzlich, um die Umgebung zu untersuchen.

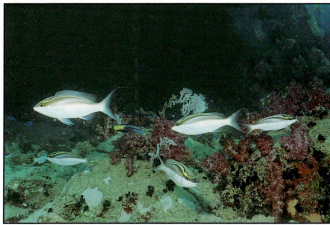
Beau Vallon, Seychellen

Scolopsis frenatus — Chagos Islands

Weißwangen-Scheinschnapper
Whitecheek threadfin bream

Länge: bis zu 25 cm.
Verbreitung: Westindik bis Sri Lanka, Rotes Meer, nicht um die ozeanischen Inseln.
Tiefe: 5 - 45 m.
Allgemein: in Innenriffen und Lagunen, auch im schlammigen Wasser von Flußmündungen. Graben einzeln oder paarweise nach bodenlebenden Wirbellosen.

Juvenile Scheinschnapper haben üblicherweise typische Längsstreifenmuster, die sich bei den Adulten zu völlig anderen Farbmustern wandeln.

Scolopsis torquata — Hikkaduwa, Sri Lanka

FÜSILIERE   CAESIONIDAE

Caesio erythrogaster　　　　　　Surin Island, Thailand

Robuster Füsilier
Robust fusilier

Länge: bis zu 40 cm.
Verbreitung: gesamtes Gebiet.
Tiefe: 3 - 40 m.
Allgemein: diese Füsilierart sieht man in Küstenriffen und Lagunen, meist in großen Schulen. Es gibt mehrere ähnliche Arten, aber diese ist auffällig weniger schlank als die meisten Familienmitglieder. Sie hat einen Streifen unter dem Auge, und ihre untere Körperhälfte ist rötlich gefärbt. Es ist eine der größeren Füsilierarten.

Caesio lunaris　　　　　　Male Atoll, Malediven

Himmelblauer Füsilier
Lunar fusilier

Länge: bis zu 28 cm.
Verbreitung: gesamtes Gebiet einschließlich Rotes Meer.
Tiefe: 2 - 20 m.
Allgemein: man sieht diese Art meist in Gruppen über Flächen- und Saumriffen schweben, wo sie sich im offenen Wasser von Plankton ernährt. Die Adulten Himmelblauen Füsiliere sind im tiefen, klaren Wasser abseits der Riffe häufiger als andere Mitglieder der Familie.

Goldstreifen-Füsilier
Gold-striped fusilier
L: bis zu 24 cm. V: gesamtes Gebiet, RM. T: 3 - 18 m.
A: schwarmbildend, in Gruppen von bis zu 50 Exemplaren (siehe großes Foto). Typisch ist der goldene Seitenstreifen, der sich bis auf den oberen Schwanzflossenlappen zieht (siehe kleines Foto unten).

Caesio caerulaurea　　　　　　Beau Vallon, Seychellen

FÜSILIERE   CAESIONIDAE

Vielstreifen-Füsilier
Manylined fusilier

Länge: bis zu 22 cm.
Verbreitung: Westindik und Rotes Meer, bis Sri Lanka und Seychellen.
Tiefe: 3 - 25 m.
Allgemein: diese Art wurde erst kürzlich beschrieben. Man trifft sie in riesigen Schulen (siehe großes Foto) über Felsboden und Korallenriffen. Sie kommt oft zusammen mit anderen Füsilierarten wie dem Goldstreifen-Füsilier vor. Das kleine Foto unten ist eine Nahaufnahme von Individuen am Rand einer Schule.

Caesio varilineata Lhaviyani Atoll, Malediven

Neon-Füsilier
Neon fusilier

Länge: bis zu 25 cm.
Verbreitung: Ostafrika, Seychellen, Madagaskar, Maskarenen, Chagos, Malediven, Sri Lanka, nicht im Roten Meer.
Tiefe: 2 - 20 m. Allgemein: die Art ist leicht an dem breiten, blauen, seitlichen Körperband (reflektiert stark das umgebende Licht, Name) und dem Fehlen schwarzer Schwanzflossenspitzen zu erkennen. Nachts wird die untere Körperhälfte leuchtend rot. Lebt in großen, oft dicht gepackten Schulen entlang der Außenriffhänge, in klaren Atollagunen und an steilen Dropoffs. Bei den Malediven kann man diese Art nachts unter jedem zweiten Korallenkopf ruhend finden.

Pterocaesio tile Hikkaduwa, Sri Lanka

FÜSILIERE   CAESIONIDAE

Gelbrücken-Füsilier
Yellowback fusilier

L: bis zu 30 cm. V: Ostafrika bis Malediven und Andamanensee. T: 2 - 50 m. A: nahe bei Außenriffen entlang der Hänge und Dropoffs. Auch im Brackwasser der Flußmündungen. Ähnlich *C. teres*, aber das Gelb erstreckt sich in die Rückenflosse, manchmal bis zum Kopf.

Caesio xanthonota Praslin, Seychellen

Blaugoldener Füsilier
Blue-and-gold fusilier

Länge: bis zu 30 cm.
Verbreitung: Ostafrika und Mauritius bis Sri Lanka.
Tiefe: 10 - 35 m.
Allgemein: scheu, tagsüber in Höhlen versteckt. Die gelbe Fläche auf dem Rücken erstreckt sich nur bei Juvenilen bis in den Nacken und zieht sich während des Wachstums bis zum Schwanz und dessen Basis zurück. In Schulen in tiefen Lagunen und entlang von Außenriffen. Laichen an den Mondzyklus gekoppelt oberflächennah am Eingang tiefer Kanäle unglaubliche Eimengen während des Ebbestroms.

Caesio teres Flic en Flac, Mauritius

Gelbband-Füsilier
Yellow-band fusilier

Länge: bis zu 30 cm.
Verbreitung: gesamtes Gebiet.
Tiefe: 3 - 25 m.
Allgemein: die Juvenilfärbung ist nur wenig anders als die Adultfärbung: das gelbe Band wird mit zunehmendem Alter breiter. Meist in kleinen Gruppen an korallenreichen Riffhängen, von Küsten- bis zu Außenriffen und in Lagunen.
  Es gibt in unserem Gebiet eine weitere, sehr ähnliche Art: *P. lativittata* (Chagos ostwärts). Sie ist gelb über und unter dem größten Teil der Seitenlinie.

Pterocaesio chrysozona Mahe, Seychellen

FÜSILIERE   CAESIONIDAE

Doppelstreifen-Füsilier
Twinstripe fusilier

L: bis zu 32 cm. V: Südindik von Ostafrika ostwärts, Seychellen, Mauritius. T: 5 - 35 m. A: in riesigen Schulen über tiefen Fels- und Korallenriffen. Der untere gelbe Streifen deckt den größten Teil der Seitenlinie ab (siehe kleines Foto unten).

Pterocaesio marri   Beau Vallon, Seychellen

Südlicher Füsilier
Southern fusilier

Länge: bis zu 17 cm.
Verbreitung: Mosambik, Kenia, Komoren, Seychellen.
Tiefe: 2 - 23 m.
Allgemein: dieser Füsilier wurde erst vor wenigen Jahrzehnten von der Küste Mosambiks beschrieben. Eine relativ seltene Art, die einzeln oder in Schulen (siehe Foto) bei Korallenriffen vorkommt.
  Die Körperform der Arten der Gattung *Pterocaesio* variiert von schlank bis leicht hochrückig. Meist sind die Arten von *Caesio* hochrückiger und kräftiger gebaut, die von *Gymnocaesio* sind schlanker.

Pterocaesio capricornis   Punto d'Oro, Mosambik

Nacktflossen-Füsilier
Naked fusilier

Länge: bis zu 13 cm.
Verbreitung: Ostafrika, Malediven, auch im Roten Meer; östlich unseres Gebietes häufiger.
Tiefe: 2 - 25 m.
Allgemein: diese Füsilierart lebt wie die anderen Familienmitglieder in Schulen und schwimmt entlang der Korallenriffe, um im offenen Wasser Zooplanktonorganismen zu fressen. Wissenschaftlicher und Populärname beziehen sich auf die unbeschuppten unpaaren (medianen) Flossen.

Gymnocaesio gymnoptera   Ari Atoll, Malediven

ST. BRANDON

Als man in den 1960ern tauchte, war 'weiter weg' gleich 'besser'. Es bedeutete, weg von den Menschenmassen und Städten. Und sicher gab es dort auch mehr Fische und Korallen. Aber es blieb nicht so. Die Nachfrage nach Fischen leerte viele Riffe, besonders im Indik. Jene sehen inzwischen aus wie mit dem Staubsauger behandelt. Aber zum Glück ist es nicht überall so schlimm. Die Regierung von Mauritius sah ihre Küstenfischerei zusammenbrechen und wollte nicht die gleichen Fehler in einer ihrer entfernteren Besitzungen machen, dem Archipel St. Brandon. Der Fotograf berichtet von seinem Besuch dort.

Links ein Stierhai, rechts seine letzte Mahlzeit, ein Tigerhai, von dem sich Teile im Magen des Stierhais fanden.

Vor ein paar Jahren bat die Regierung von Mauritius die Weltbank in Washington um Hilfe beim Erstellen eines Managementplans für das Gebiet um St. Brandon, um dessen außergewöhnliche Naturschönheiten und -reichtümer zu bewahren. Damals hatte eine Fischereigesellschaft auf Mauritius eine Dauergenehmigung für 13 der Inseln und eine erneuerbare für 15 weitere. Letztere war nun ausgelaufen, und viele andere Gesellschaften waren an einer Fischereilizenz dort interessiert. Sie hatten ihre eigenen Gebiete überfischt und suchten nun nach unbefischten. Die Regierung von Mauritius wollte nun objektiven Rat, was zu tun sei.

An der Spitze eines offiziellen Forschungsteams zur Untersuchung von St. Brandon fuhr ich also auf der *Umbrina II*, dem einzigen Liveaboard von Mauritius aus, dorthin. St. Brandon, auch als Cargados Carajos Islands bekannt, liegt etwa 370 km nördlich von Mauritius. Es besteht aus einem kranzförmigen Riff mit 55 kleinen Inseln und Sandbänken in Nord-Süd-Ausrichtung. Das Riff ist rund 60 km lang und 20 km breit. Die Außenseite des Kranzes zeigt nach Osten, von wo die vorherrschenden Strömungen und Winde kommen, die so stark sind, daß die Ostseite des Riffs noch nicht einmal kartiert ist. Tatsächlich liest man auf der Seekarte, die wir hatten: "Diese Ostküste wurde 1825 von Leutnant Mudge mit Hilfe von Booten gezeichnet, die von Westen über das Riff vorstießen, da sich kein Schiff von See her zu nähern wagte." Es ist ein ungastlicher Ort, von Wirbelstürmen und Monsunen gepeitscht, und ohne dauerhafte Siedlung außer den beiden Stationen einer Fischereigesellschaft.

Fische trocknen auf Raphael Island.

Als wir schließlich nach einer rauhen Überfahrt St. Brandon erreichten, brachten wir zuerst Nachschub zur Fischereistation. Dort bekamen wir einen ersten Eindruck von dem, was uns erwartete. Gerade waren zwei Haie gefangen worden. Eine Fangleine mit beköderten Haken war letzte Nacht ausgebracht worden und hatte zuerst einen Tigerhai angelockt, der dann von einem noch größeren Stierhai teilweise aufgefressen worden war. Schließlich war der Stierhai an den Haken gegangen. Als wir ihn aufschnitten, fanden wir darin große Brocken des Tigerhais und rasiermesserscharfe Metallstücke einschließlich eines Behälters aus Hühnerdraht, wie sie von den Fischern benutzt werden, um Köder für Fischfallen aufzunehmen. Offensichtlich hatte der Stierhai zuerst die Falle geplündert und dabei einen Teil davon verschluckt, bevor er selbst an den Haken ging. Unglaublich, mit welchem Mageninhalt Haie überleben können.

Nach diesem Erlebnis sprangen wir - wenig enthusiastisch - zu unserem ersten Tauchgang ins Wasser. Rückendeckung bekamen wir von Daniel, einem Aquarienfischexporteur aus Mauritius, der einen 3 m langen Explosivstab zur Haiabwehr bei sich hatte. Aber die bald einsetzende Aufregung bei unserem ersten Tauchgang ging nicht auf Haie zurück. Sie begann mit der Sichtung eines kleinen Fisches, den Daniel noch nie gesehen hatte und der in keinem der mitgebrachten Bücher zu finden war. Hatten wir vielleicht eine neue Art entdeckt? Der Fisch sieht hübsch aus, besitzt aber einen fiesen Charakter. Er gehört zur Gattung *Meiacanthus:* das sind kleine Schleimfische mit langen Giftzähnen im Unterkiefer, mit denen sie schmerzhaft zubeißen können. Wir hatten schließlich fünf davon gefangen und schickten sie zur Identifizierung an das Smith Institute of Ichthyology in Südafrika. Es handelte sich um *Meiacanthus fraseri,* der 1970 bei St. Brandon gefunden wurde und dort endemisch ist, also nur dort vorkommt.

Der endemische Säbelzahnschleimfisch *Meiacanthus fraseri.*

Ein Paar des Koran-Kaiserfisches in einem Riff vor St. Brandon.

Unsere Gruppe teilte sich in drei Teams, um eine Inventur der Gegend zu machen: ein Landteam für die Inseln, eines für das Flachwasser der Lagune und eines für das Tiefwasser. Eine der Aufgaben des Tiefwasserteams war, nach interessanten Tauchgebieten für die Entwicklung eines Tauchtourismus zu suchen. Was uns unter Wasser zuerst beeindruckte, war die Fülle an größeren Riffischen: Zackenbarsche, Schnapper, Straßenkehrer und Stachelmakrelen. In diesem Riff war die Fischfauna noch absolut intakt! Doch sahen wir keine Riff-Riesen wie den Kartoffel-Zackenbarsch *Epinephelus tukula,* den ich von Madagaskar und den Seychellen kannte und auch hier erwartet hätte.

St. Brandon ist Teil eines Bogens flacher Bänke (Maskarenenrücken) von Mauritius bis zu den Seychellen, daher gibt es dort keine steilen Riffhänge. Der Meeresboden um die Inseln besteht überwiegend aus Sand mit Fleckriffen, und die Unterwasserszenerie erscheint dem Betrachter ziemlich einförmig. Die besten Tauchgründe liegen um die Inseln im Lee des Riffs, wo der Grund bis in 30 m Tiefe absinkt. In diesem lagunenähnlichen Habitat ist das Wasser allerdings nicht sehr klar, denn die Sicht beträgt nur etwa 20 m.

Feen- und Rosa Seeschwalben auf St. Brandon.

Der Gelbflossen-Zackenbarsch ist auch von Mauritius bekannt.

An einem ruhigen Tag tauchten wir auf der westlichen (Luv-) Seite und fanden zu unserer Überraschung den Boden in 15 m Tiefe mit dem Seegras *Thalassodendron* und der Kalkalge *Halimeda* bedeckt. Doch die großen Haie, die wir erwartet hatten, fehlten. Zurück auf dem Schiff fanden wir eine mögliche Erklärung: der Wind trug einen üblen Geruch mit sich, und beim Weiterfahren entlang des Riffs sahen wir einen riesigen, toten Wal am Strand angespült. Ich wollte ihn näher betrachten und ließ mich vom Beiboot aus absetzen. Durch knietiefes Wasser watend näherte ich mich dem Wal. Plötzlich hörte ich die anderen schreien. Sie riefen mir zu, ich solle umkehren. Bald wußte ich, warum. Das Wasser um den Wal wimmelte von Haien, von denen einige fast zur Hälfte aus dem Wasser kamen, um einen Bissen Walfleisch zu ergattern.

Bei der Fahrt durch die 55 Inseln und Sandbänke von St. Brandon sahen wir auf den pflanzenbewachsenen Inseln riesige Seevogelkolonien. Feenseeschwalben legen ihre Eier auf blanke Äste, ohne ein Nest zu bauen. Leider fressen Ratten, die auf einigen Inseln eingeschleppt wurden, Eier und Küken und richten so großen Schaden in den Vogelkolonien an; eine der Managementaktivitäten wird daher eine Ausrottungskampagne gegen die Ratten sein. Bei der Untersuchung der Inselstrände fanden wir viele Spuren von Suppen- und Echten Karrettschildkröten. Beide Arten sind auf St. Brandon noch sehr häufig. Ihre Nester bauen sie, wo die Vegetation beginnt, da dies erst über der Hochwassermarke der Fall ist. Wir zählten die Spuren, um eine Vorstellung von der Populationsgröße zu bekommen. Nachts beobachteten wir die großen Weibchen bei der Eiablage am Strand. In der Dunkelheit kommen Reiterkrabben aus ihren Grabgängen, um die frisch geschlüpften Jungen zu fressen. Die kleinen Schildkröten hasten wie verrückt zum Wasser, um den Krabben zu entgehen, doch im Meer warten schon Haie und andere Fleischfresser auf sie. Ich bin erstaunt, daß überhaupt einige ihre Kindheit an solchen Plätzen überleben, wo es von Räubern wimmelt, wohin man schaut.

Eine Suppenschildkröte vor Raphael Island.

Die *Umbrina II* hatte Dutzende von Schiffshaltern angelockt, die uns während der Untersuchung von St. Brandon ständig begleiteten. Kaum ankerten wir, schwärmten sie um das Schiff, um jeden über Bord geworfenen Abfall aufzusammeln. Sobald wir aber Fahrt aufnahmen, saugten sie sich am Rumpf fest. Als wir den Rückweg nach Mauritius antraten, verließen sie uns schlagartig, als wir Shark Point an der Südkante St. Brandons umrundeten. Es war, als wüßten sie genau, daß wir nun diese Gewässer verlassen.

Gebiete wie St. Brandon werden selten, und die bloße Erfahrung, an einem fast noch unberührten Ort mitten im Nichts zu sein, ist eine rauhe Überfahrt und die Ausgaben wert. Nach zehn Tagen in St. Brandon waren wir uns einig: dies ist eines der wenigen ökologisch noch intakten Riffgebiete, und das soll so bleiben. Erfahrungen auf der ganzen Welt haben gezeigt, daß Fangquoten-Fischerei nicht funktioniert. Eine Vorhersage, wer wo wieviel Fisch fangen kann, scheint unmöglich. Und solange die Mentalität dem Grundsatz "wenn ich den Fisch heute nicht fange, tut es morgen mein Konkurrent" folgt, werden die Bestände überfischt. Mehr und mehr geht man dazu über, daß ein einzelner Unternehmer oder eine Kooperative für das Management eines bestimmten Gebietes verantwortlich ist. So wird das Interesse an einer langfristigen Nutzung gewährleistet. Das ist genau das, was wir der Regierung von Mauritius vorschlagen werden. Um all dem eine rechtliche Grundlage zu geben, muß St. Brandon zu einem geschützten Meeresgebiet gemacht und einem Mehrfachnutzungs-Zonenplan folgend verwaltet werden. Der Great Barrier Reef Marine Park in Australien ist das beste Beispiel. Wir haben gute Chancen, daß unser Plan durchgeführt wird und ein Zeichen im westlichen Indischen Ozean setzt, wo kleine Inselstaaten wie Seychellen und Mauritius sich dem Naturschutz zuwenden. St. Brandon wird der Dronte (Dodo) nicht folgen.

Feenseeschwalbe mit Ei.

FLEDERMAUSFISCHE   EPHIPPIDAE

Platax teira — Beau Vallon, Seychellen

Langflossen-Fledermausfisch
Longfin batfish
Länge: bis zu 50 cm. Verbreitung: gesamtes Gebiet, RM. Tiefe: 1 - 35 m. Allgemein: Adulte leben paarweise dicht über dem Boden. Die Art ernährt sich von Zooplankton und Quallen. Sie ist wenig scheu und auch bei Wracks zu finden. Der Populärname rührt von den Flossen der Juvenilen her. Siehe auch das eindrucksvolle Foto auf der Vorseite von einer *P. teira*-Schule vor einem Wrack bei den Malediven. Vor kurzem wurde die Art als Begleiter von Meeresschildkröten beobachtet.

Platax batavianus — Mentawai Islands, Sumatra

Buckelkopf-Fledermausfisch
Hump-headed batfish
Länge: bis zu 50 cm. Verbreitung: Ostindik, Westpazifik. Tiefe: 1 - 45 m. Allgemein: diese Art findet sich meist über Sand- oder Schlammböden, kommt aber auch in Korallenriffen vor. Außerdem trifft man sie im schlammigen Wasser von Ästuaren. Sie fehlt aber bei den ozeanischen Inseln. Juvenile leben küstennah und haben senkrechte, weiße Linien zwischen den Bändern. Adulte werden länglich, entwickeln einen Kopfbuckel (siehe Foto) und leben in tieferem Wasser.

Tripterodon orbis — Negombo, Sri Lanka

Sri Lanka-Spatenfisch
Sri Lanka spadefish

Länge: bis zu 25 cm. Verbreitung: Ostafrika und Arabisches Meer ostwärts. Tiefe: 10 - 30 m. Allgemein: diese Art lebt solitär. Sie bevorzugt die trüben Gewässer der Flußmündungen und Ästuare, findet sich aber auch in seichten Küstengewässern über siltigem Boden in der Nähe von Riffen.

FLEDERMAUSFISCHE   EPHIPPIDAE

Rundkopf-Fledermausfisch
Circular batfish

L: bis zu 50 cm. V: ges. Gebiet. T: 5 - 35 m. A: Kopf gerundet, ohne schwarzen Brustflossenfleck wie *P. teira*. Bauch- und Afterflossen schwarz gesäumt. Adulte paarweise oder in kleinen Gruppen im Riff. Juvenile küstennah in Brackwasser und Mangroven. Imitieren auf der Seite liegend Blätter. Fressen Algen, Wirbellose, kl. Fische.

Platax orbicularis — Aldabra, Seychellen

Spitzmaul-Fledermausfisch
Shaded batfish

L: bis zu 35 cm. V: Andamanensee bis Westpazifik. T: 2 - 50 m. A: Adulte einzeln, in kleinen Gruppen oder großen Schulen von seichten Küsten- bis tiefen Außenriffen, auch oft in Schiffswracks. Postlarven in geschützten Küstenriffen oder Mangroven. Juvenile (kleines Foto unten) unter Jetties, aber auch in tieferem Wasser zu finden, wie etwa in Höhlen.

Platax pinnatus — Surin Island, Thailand

123

FLOSSENBLÄTTER — MONODACTYLIDAE

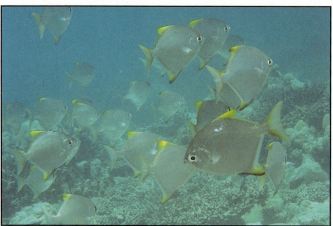
Beau Vallon, Seychellen

Silber-Flossenblatt
Silver batfish
Länge: bis zu 23 cm.
Verbreitung: gesamtes Gebiet einschließlich Rotes Meer.
Tiefe: 0,5 - 8 m.
Allgemein: in Schulen, häufig nicht nur in marinen Habitaten, sondern auch in reinem Süßwasser, brackigen Ästuaren und Hafenbecken. Beim Tauchen am ehesten in siltigen Küstenriffen zu finden. Die Art frißt tags und nachts Plankton im offenen Wasser, aber auch an der Oberfläche treibende Insekten. Die Juvenilfärbung ist dunkel, Adulte sind silbern. Juvenile im Brackwasser, auch in Süßwasser eindringend.

Monodactylidae sind eine kleine Familie mit drei Gattungen und fünf Arten, in unserem Gebiet nur *Monodactylus*. Juvenile haben winzige Bauchflossen, die bei Adulten rudimentär sind oder ganz fehlen. Die Hartstrahlen der Rücken- und Afterflossen sind winzig und am Vorderrand dieser Flossen von Haut und Schuppen bedeckt. Beide Kiefer tragen zahlreiche, kleine Zähne. Der Oberkiefer kann ein wenig vorgestreckt werden.

Monodactylus argenteus — Mary Anne Island, Seychellen

RUDERBARSCHE — KYPHOSIDAE

Heller Ruderbarsch
Snubnose rudderfish
L: bis zu 45 cm. V: gesamtes Gebiet. T: 1 - 15 m. A: über den Hartböden exponierter Außenriffflächen. Omnivor.
Unten: **Dunkler Ruderbarsch** (Brassy rudderfish) *K. vaigiensis*, bis 60 cm, frißt meist Algen.

Kyphosus cinerascens — Ari Atoll, Malediven

MEERBARBEN — MULLIDAE

Gelbsattel-Meerbarbe
Yellowsaddle goatfish

Länge: bis zu 50 cm.
Verbreitung: gesamtes Gebiet einschließlich Rotes Meer.
Tiefe: 5 - 35 m.
Allgemein: die Art bevorzugt Korallen-, Fels- oder Geröllboden. Anders als die meisten Meerbarbenarten, die Bodenwirbellose fressen, ist diese primär ein Fischfresser (bis zu 70 %). Es gibt zwei deutlich verschiedene Farbphasen: gelblichgrau mit blauen Tupfen auf jeder Schuppe und einem gelben Sattelfleck auf dem Schwanzstiel (große Fotos); ganz gelb mit einem leuchtend gelben Fleck auf den Schwanzstiel. Kleines Foto unten: gelbe Variante mit ausgestreckten Barteln. Meerbarben fressen am Boden und nutzen kräftige Barteln, um Beute in oder auf dem Substrat zu finden.

Das großes Foto oben zeigt einen Schiffshalter (siehe S. 128) am Rücken der Meerbarbe. Man sieht seine Unterseite, da er sich mit der Rückenflosse festsaugt, die zur Saugscheibe umgewandelt ist. Schiffshaltern ist es gleich, in welcher Stellung man sie transportiert.

Similan Islands, Thailand

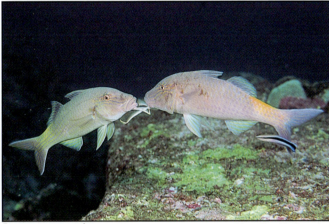
Parupeneus cyclostomus — Nosy Be, Madagaskar

Schwarzfleck-Meerbarbe
Round-spot goatfish

Länge: bis zu 30 cm.
Verbreitung: gesamtes Gebiet.
Tiefe: 10 - 40 m.
Allgemein: lebt meist einzeln oder in kleinen Gruppen im klaren Wasser der Korallenriffe, an Hängen und in Lagunen. Juvenile sind vollständig küstengebunden und oft in kleinen Schulen zu sehen. Ihr Farbmuster ist ähnlich dem der Adulten, sie sind aber meist viel schlanker. Der große schwarze Fleck, dem direkt eine weiße Fläche folgt, ist typisch für Adulte dieser Art.

Parupeneus pleurostigma — Ari Atoll, Malediven

MEERBARBEN | MULLIDAE

Parupeneus rubescens — Richelieu Rock, Thailand

Rotstreifen-Meerbarbe
Redstriped goatfish
Länge: bis zu 30 cm.
Verbreitung: gesamtes Gebiet einschließlich Rotes Meer.
Tiefe: 5 - 35 m.
Allgemein: oft küstennah über Felsen und Geröll zu sehen. Das Foto zeigt sehr schön den typischen Sattelfleck auf dem Schwanzstiel.
  Meerbarben sind an einem Paar Kinnbarteln leicht zu erkennen. Die Familie umfaßt sechs Gattungen und etwa 35 Arten mit weltweiter Verbreitung in tropischen und subtropischen Meeren. Sie haben meist eine längliche Körperform und große Schuppen.

Parupeneus indicus — Negombo, Sri Lanka

Indische Meerbarbe
Yellow-spot goatfish
L: bis zu 40 cm. V: ges. Gebiet. T: 5 - 25 m. A: in Küstengewässern und Innenrifflagunen, meist in kleinen Gruppen von unter 10 Individuen, auch einzeln. Juvenile ähnlich den Adulten, aber schlanker. Orangegelber Seitenfleck arttypisch.
  Alle Flossen der Meerbarben sind zugespitzt oder stumpfwinklig, die beiden Rückenflossen stehen getrennt, die Schwanzflosse ist gegabelt. Außer durch die Färbung sind die Arten einer Gattung nur schwierig durch morphologische Merkmale alleine zu bestimmen.

Parupeneus bifasciatus — Lhaviyani Atoll, Malediven

Doppelband-Meerbarbe
Doublebar goatfish
Länge: bis zu 35 cm.
Verbreitung: gesamtes Gebiet, nicht im Roten Meer.
Tiefe: 1 - 80 m.
Allgemein: Korallenriffbewohner, hauptsächlich in reinen Korallenriffen mit nur geringem Sandflächenanteil zu finden. Meist einzeln, oft auf Korallen ruhend zu sehen. Die Färbung variiert etwas je nach geographischer Herkunft, aber alle Juvenilen haben zwei typische dunkle Streifen, die bei den Adulten zu kurzen Sätteln oder undeutlichen Streifen reduziert sein können (nicht so auf dem Foto).

MEERBARBEN   MULLIDAE

Langbartel-Meerbarbe
Longbarbel goatfish
L: bis zu 32 cm. V: gesamtes Gebiet, RM. T: 2 - 25 m. A: ähnlich *P. rubescens*, Schwanzstielfleck aber kleiner und seitlich, nicht sattelartig. Streifen kann bei beiden Arten nur schwach sein. Unten: **Strichpunkt-Meerbarbe** *P. barberinus*, 40 cm, gesamtes Gebiet.

Parupeneus macronema — Ari Atoll, Malediven

Großschulen-Meerbarbe
Yellowfin goatfish
L: bis zu 38 cm. V: gesamtes Gebiet einschließlich Rotes Meer. T: 2 -25 m. A: die einzige Meerbarbe, die regelmäßig in Schulen von bis zu 200 Tieren im offenen Wasser zu sehen ist. Mischt sich oft mit diversen Süßlippen- und Schnapperarten (siehe großes Foto).

Mulloides vanicolensis — Cosmoledo, Seychellen

Gelbstreifen-Meerbarbe
Yellowstripe goatfish
Länge: bis zu 40 cm.
Verbreitung: gesamtes Gebiet einschließlich Rotes Meer.
Tiefe: 5 - 20 m.
Allgemein: durch den schwarzen Fleck, der immer auf dem gelben Streifen liegt, deutlich von der vorherigen Art zu unterscheiden.

Mulloides flavolineatus — Ari Atoll, Malediven

SCHIFFSHALTER   ECHENEIDAE

Gestreifter Schiffshalter
Striped remora

L: bis zu 80 cm. V: gesamtes Gebiet, RM. T: wirtsabhängig. A: häufigstes Familienmitglied. Erste Rückenflosse zu Saugscheibe umgewandelt, dient dem Ansaugen an Haie, Rochen, große Fische und Schildkröten. Die Gruppe auf dem Foto hängt in normaler Position an einem Walhai (siehe auch S. 125 oben). Familie mit 4 Gattungen und 8 Arten. Einige sind wirtsspezifisch, andere saugen sich an alles, was sich bewegt, z. B. Schiffe und Taucher. Der Wirt bietet Nahrung und Transport und wird dafür von Parasiten befreit.

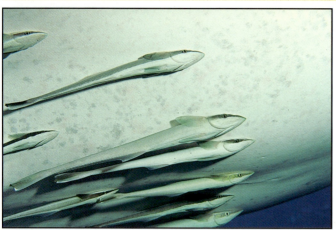

Echeneis naucrates — Richelieu Rock, Thailand

KOBIAS   RACHYCENTRIDAE

Kobia
Cobia

Länge: bis zu 200 cm, meist bis 110 cm. Verbreitung: gesamtes Gebiet einschließlich Rotes Meer. Tiefe: 2 - 60 m. Allgemein: primär eine pelagische Art, aber auch über Korallenriffen und vor Felsküsten zu finden, manchmal sogar in Ästuaren. Kobias begleiten fast immer Haie, Rochen und andere große marine Wirbeltiere über große Strecken und nehmen an deren Mahlzeiten Teil. Die Juvenilen (siehe unteres Foto) haben weiße Seitenstreifen und können leicht mit Schiffshaltern verwechselt werden, aber dieses Streifenmuster weicht bei den Adulten einem einheitlichen Braun. Die Juvenilen schwimmen meist einzeln, Adulte eher in kleinen Gruppen.
  Die Familie Rachycentridae ist monotypisch, daß heißt, sie enthält nur eine Art. Kobias gibt es in allen warmen Ozeanen. Wenn sie unter Wasser plötzlich ins Gesichtsfeld schwimmen, wirken diese eindrucksvollen und schnellschwimmenden Fische wie Haie, was unerfahrene Taucher und Schnorchler erschrecken kann. Die Art ist neugierig und nähert sich oft schnell und auf geringe Distanz.

Richelieu Rock, Thailand

Rachycentron canadum — Similan Islands, Thailand

KAISERFISCHE   POMACANTHIDAE

Blauer Mauritius-Kaiserfisch
Blue dwarf-angelfish
L: bis zu 9 cm. V: nur bekannt von Mauritius, Réunion und seit Nov. 1998 auch von Aldabra. T: 20 - 90 m.
A: dieser offensichtlich seltene Kaiserfisch lebt in tiefem Wasser, wo er an algenbewachsenen senkrechten Dropoffs vorkommt. Nur je ein Tier wurde während zwei Tauchreisen in Mauritius beobachtet. Neueste Beobachtungen der Art in einem Korallengarten in 20 m Tiefe vor Aldabra dehnen das Verbreitungsgebiet erheblich aus. Siehe auch das Foto auf der Vorseite.

Centropyge debelius   Aldabra, Seychellen

Brauner Zwergkaiserfisch
Brown dwarf-angelfish
L: bis zu 10 cm. V: Ostafrika bis Thailand. T: 1 - 30 m. A: der häufigste Zwergkaiser unseres Gebietes lebt über Geröllgrund in Korallenriffgebieten. Es gibt verschiedene Farbvarianten. Frißt fast ausschließlich Algen und Detritus.

Centropyge multispinis   Male Atoll, Malediven

Mondstrahl-Zwergkaiserfisch
Moonbeam dwarf-angelfish
L: bis zu 10 cm. V: Sri Lanka und Malediven bis Andamanensee. T: 3 - 20 m. A: über Geröllgrund mit spärlichem Korallenwuchs. Ähnelt *C. multispinis*, ist aber leicht an den gelben Brustflossen zu unterscheiden. Lebt meist einzeln.

Centropyge flavipectoralis   Similan Islands, Thailand

KAISERFISCHE   POMACANTHIDAE

Zitronen-Zwergkaiserfisch
Lemonpeel dwarf-angelfish

Länge: bis zu 14 cm, meist bis 11 cm.
Verbreitung: Christmas und Cocos-Keeling Islands (Ostindik); eine weitere Population in Mikronesien (Pazifik), wo die Art häufig ist.
Tiefe: 1 - 10 m.
Allgemein: Seichtwasserart mit interessanter disjunkter (unzusammenhängender) Verbreitung und leicht verschiedenen Farbvarianten: im Indik ohne blauen Augenring wie auf dem Foto zu sehen.

Centropyge flavissimus   Cocos Keeling Islands, Westaustralien

Cocos-Zwergkaiserfisch
Cocos dwarf-angelfish

L: bis zu 9 cm. V: nur von Christmas (kl. Foto) und Cocos-Keeling Is. bekannt. T: 8 - 70 m. A: an steilen Außenhängen und Dropoffs.

Centropyge joculator   Cocos Keeling Islands, Westaustralien

Orangestreifen-Zwergkaiserfisch
Eibl's dwarf-angelfish

L: bis zu 10 cm.
V: Ostindik: Indien und Sri Lanka bis Thailand und Nordwestaustralien. T: 3 - 25 m.
A: Schwesterart des indowestpazifischen *C. vroliki*, Hybriden beider Arten sind nicht selten. Auf Riffen mit reichem Korallenwuchs. Modell nur für die Juvenilen des Mimikry-Doktorfisches *Acanthurus tristis* (siehe S. 215). Die Bedeutung dieser fast perfekten Nachahmung (Mimikry) ist noch unerforscht; vielleicht dient sie dem Schutz (Räubervermeidung).

Centropyge eibli   Richelieu Rock, Thailand

KAISERFISCHE — POMACANTHIDAE

Gestreifter Zwergkaiserfisch
Coral beauty

Länge: bis zu 10 cm.
Verbreitung: gesamtes Gebiet außer NW-Indik.
Tiefe: 3 - 60 m.
Allgemein: häufige Tiefwasserart, aber auch in Klarwasserlagunen in reichem, dichtem Korallenwuchs oder Algenfeldern (siehe Foto). Sehr variabel von ganz blau bis rot mit dünnen, senkrechten Linien. Färbung abhängig von Tiefe und Habitat. Meist blau mit rötlichen Seiten. Paarweise oder in lockeren Gruppen.

Centropyge bispinosus — Kilifi, Kenia

Orangerücken-Zwergkaiserfisch
African dwarf-angelfish

L: bis zu 8 cm. V: Ostafrika bis Malediven und Oman. T: 10 - 40 m. A: Dauerschwimmer in korallen- und algenreichen Gebieten. Gleicht in Aussehen und Bewegungen einem Riffbarsch, aber der Kiemendeckeldorn verrät den Kaiser.

Centropyge acanthops — KwaZulu-Natal

Weißschwanz-Zwergkaiserfisch
Whitetail dwarf-angelfish

Länge: bis zu 8 cm.
Verbreitung: Ostafrika, Maskarenen bis Malediven, Sri Lanka und Thailand.
Tiefe: 10 - 60 m.
Allgemein: die Art lebt über dem Geröllgrund der Riffkanäle und den Außenriffhängen mit spärlichem Korallenwuchs. Meist häufig, aber sehr scheu. In Färbung und Form sehr ähnlich einem Riffbarsch, wird oft verwechselt.

Centropyge flavicauda — Trinco, Sri Lanka

KAISERFISCHE   POMACANTHIDAE

Tiger-Kaiserfisch
Tiger angelfish

Länge: bis zu 20 cm.
Verbreitung: nur bekannt von Kosi Bay bis Aliwal Shoal bei Durban, Südafrika.
Tiefe: 10 - 30 m.
Allgemein: diese Kaiserfischart ist leicht an ihrem getigerten Farbmuster zu erkennen. Sie wurde erst kürzlich entdeckt (1984), nach ihrem Entdecker Dennis King aus Südafrika benannt und scheint häufiger zu sein, als bislang vermutet.

Apolemichthys kingi Sodwana Bay, Südafrika

Dreipunkt-Kaiserfisch
Threespot angelfish

L: bis zu 20 cm. V: gesamtes Gebiet. T: 3 - 40 m.
A: an Außenriffhängen und klaren Lagunenriffen. Bevorzugt Flächen mit ausgeprägtem Vertikalrelief. Frißt hauptsächlich Schwämme und Manteltiere. Wo die Art häufig ist, bilden Adulte kleine Gruppen.
Kleines Foto unten: balzendes Paar; ganz unten: Juveniler mit zusätzlichem schwarzen Fleck.

Apolemichthys trimaculatus Beau Vallon, Seychellen

KAISERFISCHE — POMACANTHIDAE

Indischer Rauchkaiserfisch Indian smoke-angelfish
L: bis zu 15 cm. V: Mauritius, Malediven, Sri Lanka, Ostküste Indiens. T: 10 - 25 m. A: bevorzugt korallenreiche Gebiete, aber auch über Felsgrund, z. B. an der Westküste Sri Lankas. Schwimmt in Höhlen kopfunter. Lebt einzeln oder paarweise. Kleines Foto unten: juvenil.

Apolemichthys xanthurus — Ari Atoll, Malediven

Mond-Kaiserfisch
Vermiculate angelfish

Länge: bis zu 18 cm. Verbreitung: Westpazifische Art, in unserem Gebiet nur bekannt von der Indikküste Sumatras. Tiefe: 6 - 30 m. Allgemein: bewohnt Küstenriffe und Lagunen, in Gebieten mit reichem Korallenwuchs. Adulte fast immer paarweise, schwimmen dicht beieinander. Kleine Juvenile leben einzeln und zwischen Korallen versteckt.

Chaetodontoplus mesoleucus — Mentawai Islands, Sumatra

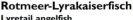

Rotmeer-Lyrakaiserfisch
Lyretail angelfish
Länge: bis zu 20 cm. Verbreitung: Südafrika bis Malediven, auch im Roten Meer. Tiefe: 15 - 70 m. Allgemein: die Art bewohnt sowohl korallenreiche Saumriffe als auch steile Dropoffs. Frißt Zooplankton. Großes Foto: Männchen; kleines Foto: Weibchen.

Genicanthus caudovittatus — KwaZulu-Natal

KAISERFISCHE   POMACANTHIDAE

Imperator-Kaiserfisch
Emperor angelfish

L: bis zu 40 cm. V: ges. Gebiet und RM. T: 3 - 70 m. A: Adulte einzeln oder paarweise an Überhängen und Höhlen mit reichem Korallenwuchs in klaren Lagunen, Kanälen und Außenriffen. Juvenil (unten) mit anderem Farbmuster, einzeln und versteckt lebend.

Pomacanthus imperator   Ari Atoll, Malediven

Trapez-Kaiserfisch
Trapeze angelfish

Länge: bis zu 46 cm.
Verbreitung: Südafrika bis Mosambik. Alle Nachweise nördlich dieses Gebietes aus der Literatur sind unkorrekt.
Tiefe: 5 - 30 m.
Allgemein: diese Art ist bezüglich ihrer Erscheinung (eintönige Färbung, hochrückiger Körper) und ihres Verhalten einzigartig in der Gattung: Adulte (Foto rechts) leben an Felsküsten und Korallenriffen, sammeln sich oft in lockeren Gruppen über dem Riff oder nahe der Oberfläche, um im offenen Wasser Zooplankton zu fressen (unteres großes Foto). Juvenile (kleines Foto unten) sind einzeln in Gezeitentümpeln zu finden. Ihr Farbmuster ist völlig anders als das der Adulten: der Hintergrund ist dunkel und von blaßblauen und weißen, senkrechten Seitenstreifen überzogen, die leicht gebogen sind; damit ähneln sie sehr den Juvenilen von *Pomacanthus annularis* (siehe S. 137), der an der Küste Afrikas nicht vorkommt.

Pomacanthus rhomboides   alle Fotos: KwaZulu-Natal

KAISERFISCHE — POMACANTHIDAE

Afrikanischer Kaiserfisch
African angelfish

L: bis zu 33 cm. V: Ostafrika, Seychellen, Komoren, Madagaskar. T: 1 - 25 m. A: nicht häufig, in seichten Riffen mit reichem Korallenwuchs. Das große Foto zeigt den Adulten, das zweite kleine Foto einen Hybriden von *P. chrysurus* und dem **Arabischen Kaiserfisch** *Pomacanthus maculosus*; das kleine Foto direkt unterhalb zeigt einen Adulten letzterer Art, die von der Arabischen Halbinsel bis Kenia verbreitet ist. Hybridisation tritt auf, wenn eine solitäre, nicht häufige Art sich mit einer verwandten Art paart, weil sie keinen Partner der eigenen Art finden kann. Das ist oft an den Verbreitungsgrenzen der Fall.

Pomacanthus chrysurus — KwaZulu-Natal

Pomacanthus Hybride — Kilifi, Kenia

Koran-Kaiserfisch
Koran angelfish

L: bis zu 40 cm. V: gesamtes Gebiet, bei den Seychellen häufig. T: 3 - 30 m. A: Adulte in Küstenriffen mit reichem Korallenwuchs. Meist solitär. Frißt Schwämme, Manteltiere und Pflanzen. Das kleine Foto unten von den Seychellen zeigt einen Juvenilen.

Pomacanthus semicirculatus — Beau Vallon, Seychellen

KAISERFISCHE — POMACANTHIDAE

Blaumasken-Kaiserfisch
Blue-faced angelfish
L: bis zu 40 cm. V: Malediven, Indien, Sri Lanka ostwärts. T: 5 - 45 m. A: bei reichem Korallenwuchs in Lagunen, Kanälen und an Außenriffhängen, auch in Höhlen. Adulte solitär oder paarweise, Juv. auf Flachriffen. Unten: ungewöhnliches Exemplar ohne Rückenflossenfleck.

Pomacanthus xanthometopon — Lhaviyani Atoll, Malediven

Ring-Kaiserfisch
Ring angelfish
L: bis zu 45 cm. V: Indien, Sri Lanka bis Thailand. Nicht um Afrika. T: 5 - 35 m. A: bevorzugt trübe Habitate. Frißt Plankton, Schwämme, Manteltiere. Adulte paarweise. Unten: mit einer geliehenen Kamera schoß der Autor dieses - sein erstes - UW-Foto (1974).

Pomacanthus annularis — Dickwella, Sri Lanka

Pfauen-Kaiserfisch
Royal angelfish
L: bis zu 25 cm. V: ges. Gebiet. T: 1 - 48 m. A: unverwechselbar. Einzeln, paarweise oder selten in kleinen Gruppen in Gebieten mit reichem Korallenwuchs auf Außenriffen, auch in der Nähe von Höhlen. Unten: Juveniler mit typischem weißgerandetem Augenfleck.

Pygoplites diacanthus — Pemba, Tanzania

FALTERFISCHE CHAETODONTIDAE

Gemeiner Wimpelfisch
Longfin bannerfish

Länge: bis zu 25 cm.
Verbreitung: gesamtes Gebiet.
Tiefe: 2 - 75 m, meist tiefer als 10 m.
Allgemein: die Art lebt in Lagunen und an Außenriffhängen. Bewohnt in geschützten Gebieten auch flachere Gewässer. Der verlängerte vierte Rückenflossenstrahl ist charakteristisch für die meisten Gattungsmitglieder, bei dieser Art aber besonders lang. Adulte leben einzeln, paarweise oder selten auch in kleinen Gruppen. Meist dicht am Riff zu finden. Hauptnahrung ist Plankton, die Art ernährt sich aber auch von bodenlebenden Wirbellosen. Juvenile sind solitär und wurden gelegentlich beim Entfernen von Ektoparasiten an anderen Fischen beobachtet, weswegen sie zu den Putzerfischen gerechnet werden müssen. Im Gegensatz zu *H. diphreutes* hat *H. acuminatus* eine gerundete Afterflosse.

Heniochus acuminatus　　Similan Islands, Thailand

Schwarm-Wimpelfisch
Schooling bannerfish

Länge: bis zu 18 cm.
Verbreitung: gesamtes Gebiet einschließlich Rotes Meer, fehlt aber bei den abgelegeneren ozeanischen Inseln.
Tiefe: 1 - 210 m, meist tiefer als 15 m.
Allgemein: schwimmt manchmal in riesigen Schwärmen in der Wassersäule hoch über den Riffspitzen, wo die Art Zooplankton fängt. Juvenile leben mehr bodenorientiert nahe bei Fleckriffen, während die Adulten den ganzen Tag im offenen Wasser verbringen, wo sie durch ihr Schwarmverhalten geschützt sind. Man hat territoriale Schulen von bis zu 1.000 Exemplaren beobachtet.
  Das Foto von den Similan Islands, Thailand, auf der Seite gegenüber zeigt eine kleine Gruppe zwischen Peitschenkorallen in einer Tiefe von 25 m, wo die Wimpelfische ihre eigenen "Peitschen" präsentieren.

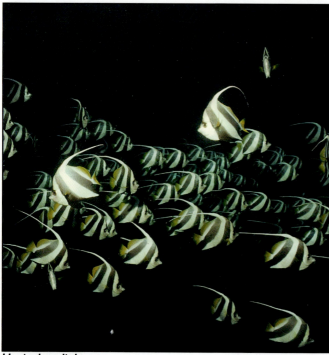

Heniochus diphreutes　　Male Atoll, Malediven

FALTERFISCHE CHAETODONTIDAE

Masken-Wimpelfisch
Masked bannerfish

L: bis zu 23 cm. V: gesamtes Gebiet. T: 2 - 25 m. A: paarweise oder in kleinen Schulen in Lagunen und Außenriffen mit reichem Korallenwuchs. Gelegentlich auch in toten Riffen. Juvenile solitär. Adulte Paare oft unter Tischkorallen.

Heniochus monoceros — Ari Atoll, Malediven

Fantom-Wimpelfisch
Phantom bannerfish

L: bis zu 19 cm. V: Malediven, Sri Lanka ostwärts. T: 1 - 25 m. A: paarweise oder in Gruppen (bis zu 25). Zwei hornartige Knochenhöcker über den Augen, Buckel im Nacken (siehe unten). Aggressionsverhalten: schieben einander Stirn an Stirn aus dem Territorium.

Heniochus pleurotaenia — Lhaviyani Atoll, Malediven

Schwarzer Pyramiden-Falterfisch
Black pyramid butterflyfish

L: bis zu 16 cm. V: gesamtes Gebiet, fehlt im SO-Indik. T: 1 - 35 m. A: in großen Gruppen über strömungsreichen Außenriffhängen. Frißt Plankton. Das Schwarz-Weiß-Muster ist unter Wasser deutlich zu sehen.

Hemitaurichthys zoster — Ari Atoll, Malediven

FALTERFISCHE CHAETODONTIDAE

Langmaul-Pinzettfisch
Big long-nose butterflyfish
L: bis zu 22 cm. V: Ostafrika bis Thailand. T: 2 - 60 m. A: Adulte einzeln oder paarweise in Außenriffen mit reichem Korallenwuchs. Zupft mit der Schnauze Beute von Korallen. Unten: **Röhrenmaul-Pinzettfisch** F. flavissimus, 22 cm, am weitesten verbreiteter Falter.

Forcipiger longirostris — Male Atoll, Malediven

Keilfleck-Falterfisch
Saddleback butterflyfish
L: bis zu 20 cm. V: Ostafrika bis Maskarenen, Chagos bis Malediven, Sri Lanka und Andamanen. T: 3 - 15 m. A: paarweise, auch in kleinen Gruppen (bis zu 20). Leicht beim Schnorcheln anzuschwimmen, kümmern sich kaum um menschliche Störenfriede.

Chaetodon falcula — Komoren

Madagaskar-Falterfisch
Madagaskar butterflyfish
L: bis zu 14 cm. V: Südindik bis Sri Lanka. T: 5 - 25 m. A: Fels- und Korallenriffe, besonders häufig an steilen Außenkanten, auch bei künstlichen Bauten (Stege, Wellenbrecher, Werfthallen). Frißt meist kleine Krebse, auch Algen.

Chaetodon madagaskariensis — Ari Atoll, Malediven

FALTERFISCHE — CHAETODONTIDAE

Orangestreifen-Falterfisch
Ornate butterflyfish

Länge: bis zu 20 cm.
Verbreitung: Andamanensee und tropischer Westpazifik.
Tiefe: 1 - 40 m.
Allgemein: fast immer paarweise über Riffkronen bei Drop-offs. Frißt Korallen, knabbert an den Polypen. Ähnlich *C. meyeri* (siehe gegenüber).

Chaetodon ornatissimus — Praslin, Seychellen

Gelbkopf-Falterfisch
Yellowhead butterflyfish

L: bis zu 20 cm. V: Ostafrika bis Chagos, Malediven und Sri Lanka. T: 5 - 25 m. A: eine echte Indik-Art. Einzeln oder paarweise. Legt lange Strecken über seichten Lagunenriffen zurück, nutzt Kanäle und Löcher als Deckung. Foto unten: juvenil.

Chaetodon xanthocephalus — Gaafu Atoll, Malediven

Indischer Falterfisch
Indian butterflyfish

L: bis zu 14 cm. V: hauptsächlich von den Inseln vor Ostafrika bis Cocos und Christmas Is. T: 22 - 78 m. A: wurde für eine Tiefwasserart gehalten, vom Autor aber in einer Höhle in 22 m gefunden. Das Foto links ist der erste Nachweis von den Malediven (1979).

Chaetodon mitratus — Male Atoll, Malediven

FALTERFISCHE   CHAETODONTIDAE

Meyers Falterfisch
Meyer's butterflyfish
L: bis zu 18 cm. V: gesamtes Gebiet, nicht RM. T: 3 - 25 m. A: bei reichem Korallenwuchs in klaren Lagunen und Außenriffen. Adulte paarweise, seltener in Schulen (rechts). Juvenile (unten) nutzen verzweigte Korallen als Deckung. Frißt ausschließlich Korallenpolypen.

Chaetodon meyeri — Des Roches, Seychellen

Halsband-Falterfisch
Red-tailed butterflyfish
L: bis zu 16 cm. V: Malediven bis Thailand. T: 1 - 20 m. A: an Außenriffhängen und Felsküsten, auch in korallenreichen Gebieten. Frißt hauptsächlich Korallenpolypen und Borstenwürmer. Paarweise, auch oft in Schulen von bis zu 25 Individuen (großes Foto). Nicht scheu.

Chaetodon collare — Lhaviyani Atoll, Malediven

Mondsichel-Falterfisch
Racoon butterflyfish
L: bis zu 20 cm. V: ges. Gebiet. T: 1 - 25 m. A: Juvenile leben versteckt in seichten Teilen von Küstenriffen und Häfen, meist in 1 - 2 m Tiefe. Adulte in verschiedenen Habitaten vom Küsten- bis zum Außenriff. Meist paarweise, aber auch in Schulen (großes Foto).

Chaetodon lunula — Trinco, Sri Lanka

FALTERFISCHE CHAETODONTIDAE

Chaetodon auriga — Aldabra, Seychellen

Fähnchen-Falterfisch
Threadfin butterflyfish
L: bis zu 18 cm. V: gesamtes Gebiet und Rotes Meer. T: 5 - 40 m. A: meist einzeln oder paarweise, selten in kleinen Gruppen wie hier gezeigt (Aldabra-Lagune, links). Am häufigsten über Mischboden mit Sand, Geröll und Korallen auf seichten Riffen und in Lagunen.

Chaetodon unimaculatus — Cocos Keeling Islands, Westaustralien

Tränentropfen-Falterfisch
Teardrop butterflyfish
L: bis zu 23 cm. V: Ostindik bis Zentralpazifik. T: 5 - 25 m. A: paarweise oder in Gruppen (links) in seichten Riffen. Frißt kleine Krebstiere. Ähnlich *C. interruptus* (siehe unten), doch fehlt ein Großteil der gelben Körperfärbung. Große Adulte mit aufgetriebener Schnauze.

Chaetodon interruptus — Male Atoll, Malediven

Indischer Tränentropfen-Falterfisch
L: bis zu 20 cm. V: Ostafrika bis Andamanensee; erst kürzlich vor Similan Is., Thailand, nachgewiesen. T: 10 - 40 m. A: einzeln oder in Gruppen in Lagunen und Außenriffen, meist in Gebieten mit vielen Weich- und Steinkorallen. Vergleiche mit der vorherigen Art.

FALTERFISCHE　　　　　　　　　　CHAETODONTIDAE

Sansibar-Falterfisch
Zanzibar butterflyfish
L: bis zu 14 cm. V: Ostafrika, Madagaskar, Seychellen, Mauritius, Chagos; vor Tansania häufig. T: 3 - 40 m. A: vor Aldabra wurde eine Gruppe beim Fressen von Sperma und Eiern laichender Steinkorallen beobachtet. Sie folgte dem aufsteigenden Laich und fraß weiter.

Chaetodon zanzibariensis　　　　　　　　Komoren

Bennetts Falterfisch
Eclipse butterflyfish
L: bis zu 18 cm. V: gesamtes Gebiet. T: 5 - 30 m. A: einzeln oder paarweise in Lagunen und Außenriffen mit reichem Korallenwuchs. Nicht häufig. Frißt fast ausschließlich Korallenpolypen. Juvenile oft in flacherem Wasser zwischen den Zweigen von Steinkorallen.

Chaetodon bennetti　　　　　　　　Beau Vallon, Seychellen

Andamanen-Falterfisch
Andaman butterflyfish
L: bis zu 15 cm. V: Malediven, Sri Lanka, Andamanensee. T: 2 - 25 m. A: Neunachweis für den Indik. Ähnlich dem **Azurfleck-Falterfisch** *C. plebeius* (unten, Abrolhos Is., WA), bis 15 cm, NW-Australien bis Westpazifik, bis mindestens 10 m in seichten Riffen.

Chaetodon andamanensis　　　　　　Similan Islands, Thailand

145

FALTERFISCHE — CHAETODONTIDAE

Chaetodon guttatissimus — Negombo, Sri Lanka

Tüpfel-Falterfisch
Spotted butterflyfish
L: bis zu 12 cm. V: ges. Gebiet. T: 2 - 25 m. A: einzeln, paarweise oder in kleinen Gruppen in Lagunen und an Riffhängen.
Unten: **Zitronen-Falterfisch**
C. citrinellus, 13 cm, ges. Gebiet, 1 - 36 m, paarweise auf exponierten Flachriffen, frißt Korallenpolypen und fädige Algen.

Kleins Falterfisch
Klein's butterflyfish
L: bis zu 14 cm. V: gesamtes Gebiet, RM. T: 2 - 60 m. A: in Korallen- und Felsriffen. Einzeln, paarweise oder in Gruppen von bis zu 30 Tieren. Bevorzugt Zooplankton, frißt aber auch Bodenwirbellose.
Unten: *C. triangulum*, 15 cm, Madagaskar bis Andamanen.

Chaetodon kleini — Nosy Be, Madagaskar

Rippen-Falterfisch
Rib butterflyfish
L: bis zu 15 cm. V: Ostafrika bis Maskarenen, Chagos bis Sri Lanka und Andamanen. T: 3 - 20 m. A: in korallenreichen Gebieten von Lagunen und etwas geschützten Außenriffen. Adulte meist paarweise, fressen fast ausschließlich Korallenpolypen. Unten: juvenil.

Chaetodon trifasciatus — Lhaviyani Atoll, Malediven

FALTERFISCHE CHAETODONTIDAE

Falscher Riesenfalter
Pig-face butterflyfish
L: bis zu 30 cm. V: Chagos, Indien, Sri Lanka bis Andamanensee. T: 10 - 40 m. A: oft paarweise an Küsten- und Außenriffhängen mit reichem Korallenwuchs. Frißt Korallenpolypen und Anemonen. Ähnlich dem größten der Falterfische, C. lineolatus (siehe unten). Die Verbreitungsgebiete beider Arten überlappen sich, daher sieht man manchmal beide zusammen im selben Riff.

Das große Foto rechts zeigt sehr schön, daß man auch beim Schnorcheln viele Fische sehen kann und nicht unbedingt mit Atemgerät tauchen muß, um den Reichtum tropischer Korallenriffe zu erforschen oder einfach zu genießen.

Chaetodon oxycephalus   Ari Atoll, Malediven

Riesen-Falterfisch
Lined butterflyfish
Länge: bis zu 30 cm. Verbreitung: gesamtes Gebiet einschließlich Rotes Meer. Tiefe: 5 - 35 m. Allgemein: die größte Art der Gattung. In Lagunen und Außenriffen, meist in Gebieten mit reichem Korallenwuchs. Obwohl sie hauptsächlich von Korallenpolypen und kleinen Anemonen lebt, frißt sie auch Algen. Meist paarweise, auch in Gruppen von bis zu 15 Individuen.
Unten: **Vagabund-Falterfisch** C. vagabundus, bis 18 cm, ges. Gebiet, 1 - 30 m, küstennahe Innen- und Außenriffe, Lagunen, korallenreiche Hänge. Meist paarweise dicht über dem Substrat, kleine Wirbellose und Algen fressend.

Chaetodon lineolatus   Surin Island, Thailand

FALTERFISCHE   CHAETODONTIDAE

Marleys Falterfisch
Marley's butterflyfish
Länge: bis zu 17 cm. Verbreitung: Ost- bis Südafrika (von der Delagoa Bay bis um das Kap herum). Tiefe: 2 - 120 m. Allgemein: Juvenile haben zwei Rückenflossenflecken. Subtropische Art, der einzige Falterfisch, der in Indik und Atlantik vorkommt.

Chaetodon marleyi   Sodwana Bay, Südafrika

Schatten-Falterfisch
Shadow butterflyfish
L: bis zu 13 cm. V: Kenia bis Südafrika, Madagaskar, Maskarenen. T: 15 - 55 m. A: einzeln oder paarweise an den Kanten seichter Felsriffe. Frißt Amphipoden, Würmer, Plankton.
Unten: **Gelbschwanz-Falter** *C. leucopleura*, 18 cm, RM bis Sansibar, Aldabra, Sey., 7 - 75 m.

Chaetodon blackburni   KwaZulu-Natal

Trauerflossen-Falterfisch
African butterflyfish
L: bis zu 14 cm. V: entlang der Küste Ostafrikas von Somalia bis Natal, Südafrika; auch bei Mauritius und vielleicht Madagaskar. T: 40 - 200 m. A: als Tiefwasserart angesehen. Kleines Foto: juvenil, in 8 m Tiefe aufgenommen (Westküste von Mauritius).

Chaetodon dolosus   Mauritius

COCOS-KEELING

Die Cocos-Keeling Inseln liegen bei 12° 12' Süd, 96° 56' Ost auf einer angenommenen Linie zwischen Westaustralien und Sri Lanka im Indischen Ozean. Es gibt keine Schiffsverbindungen dorthin. Im Süden liegt ein Atollring von 25 kleinen Inseln (South Keeling), von denen nur wenige bewohnt sind. Dreißig Kilometer nördlich liegt die einzelne größere Insel North Keeling, wo seit 1914 das deutsche Kriegsschiff *Emden* auf Grund liegt. Der Autor erzählt von seinem Abenteuer, nach 75 Jahren als erster Deutscher am Wrack der *Emden* zu tauchen.

ALLE FOTOS: HELMUT DEBELIUS

Der Kleine Kreuzer *Emden*, Gentleman of War, aktiv im Indischen Ozean von September bis November 1914.

Im Indischen Ozean gibt es kaum abgelegenere Inseln als die der Cocos-Keeling-Gruppe. Nur bei genauem Hinsehen kann man sie auf der Landkarte in der riesigen Wasserwüste finden. Nach ihrer Entdeckung 1609 durch Captain William Keeling von der Ostindien-Kompanie und einer turbulenten und wechselhaften Geschichte gehört das Cocos-Keeling-Atoll heute zu Australien, obwohl es 2.768 km von Perth entfernt liegt.

Zu Beginn des ersten Weltkriegs wurde der deutsche Kleine Kreuzer *Emden* berühmt, als er in ritterlicher Kaperfahrt, allein auf sich gestellt, den damals fest in britischer Hand befindlichen Indischen Ozean unsicher machte. Im November 1914 lieferte sich die *Emden* mit dem alliierten Kreuzer *Sydney* vor Cocos-Keeling ein ungleiches Gefecht. Der waffentechnisch überlegene Australier schoß die *Emden* in Brand, worauf Kommandant Karl von Müller das schwer beschädigte Schiff auf das Riff vor North Keeling setzen ließ. Nachdem mich ein befreundeter Marinehistoriker informiert hatte, daß mein Großonkel **Wilhelm Debelius** zur Besatzung der *Emden* gehört und überlebt hatte, gab es für mich für die nächste Tauchreise nur noch ein Ziel: die Cocos-Keeling-Inseln.

Die Frage, wie ich dorthin komme, wurde bald geklärt. Das Western Australian Museum (WAM) in Perth plante 1989, genau 75 Jahre nach der letzten Schlacht der *Emden*, das Gebiet um Cocos-Keeling zu erforschen. Dank eines befreundeten Fischforschers wurde ich dazu eingela-

Luftansicht von Home Island, South Keeling, mit Siedlung der Cocos-Malay-People.

Im Museum und auf Straßenschildern gewürdigt: berühmte Besucher von Cocos-Keeling.

den. Das WAM charterte schon Monate vor dem Abflug von Perth ein Schiff, um damit wissenschaftliche und Tauchgeräte vorab nach South Keeling zu bringen. Beim unserem Anflug auf West Island war es diesig, aber man erkannte gut das Hufeisen der South Keeling Inseln mit ihrer flachen Lagune. North Keeling lag zu weit entfernt, um eine brauchbare Luftaufnahme vom Grab der *Emden* zu machen. Nach der Landung empfing uns tropisch warmer Wind. Wie immer, wenn ein Flugzeug kommt, war die gesamte Bevölkerung auf den Beinen, um etwas Abwechslung zu haben, und diesmal wurden natürlich die Neuankömmlinge bestaunt.

Die Cocos-Malay-People hatten eine Selbstverwaltung gegründet, die 'Cocos Islands Cooperative Society Ltd.' Obwohl bislang kein Tourismus zu verzeichnen war, gab es für Gäste bereits einfache Bungalows. Ein gut bestücktes Einkaufszentrum und eine Küche mit regelmäßigem Essensangebot auf West Island machte es den Wissenschaftlern einfach, sich auf ihre Arbeit zu konzentrieren. Denn schließlich befanden wir uns auch auf wissenschaftlich historischem Boden: vom 1. bis 12. April 1836 besuchte Charles Darwin mit der *H.M.S. Beagle* auf dem Heimweg nach England die Cocos-Keeling-Inseln. Die Entwicklung seiner klassischen Theorie zur Entstehung von Atollen wurde auf Cocos-Keeling zu Ende geführt und 1842 in seinem Werk 'The Structure and Distribution of Coral Reefs' dargelegt. Hier ein Auszug aus Darwins Tagebuch über seinen Aufenthalt im South Keeling Atoll: 'Beim Einlaufen in die Lagune wirkt die Szenerie durch die Farbenpracht überwältigend auf mich. Das klare ruhige Wasser der Lagune über weißem Sand wird von einer vertikalen Sonne beleuchtet und wirkt lebendig grün. Diese brilliante, mehrere Meilen lange Ausdehnung ist begrenzt von dem dunklen Blau des Ozeans durch eine Linie von weißen Brechern und vom Blau des Himmels durch einen Streifen Land, der von Kokospalmen gekrönt wird.'

Die Speedboote des Cocos Diving Clubs auf dem Weg nach North Keeling.

An dieser Idylle hat sich in all den Jahren nichts geändert.

Obwohl es abends regelmäßig regnete, besammelte ich mit den Wissenschaftlern des WAM die Lagune und die Außenriffe von South Keeling. Doch als der Präsident des Cocos-Tauchclubs von meinen Plänen bezüglich der *Emden* hörte, winkte er nur ab: seit 1986 hätte man siebenmal versucht, zur *Emden* zu tauchen, und immer sei das schiefgegangen. Das Hauptproblem sei die Lage des Wracks: um vom bewohnten South Keeling Atoll nach North Keeling zu gelangen, muß man 30 km über offenes Meer. Unmöglich, wenn nicht optimales Wetter für die verfügbaren kleinen Motorboote herrsche. Weiterhin liege die *Emden* im stärksten Teil der Brandung von North Keeling, Tauchen sei dort wegen der heftigen Brecher lebensgefährlich. Darüberhinaus brauche man eine staatliche Erlaubnis, denn das Wrack der *Emden* stehe unter Denkmalschutz. In der Tat bedeutet den Australiern die Schlacht der Kreuzer *Sydney* und *Emden* vor 75 Jahren sehr viel: immerhin gewann die junge Nation ihr erstes Seegefecht! Tatsächlich wurde ich dort täglich daran erinnert: meine Unterkunft lag an der Kreuzung 'Sydney Highway/Emden Walk'. Auch gibt es auf Home Island ein kleines Museum für malayische Inseltradition, in dem eine Ecke der *Emden* gewidmet ist.

Für die WAM-Expedition nach Cocos-Keeling hatte man sich den Zeitraum im Februar 1989 wohlbedacht ausgesucht, denn die Zyklonzeit von Januar bis März garantiert erfahrungsgemäß die ruhigste See während des ganzen Jahres. Bei der wissenschaftlichen Arbeit im Riff hatten wir bislang recht rauhe Konditionen und waren abends oft erschöpft in die Betten gefallen. Um so mehr genossen wir jetzt das gute Wetter und die Nachricht eines Mitarbeiters der Wetterstation, daß es für das nächste Wochenende noch besser werden sollte. Schließlich wollte ich doch mit Hilfe des lokalen Tauchclubs das Wrack der *Emden* und seine Bewohner fotografieren.

Am Freitagabend war fast der gesamte Cocos-Tauchclub versammelt. Der Präsident listete die funktionierenden Speedboote auf, checkte die Funk- und Tauchgeräte und besprach mit allen Beteiligten den Ablauf des folgenden Tages. Das perfekte Wetter war tatsächlich eingetroffen, als ein Konvoi von acht Booten West Island am Samstagmorgen verließ. In der spiegelglatten South Keeling-Lagune ein imposanter Anblick! Auf offener See verloren wir uns aber schnell aus den Augen. Immerhin blieb der beruhigende Funkkontakt. Hier merkte ich schnell, was 30 km auf offener See bedeuten: trotz des guten Wetters krachende Wellen am Bug und lange kein Land in Sicht.

Fledermausfische weisen den Weg zum Wrack der *Emden*.

Zwar hatten wir die Erlaubnis, am Wrack der *Emden* zu tauchen, über Funk von den zuständigen Stellen in Canberra erhalten, doch ob es überhaupt gelänge, hing allein von der Brandung ab. Genau dort, wo der Wind mit aller Macht die Wellen auf den südlichen Strand von North Keeling treibt, hatte Karl von Müller den Kreuzer aufgesetzt. Man bedenke, daß viele Matrosen bei dem Versuch ertranken, durch die Brandung rettendes Land zu erreichen. Auch jetzt war die Brandung noch zu hoch und zum Tauchen zu gefährlich. Nachdem alle Boote eingetroffen waren, wurde beratschlagt. Bis zum Gezeitenwechsel am Mittag wollten wir warten. Wir zogen uns auf das ruhige Wasser des offenen Meeres zurück und nutzten die Zeit, um zu angeln. Ich traute meinen Augen nicht, wie schnell Wahoo, Barrakuda oder der Gelbe Thunfisch fast freiwillig ins Boot springen. Begeistert schaute ich den Anglern zu und hoffte, diesen seltenen Hochseefischen später auch unter Wasser zu begegnen. Aus mehreren tausend Meter Wassertiefe steigt North Keeling aus dem Indik empor, was die pelagischen Hochseejäger und auch Delphine nutzen, um kleinere Fische und Tintenfische am Riff zu erbeuten.

Heutzutage ist vom Wrack der *Emden* über Wasser nichts mehr zu sehen. Schon ein Jahr nach dem Auflaufen versank der noch stehende Großmast mit dem bis zum Oberdeck ausgeglühten Achterschiff. Der Bug hielt aber allen Stürmen stand und wurde nach und nach von den britischen Feudalherren auf Cocos-Keeling seiner wertvollen Metalle beraubt. Erst 1954 schob ein Zyklon die letzten Reste der *Emden* unter Wasser.

Endlich ist es Mittag! Mit dem Clubpräsidenten als Tauchpartner plane ich, zunächst direkt zu den in 9 m Tiefe liegenden Schrauben des Kreuzers zu schwimmen. Im Wasser erfaßt uns die lange Dünung über ebenem Felsboden. Läuft das Wasser ab, halten wir uns fest, drückt es gegen das Ufer, sprinten wir nach vorn. Die Sicht ist relativ klar. Eine Gruppe von Fledermausfischen führt uns direkt zum Wrack. Ich erkenne eine der beiden Schiffsschrauben und das große Stevenrohr. Es ist doch mehr von der *Emden* vorzufinden, als ich mir vorgestellt hatte: ein riesengroßes Rad, das später als Kondensator aus dem Hilfsmaschinenraum identifiziert wird, gibt ein gutes Fotomotiv gegen die Wasseroberfläche ab. Ich winke meinen Tauchpartner herbei, um einen Größenvergleich zu bekommen. Etwas weiter vorn steht wuchtig ein Hochdruckzylinder der Dreifach-Expansions-Dampfmaschine. Über ihm schwebt ein

Eine der beiden Schiffsschrauben der *Emden*.

 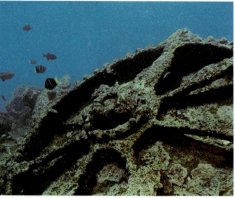

Drücker-, Falterfische und Riffbarsche in ihrer neuen Heimat, dem künstlichen Riff *Emden*.

Schwarm Drückerfische, als ginge ihn die Dünung überhaupt nichts an. Meine anfängliche Erregung ist verschwunden und ich versuche gezielt, alle Motive auf den Film zu bannen. Der Tiefenmesser zeigt nur noch 4 m an, als die ersten Brecher auf uns niederschlagen. Ich kann meinen Partner eine Weile im Blasenwirbel nicht sehen, doch dann erkenne ich ihn noch weiter vorn: stolz hält er die leere Kartusche einer 10,5 cm-Granate in seinen Armen, und ich drücke ab. Schon erfaßt mich der nächste Brecher, aber jetzt rolle ich hilflos umher, die Kamera fest an mich gedrückt. Kaum hat sich der Blasenschwall verzogen und ist die Sicht zurück, verschwinden wir beide aus diesem Inferno, weg von den Stahlresten, die immer noch härter als der menschliche Körper sind.

Zurück an den Schiffsschrauben der *Emden* ist es geradezu gemütlich. Zwar klappt das Fokussieren im Nahbereich kaum, weil man durch die Dünung ständig hin und her geworfen wird. Aber mit dem Weitwinkelobjektiv kann ich interessante Motive erfassen: eines der 10,5 cm-Geschütze des Kreuzers zeigt ins offene Meer, und davor hat sich eine der wenigen Steinkorallen angesiedelt. Vom Aufprall sind zwar die unteren Blätter der Schrauben verbogen, erscheinen mir aber nach den 75 Jahren mangelnder Pflege sonst kaum beschädigt. Eine Duplex-Dampfpumpe und ein Hochdruckzylinder sind auch noch deutlich als solche zu identifizieren. Als sich mein Atem wieder etwas beruhigt hat, entdecke ich sogar ein Pärchen *Abudefduf*-Riffbarsche, das gerade im künstlichen Riff *Emden* abgelaicht hat und nun den Eierteppich vehement gegen Freßfeinde verteidigt. Es gibt nicht sehr viele eigentliche Korallenfische hier, aber einige Meerbarben, Drücker- und Doktorfische. Auch Halfter- und Falterfische fühlen sich im Schutz der *Emden*-Reste offensichtlich wohl. Viele von ihnen picken an den Algen herum, während eine Gruppe von Fledermausfischen Planktonnahrung im freien Wasser aufnimmt. Das Wrack der *Emden* ist jetzt zu ihrer Riffheimat geworden.

Andere Taucher haben sich in der kurzen Ruhephase des Gezeitenwechsels zu uns gesellt und halten sich in der Dünung an den Schrauben fest. Zum Glück habe ich meine Motive nun im Kasten, denn die Luft geht zur Neige. Die 100 Meter zum Boot schwimme ich durch freies Wasser, weil der Meeresboden plötzlich steil in die Tiefe fällt. Als ich auf dem Speedboot kräftig durchatme, hält mir mein Tauchpartner bereits ein australisches Bier entgegen und gratuliert lachend: "Jetzt bist du nach 75 Jahren der erste Germane, der wieder auf der *Emden* war. Schade, daß wir deinen Onkel nicht getroffen haben." Australischer Humor....

Die Unterwasserfotos wurden genau 75 Jahre nach der Schlacht vor Cocos-Keeling geschossen. Somit ist das Alter der auf dem Wrack angesiedelten wirbellosen Tiere, wie hier der *Pocillopora*-Koralle, einfach zu bestimmen.

BEILBAUCHFISCHE   PEMPHERIDAE

Parapriacanthus ransonneti   Praslin, Seychellen

Gelber Feger
Yellow sweeper

Länge: bis zu 10 cm.
Verbreitung: gesamtes Gebiet einschließlich Rotes Meer.
Tiefe: 10 - 50 m. Allgemein: nachtaktiv, bildet riesige, dichte Schwärme, die häufig große Höhlen in Dropoffs füllen. Die Schulen verteilen sich nachts im offenen Wasser, um Zooplankton zu fressen. Mit dem Darm sind Leuchtorgane assoziiert. Das große Foto auf der Vorseite stammt von den Komoren. Exemplare aus dem Roten Meer und dem Westindik waren früher als *P. guentheri* bekannt, was jetzt als Synonym gilt.

Pempheris oualensis   Beau Vallon, Seychellen

Kupfer-Beilbauchfisch
Copper sweeper

Länge: bis zu 16 cm.
Verbreitung: gesamtes Gebiet einschließlich Rotes Meer.
Tiefe: 1 - 36 m.
Allgemein: tagsüber in klaren Küsten- und Außenriffen entlang von Drop-offs und Hängen in kleinen Höhlen oder unter Überhängen. Die Art hat eine gerade Seitenlinie, die mit einem langen Bogen beginnt. Sehr ähnlich *P. vanicolensis* (siehe unten) und in den gleichen Habitaten, kann aber leicht durch den schwarzen Fleck an der Brustflossenbasis unterschieden werden. Auf dem Foto mit Soldatenfischen.

Pempheris vanicolensis   Mosambik

Höhlen-Beilbauchfisch
Cave sweeper

Länge: bis zu 18 cm.
Verbreitung: gesamtes Gebiet einschließlich Rotes Meer.
Tiefe: 3 - 40 m.
Allgemein: tagsüber schweben Schulen dieser Art unter Überhängen oder in Höhlen, seltener schwimmen kleine Gruppen über Sandflächen mit einzelnen Korallenflecken. Nachts lösen sich die Schulen zur Nahrungssuche im Riff auf. Der Art fehlt der schwarze Fleck an der Brustflossenbasis des sonst sehr ähnlichen *P. oualensis* (siehe oben).

TORPEDOBARSCHE   MALACANTHIDAE

Plumper Torpedobarsch
Stocky sand tilefish
L: bis zu 12 cm. V: Malediven bis Thailand. T: 30 - 70 m. A: eines der Sandhügel bauenden Familienmitglieder.

Torpedobarsche sind kleine Familie mit zwei Gattungen und weltweit 9 Arten in tropischen Meeren. Die meisten gehören zur Gattung *Hoplolatilus*, die auf tropische Korallenriffe beschränkt ist. Die schlanken Fische bewohnen einzeln oder paarweise sandige Riffflächen, schwimmen direkt über dem Grund und schießen oft kurze Strecken vorwärts, um plötzlich anzuhalten und die Umgebung zu untersuchen.

Hoplolatilus fronticinctus   Hin Daeng, Thailand

Grauer Torpedobarsch
Pale tilefish
Länge: bis zu 11 cm.
Verbreitung: Südafrika, Maskarenen ostwärts.
Tiefe: 30 - 115 m.
Allgemein: bewohnt Schlamm- und Geröllflächen der Außenriffhänge in größeren Tiefen. Manche Exemplare bauen einen großen Hügel aus Geröll mit einer Höhle, in der sie bei Gefahr blitzartig verschwinden. Höhlen werden unter Steinen in Sand oder Geröll gegraben. Adulte bauen große Laichplätze und bewegen dabei enorme Substratmengen. Die Art ernährt sich von kleinen Zooplanktonorganismen.

Hoplolatilus cuniculus   Grande Baie, Mauritius

Silber-Torpedobarsch
Flagtail blanquillo
L: bis zu 30 cm. V: ges. Gebiet, RM. T: 20 - 80 m. A: paarweise in Höhlen, benthisch, oft unter Überhängen. Zwei typische schwarze Schwanzflossenstreifen (Juv. und Ad.). Unten: **Riesen-Torpedobarsch** *M. latovittatus*, 45 cm, 10 - 70 m, frißt hoch über dem Grund Plankton.

Malacanthus brevirostris   Aldabra, Seychellen

KIEFERFISCHE · OPISTOGNATHIDAE

Kieferfisch-Art 1
Jawfish species 1
L: bis zu 12 cm. V: nur von den Similan Islands, Thailand, bekannt. T: etwa 25 m. A: es wurden mehrere Exemplare beobachtet, eines zusammen mit einer *Palaemonella*-Garnele.

Kieferfische sind eine Familie mit 3 Gattungen und etwa 70 kleinen Arten, viele davon noch unbeschrieben. Alle leben in tropischen Meeren und haben vorne, hoch auf dem Kopf, große Augen. Im großen Maul werden die Eier inkubiert. Die Fische bauen Höhlen, meist senkrecht im Sand, die mit kleinen Steinchen oder Korallenstückchen ausgekleidet werden. Oft sieht man nur den Kopf herausragen, auf der Suche nach vorüberdriftender Planktonnahrung. Ein Rückzug in die Höhle geschieht Schwanz voran. Einige Arten leben in Kolonien, deren Höhlen gleichmäßig auf einer geeigneten Fläche verteilt sind, meist Geröll, von Korallenriff umgeben. Diebstahl von Baumaterial ist nicht selten. Foto Mitte: Paar bei Höhle. Unten: maulbrütender Kieferfisch, Eier in der Mundhöhle sichtbar.

Opistognathus sp. 1 — alle Fotos: Similan Islands, Thailand

Kieferfisch-Art 2
Jawfish species 2
L: bis zu 16 cm. V: nur von den Malediven bekannt. T: 12 m. A: der Fotograf hatte das Glück, diese hervorragenden Fotos machen zu können, nachdem das Männchen von einem Besuch beim Weibchen in der Nachbarhöhle zurückgekommen war.

Opistognathus sp. 2 — Ari Atoll, Malediven

BÜSCHELBARSCHE   CIRRHITIDAE

Gefleckter Büschelbarsch
Spotted hawkfish

L: bis zu 10 cm. V: gesamtes Gebiet einschließlich Rotes Meer. T: 1 - 40 m. A: in Gebieten mit reichem Korallenwuchs und dem klaren Wasser von Lagunen, Kanälen oder Außenriffen von unterhalb der Brandungszone bis in Tiefen von mindestens 40 m. Ruht auf, in oder unter Stein- oder Weichkorallen und anderen Organismen (siehe Fotos).

Die Büschelbarsche sind eine tropische Familie mit 9 Gattungen und derzeit 35 bekannten Arten, wovon die meisten im Indo-Pazifik leben. Meist ruhen sie aufgestützt auf ihre verdickten unteren Brustflossenstrahlen, ändern aber oft rastlos ihre Position.

Cirrhitichthys oxycephalus Baa Atoll, Malediven

Langschnauzen-Büschelbarsch
Longnose hawkfish

Länge: bis zu 13 cm.
Verbreitung: gesamtes Gebiet einschließlich Rotes Meer.
Tiefe: 5 - 70 m.
Allgemein: primär eine Tiefwasserart der Außenriffhänge, meist unter 30 m zu finden, in manchen Gebieten jedoch auch in 5 m, wo Schwämme oder Gorgonien wachsen, mit denen sie assoziiert scheinen und die sie als Ausguck nutzen (siehe Fotos). Die Art ernährt sich von kleinen benthischen und planktonischen Krebstieren. Ihre Eier sind demers, daß bedeutet, sie sinken zu Boden.

Oxycirrhites typus Gaafu Atoll, Malediven

157

BÜSCHELBARSCHE CIRRHITIDAE

Cirrhitichthys falco — Male Atoll, Malediven

Zwerg-Büschelbarsch
Dwarf hawkfish

Länge: bis zu 7 cm.
Verbreitung: Malediven und Sri Lanka ostwärts.
Tiefe: 2 - 46 m.
Allgemein: die Art bewohnt korallenreiche Außenriffe. Dort sitzen die Tiere typischerweise auf dem Hartgrund an der Basis von Korallenstöcken und nicht wie die meisten ihrer Verwandten in oder auf ihnen.

Monokel-Büschelbarsch
Monocle hawkfish

L: bis zu 14 cm.
V: Ostafrika bis Malediven und Sri Lanka. T: 1 - 33 m. A: bewohnt Stöcke kleiner Zweigkorallen; sitzt meist auf den äußeren Ästen diverser Steinkorallen. Frißt Krebstiere. Färbung variabel (Fotos).

Paracirrhites arcatus — Praslin, Seychellen

Forsters Büschelbarsch
Forster's hawkfish

L: bis zu 22 cm. V: gesamtes Gebiet einschließlich Rotes Meer. T: 1 - 40 m. A: frißt kleine Fische, die von der Lauerposition auf einer Zweigkoralle aus blitzschnell erbeutet werden (siehe Fotos).

Paracirrhites forsteri — Beau Vallon, Seychellen

BÜSCHELBARSCHE   CIRRHITIDAE

Halbgefleckter Büschelbarsch
Blackspotted hawkfish

L: bis zu 29 cm. V: Cocos und Christmas Islands ostwärts. T: 1 - 18 m. A: mäßig häufig, findet sich auf Korallen oder Felsen in exponierten Außenriffen. Sie fehlt bei den meisten der großen kontinentalen Inseln in ihrem Verbreitungsgebiet. Es gibt zwei Farbvarianten: eine zeigt das Foto, die andere behält auf einem dunklen Hintergrund die dunklen Flecken der gezeigten Form, aber der weiße Seitenstreifen ist zu einem Punkt unter dem hinteren Teil der hartstrahligen Rückenflosse reduziert.

Paracirrhites hemistictus   Christmas Island

Riesen-Büschelbarsch
Stocky hawkfish

Länge: bis zu 28 cm.
Verbreitung: gesamtes Gebiet einschließlich Rotes Meer.
Tiefe: 0,3 - 3 m.
Allgemein: die Art bewohnt Felsküsten und brandungsexponierte Außenriffe. Sie frißt hauptsächlich Krebse, aber auch kleine Fische, Garnelen, Seeigel und Schlangensterne.

Cirrhitus pinnulatus   Similan Islands, Thailand

Gabelschwanz-Büschelbarsch
Swallowtail hawkfish

Länge: bis zu 15 cm.
Verbreitung: gesamtes Gebiet, nicht im RM.
Tiefe: 10 - 132 m.
Allgemein: dies ist die einzige Art der Familie, die nicht auf Hartsubstrat lauert, sondern im offenen Wasser schwebt, um Zooplankton einschließlich Krebstiere und Fischlarven zu fressen. Sie ist von anderen Familienmitgliedern leicht durch ihre verlängerten Schwanzflossenspitzen zu unterscheiden.

Cyprinocirrhites polyactis   Mauritius

ANEMONENFISCHE AMPHIPRIONIDAE

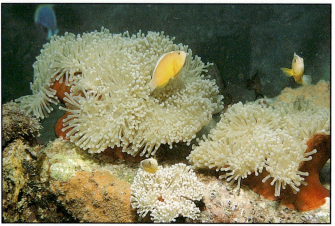

Beau Vallon, Seychellen

Amphiprion akallopisos Praslin, Seychellen

Weißrücken-Anemonenfisch
Skunk anemonefish

Länge: bis zu 11 cm.
Verbreitung: Ostafrika, Madagaskar, Seychellen bis Indien und Andamanensee.
Tiefe: 1 - 25 m.
Allgemein: bewohnt Außenriffhänge. Mit der Anemone *Heteractis magnifica* assoziiert (siehe Fotos). Mit einem relativ schmalen Streifen vom Oberkopf zum Beginn der Rückenflosse und weiter von der Flossenbasis entlang der ganzen Flosse.

Riffbarsche sind eine sehr große Familie mit vielen Arten und Individuen, besonders in tropischen Riffhabitaten. Einige Arten sind so zahlreich vertreten, daß sie wahrscheinlich die häufigsten Fische in diesen Gebieten sind. Es gibt weltweit etwa 300 Arten in tropischen und subtropischen Meeren. Die hier vorgestellten Arten gehören zu 3 Unterfamilien: Amphiprioninae, Anemonenfische; Chromininae, Schwalbenschwänze; Pomacentrinae, Demoisellen. Die meisten Gattungen sind durch Form und andere Merkmale gut zu unterscheiden. Aber innerhalb der Gattungen sind sich viele Arten ähnlich und zeigen geographische Variationen. Juvenile sind oft von den Adulten sehr verschieden, während Geschlechtsunterschiede klein sind und Farbwechsel nur in der Laichzeit auftreten.

Amphiprion nigripes Male Atoll, Malediven

Malediven-Anemonenfisch
Maldives anemonefish

Länge: bis zu 11 cm.
Verbreitung: Malediven bis Sri Lanka.
Tiefe: 2 - 25 m.
Allgemein: die Art lebt paarweise oder in Familiengruppen (siehe Fotos links und auf der Seite gegenüber) ausschließlich mit der Anemone *Heteractis magnifica* vergesellschaftet. Bewohnt Lagunen und Außenriffe.

ANEMONENFISCHE — AMPHIPRIONIDAE

Amphiprion allardi — Pemba, Tanzania

Allards Anemonenfisch
Allard's anemonefish

Länge: bis zu 12 cm.
Verbreitung: Küste Ostafrikas von Durban bis Kenia (dort häufig).
Tiefe: 1 - 30 m.
Allgemein: die Art lebt in Lagunenriffen und an Außenriffhängen. Dort ist sie mit den Anemonen *Entacmaea quadricolor*, *Heteractis aurora* und *Stichodactyla mertensii* vergesellschaftet.

Clarks Anemonenfisch
Clark's anemonefish

Länge: bis zu 10 cm.
Verbreitung: Malediven, Chagos, Sri Lanka, Thailand.
Tiefe: 1 - 55 m.
Allgemein: meist schwarz mit unterschiedlichen Anteilen von Orange auf Kopf, Bauch und Flossen (vergleiche Fotos); drei weiße Bänder auf Kopf, Körper und Schwanzflossenbasis, aber weitverbreitet in verschiedenen Farbvarianten. Nicht wirtspezifisch: mit mindestens 10 Anemonenarten vergesellschaftet, u. a. *Cryptodendrum adhaesivum*, *Entacmaea quadricolor*, *Heteractis aurora*, *H. crispa*, *Stichodactyla gigantea*, *S. haddoni* und *S. mertensii*.

Das kleine Foto unten von den Malediven zeigt ein Elterntier beim Bewachen der Eier, die in unmittelbarer Nähe der Wirtsanemone auf Hartsubstrat geklebt sind. Man erkennt sie als ovale, transparente, rötliche Gebilde direkt links neben dem Fisch.

Amphiprion clarkii — alle Fotos: Ari Atoll, Malediven

ANEMONENFISCHE AMPHIPRIONIDAE

Seychellen-Anemonenfisch
Seychelles anemonefish

Länge: bis zu 11 cm.
Verbreitung: Seychellen einschließlich Aldabra.
Tiefe: 5 - 30 m.
Allgemein: man findet diese Art in Lagunen und Außenriffen, besonders in Fleckriffen. Ausschließlich mit der Anemone *Stichodactyla mertensii* vergesellschaftet. Lebt manchmal zusammen mit *A. akallopisos* in derselben Anemone.

Amphiprion fuscocaudatus — Praslin, Seychellen

Mauritius-Anemonenfisch
Mauritius anemonefish

Länge: bis zu 12 cm.
Verbreitung: derzeit nur von Mauritius und Réunion bekannt.
Tiefe: 5 - 40 m.
Allgemein: die Art lebt mit den Anemonen *Heteractis aurora*, *Stichodactylus haddoni* und *S. mertensii*, gelegentlich auch mit *Macrodactyla doreensis* vergesellschaftet.

Amphiprion chrysogaster — Grande Baie, Mauritius

ANEMONENFISCHE   AMPHIPRIONIDAE

Amphiprion sebae　　　Negombo, Sri Lanka

Indischer Anemonenfisch
Northern Indian anemonefish

Länge: bis zu 12 cm.
Verbreitung: Malediven, Indien bis Andamanensee.
Tiefe: 2 - 25 m.
Allgemein: die Art ist nicht häufig. Sie lebt paarweise in Lagunen und Küstenriffgebieten, wo sie nach derzeitigem Kenntnisstand mit nur einer Anemonenart, *Stichodactyla haddoni,* vergesellschaftet ist.

Amphiprion chagosensis　　　Chagos Islands

Chagos-Anemonenfisch
Chagos anemonefish

Länge: bis zu 11 cm.
Verbreitung: nur von den Chagos Islands bekannt.
Tiefe: 10 - 25 m.
Allgemein: man findet diese Art hauptsächlich an Außenriffhängen, aber manchmal auch in Lagunenriffen und auf Riffspitzen. Die Wirtsanemone ist noch unbekannt.

Amphiprion sp.　　　Chagos Islands

Anemonenfisch-Art
Anemonefish species

Länge: bis zu 10 cm.
Verbreitung: nur bekannt von den Chagos Islands.
Tiefe: 5 - 20 m.
Allgemein: in Körperform und -färbung ähnlich *A. bicinctus* aus dem Roten Meer, ist aber viel leuchtender gelb als ihr wohlbekannter Verwandter. Weitere Exemplare und Nachweise sind nötig, um den Status dieser Art korrekt einzustufen.

ANEMONENFISCHE   AMPHIPRIONIDAE

Tomaten-Anemonenfisch
Tomato anemonefish

L: bis zu 12 cm. V: Andamanensee. T: 3 - 15 m. A: mit *Entacmaea quadricolor* und *Heteractis crispa*. Juvenile haben ein weißes Kopfband. Meist paarweise, aber ein Einzeltier wurde zwischen unbesetzten Anemonen in einem größeren Areal schwimmend beobachtet.

Amphiprion ephippium   Similan Islands, Thailand

Orangeringel-Anemonenfisch
Western clownfish

Länge: bis zu 8 cm.
Verbreitung: im Ostindik von der Andamanensee bis Nordwestaustralien und ostwärts.
Tiefe: 1 - 15 m.
Allgemein: in ihrem Verbreitungsgebiet eine häufige Art, meist paarweise oder in kleinen Gruppen in geschützten Küsten- und Lagunenriffen. Mit den Wirtsanemonen *Heteractis magnifica*, *Stichodactyla gigantea* und *S. mertensii* vergesellschaftet. Melanistische Populationen (Tiere vollständig schwarz gefärbt) sind bekannt.

Amphiprion ocellaris   Richelieu Rock, Thailand

Stachel-Anemonenfisch
Indian Ocean spinecheek

L: bis zu 14 cm. V: nur an der Indikküste Sumatras und Javas. T: 3 - 15 m. A: nur bei *E. quadricolor*. Foto rechts: Männchen. Der typische Dorn kreuzt das Kopfband (siehe Weibchen unten).

Premnas epigrammata   Mentawai Islands, Sumatra

RIFFBARSCHE   POMACENTRIDAE

Dreibinden-Preußenfisch
Humbug damsel
L: bis zu 8 cm. V: gesamtes Gebiet und RM. T: 1 - 20 m. A: der häufigste Fisch seichter Lagunen und Flächenriffe unterhalb der Gezeitenzone. Die Art lebt in großen Gruppen über *Acropora*-Korallen oder in kleineren Gruppen bei isolierten Korallenköpfen.
 Erstes kleines Foto unten: **Dreifleck-Preußenfisch** *D. trimaculatus*, bis zu 8 cm, gesamtes Gebiet und RM, 1 - 50 m. Juv. oft in großer Zahl mit Anemonen assoziiert, teilen diese manchmal mit Anemonenfischen. Vom Flachriff bis zu Korallenköpfen auf weiten, leeren Sandflächen.
 Darunter: **Indischer Preussenfisch** *D. carneus*, bis 6 cm, Ostafrika bis Andamanen, 5 - 35 m, auf Korallen. Fressen Zooplankton und Wirbellose.

Dascyllus aruanus   Lhaviyani Atoll, Malediven

Vanderbilts Schwalbenschwanz
Vanderbilt's puller

Länge: bis zu 6 cm.
Verbreitung: gesamtes Gebiet.
Tiefe: 2 - 20 m.
Allgemein: man trifft die Art meist in kleinen Gruppen über herausragenden Korallenköpfen in exponierten Außenriffen.

Chromis vanderbilti   Male Atoll, Malediven

RIFFBARSCHE POMACENTRIDAE

Grüner Schwalbenschwanz
Bluegreen puller

Länge: bis zu 9 cm.
Verbreitung: gesamtes Gebiet einschließlich Rotes Meer. Weitverbreitet im Indik.
Tiefe: 1 - 12 m.
Allgemein: diese häufige Art lebt oft in riesigen Gruppen über Zweigkorallendickichten in geschützten Riffgebieten. Schulen Juveniler sind streng an kleinere isolierte Korallenköpfe gebunden, wo sie Deckung finden.

Chromis viridis Ari Atoll, Malediven

Ternate-Schwalbenschwanz
Ternate puller

Länge: bis zu 10 cm.
Verbreitung: gesamtes Gebiet.
Tiefe: 2 - 36 m.
Allgemein: die Art lebt in Gruppen über Zweigkorallen am Oberrand klarer Lagunen- und Außenriffe.

Chromis ternatensis Beau Vallon, Seychellen

Zweifarb-Schwalbenschwanz Bicolor puller
Länge: bis zu 9 cm.
Verbreitung: gesamtes Gebiet einschließlich Rotes Meer.
Tiefe: 1 - 36 m. Allgemein: sehr häufige Art. Lebt in küstennahen und -fernen Riffen. Oft in riesigen Schulen über Rifflächen. Frißt hauptsächlich Zooplankton.

Chromis dimidiata Beau Vallon, Seychellen

167

RIFFBARSCHE   POMACENTRIDAE

Abudefduf sexfasciatus   Praslin, Seychellen

Scherenschwanz-Sergeant
Scissortail sergeant

Länge: bis zu 14 cm.
Verbreitung: gesamtes Gebiet einschließlich Rotes Meer.
Tiefe: 1 - 15 m.
Allgemein: die Art lebt oft in Schulen in korallenreichen Gebieten seichter Riffe, von felsigen Lagunen bis zu Außenriffen. Gruppen dieser weitverbreiteten und häufigen Art versammeln sich oft hoch in der Wassersäule, um Zooplankton zu fressen. In geringerem Maß ernährt sie sich auch von am Boden wachsenden Algen.

Abudefduf vaigensis   Mahe, Seychellen

Indopazifik-Sergeant
Sergeant major

L: bis zu 17 cm. V: ges. Gebiet, RM. T: 1 - 12 m. A: wie andere, ähnliche Arten oft in Schulen in den korallenreichen Gebieten des Riffs zu sehen. Unten: **Perlen-Sergeant** *A. margariteus*, bis 16 cm, Maskarenen, 2 - 10 m, frißt Plankton, Algen und kleine Wirbellose.

Abudefduf notatus   Beau Vallon, Seychellen

Gelbschwanz-Sergeant
Yellow-tail sergeant

Länge: bis zu 17 cm.
Verbreitung: Ostafrika, Seychellen, Malediven, Sri Lanka.
Tiefe: 1 - 12 m.
Allgemein: diese weitverbreitete Art lebt in kleinen Gruppen oder paarweise in diversen seichten Küstenhabitaten von ruhigen Stellen nahe Süßwasserzuflüssen bis zu schnellen Strömungskanälen; auch in Schulen in tiefem Wasser. Frißt Zooplankton und Bodenalgen. Wenn sich die Art vom Substrat entfernt, wechselt ihre Färbung zu einem fahlen Grau.

RIFFBARSCHE   POMACENTRIDAE

Azurblaue Demoiselle
Blue-yellow damsel
L: bis zu 7 cm. V: Ostafrika, Seychellen, Maskarenen, Chagos, Malediven. T: 1 - 10 m. A: lebt einzeln oder in kleinen Gruppen über Korallenriffen und Geröllflächen an Außenriffhängen. Frißt hauptsächlich Zooplankton und in geringerem Maß auch Bodenalgen.

Pomacentrus caeruleus — Astove, Seychellen

Pfauen-Demoiselle
Blue-green damsel
L: bis zu 11 cm. V: ges. Gebiet. T: 1 - 16 m. A: Färbung variabel (Andamanensee: fahlgrün), Männchen können gelbe Brustflossen haben. Unten: **Zitronengelbe D.** *P. sulfureus,* 9 cm, Ostafrika bis Mauritius, 1 - 8 m, in küstennahen Saumriffen, auch in turbiden Gewässern.

Pomacentrus pavo — Ari Atoll, Malediven

Dicks Riffbarsch
Dick's damsel
L: bis zu 9 cm. V: ges. Gebiet. T: 1 - 12 m. A: in lockeren Gruppen in korallenreichen Brandungszonen klarer Lagunen und Außenriffe. Frißt Algen, kleine Bodenwirbellose und kleine Fische. Unten: **Blaupunkt-Riffbarsch** *P. lacrymatus,* 8 cm, ges. Gebiet, 2 - 12 m.

Plectroglyphidodon dickii — Beau Vallon, Seychellen

ALDABRA

Das Aldabra-Atoll liegt im äußersten Westen der Inselgruppe der Seychellen. Es gibt keine Erde, kein Süßwasser, kein Guano, kein Phosphat, keine Möglichkeit für Großschiffe zu ankern. Aldabra ist ungastlich, mangelt es doch an allem, was man zum Leben braucht. Über die Jahrhunderte war es für Seeleute, Fischer und Siedler ohne kommerzielles Interesse weil unproduktiv. Keine anderen Inseln im Indischen Ozean haben menschlicher Einflußnahme so lange widerstanden. Und deshalb ist Aldabra einmalig. Der Autor berichtet von einem lebenden Museum.

Meine Suche hat lange gedauert: wie komme ich in einem zeitlich begrenzten Rahmen nach Aldabra? Ich lerne, daß es wegen diverser Vorschriften und Genehmigungen nur von Mahé aus geht. 1.000 km offener Indik sind zu überwinden, obwohl es von der afrikanischen Küste weit kürzer wäre. Seychellenkenner berichten mir von unregelmäßigen Chartertrips, aber auch von unzuverlässigen Skippern und nicht hochseetüchtigen Schiffen. 1992 fand ich dann ein verlässliches Live-aboard, die *Fantasea II*.

Als wir wie berechnet nach dreitägiger Überfahrt von Mahé kommend morgens vor Grand Terre, der mit 40 km längsten Insel des Aldabra-Atolls, ankern, ist das Dhingi auch schon auf dem Weg

ALLE FOTOS: HELMUT DEBELIUS

Wenig einladend für die Aldabra-Expedition: die triste Insel Grande Terre, Teil des Aldabra-Atollrings, im Hintergrund.

zum Strand. Mit Gräsern spärlich bewachsene Dünen, scharfkantiges Korallengestein, Dornenbüsche und Schraubenbaumgewächse prägen ein wildes Gelände. Nur wenige der sonst in diesen Breiten häufigen Kokospalmen ragen aus dem Gestrüpp hervor: das ist alles, was Aldabra zu bieten hat. Den heutigen Bewohnern genügt dies. Neben den 10 Seychellois, die Aldabra verwalten, gibt es noch 150.000 Riesenschildkröten. Viel mehr, als auf den Galapagos-Inseln vorkommen. Früher bevölkerten die ein Menschenleben alt werdenden, bis 300 kg schweren Landbewohner auch andere Inseln im Indischen Ozean. Da sie jedoch den Seefahrern - auf dem Rücken liegend in den Laderäumen gestapelt - als lebender Proviant dienten, wurden sie überall sonst ausgerottet. Ihnen wurde ihre Zähigkeit zum Verhängnis, die ihnen Jahrtausende vorher bei ihrem beschwerlichen Weg von Madagaskar über das Meer das Leben gerettet hatte. Sie trieben in ihren Panzern schwimmend wie in Nußschalen über die Wellen und hatten dazu ihren langen Hals zum Atmen ausgefahren. Sicher haben unzählige von ihnen nie wieder Land erreicht. Doch einige schafften es, die Koralleninseln der Seychellen zu besiedeln.

Aldabra und die umliegenden Inseln sind vulkanischen Ursprungs. Den Namen aus "Tausend und einer Nacht" gaben seefahrende Araber vor über tausend Jahren. Im 16. Jahrhundert gelangten dann die Portugiesen dorthin, Franzosen und Engländer folgten. Es wurde immer wieder versucht, Siedlungen zu errichten, letztmalig 1955. Zum Glück blieb das Unter-

Ein Fischteich im westlichen Indischen Ozean (!)

170

nehmen erfolglos, die Mangrovenwälder der riesigen Lagune zu fällen. Eine neue Bedrohung kam 1966, als Aldabra noch zum British Indian Ocean Territory gehörte. Pläne, eine Landebahn für britisches und amerikanisches Miltär auf Aldabra zu errichten, wurden durch weltweite Proteste verhindert. Besonders engagiert kämpften die britische Royal Society und das amerikanische Smithsonian Institut, die sofort eine Forschungsstation dort errichteten. 1982 erklärte die UNESCO das Atoll zum Weltnaturerbe. Seitdem darf auf Aldabra nichts mehr

Die Riesenlandschildkröten bei der Forschungstation auf der Insel Picard.

verändert werden, und die Zahl der Besucher wird streng begrenzt. Nach Gründung des Seychellen-Staates 1976 liegt die Verantwortung seit 1979 bei der 'Seychelles Island Foundation', die die Erhaltung des ungewöhnlichen Ökosystems garantiert.

An der wissenschaftlichen Station auf der Insel Picard sind die Riesenschildkröten besonders groß, da sie von den Nahrungsresten der Stationsbewohner gut genährt werden. Hier werden sie schon mal 100 kg schwer, während die schmächtigsten Riesen auf Grand Terre durchschnittlich 22 kg wiegen. Neben 22 Arten von Gräsern vertilgen sie alles, was als Abfall vor die Baracken geworfen wird. Rund die Hälfte ihrer Nahrung scheiden sie unverdaut wieder aus. Auch dafür ist Verwendung, denn Landkrabben, insbesondere der Palmendieb *Birgus latro,* sind außerhalb des kargen Korallengesteins dauernd auf Futtersuche. Zeitweise lebten auf Aldabra rund 150.000 Riesenschildkröten der Art *Dipsochelis gigantea.* Doch die

Die Kartoffel-Zackenbarsche des Atolls können zudringlich werden.

Inseln konnten nicht allen auf Dauer Nahrung bieten. Und auch an schattenspendenden Sträuchern fehlte es. Denn die von den ehemaligen menschlichen Bewohnern eingeführten und inzwischen verwilderten Hausziegen weideten die Büsche ab, unter denen die Riesen oft neben- und übereinander Schutz vor der sengenden Mittagssonne suchten. Sonst sterben sie leicht an Überhitzung. Viele leere Panzer zeugen von denen, die es nicht schafften. Wie eingehende Forschungen ergaben, hat sich diese Schildkrötenart an den Wassernotstand auf Aldabra gut angepaßt: sie kann Trinkwasser auch mit den Nasenlöchern anstatt durch den Mund aufsaugen. Das ist effektiver, da sie mit der Nase in flachere Bodenvertiefungen eintauchen kann.

Unser Schiff hatten wir Taucher inzwischen auch schätzen gelernt. Schon auf der Überfahrt überzeugte die Satel-

Die Cuvier-Ralle, eine flugunfähige endemische Art des Atolls.

litenavigation auf der Suche nach einer Untiefe. Genauer, als es die Karte zeigen konnte, ankerten wir schließlich direkt darüber. Welch ein erster Tauchgang in unbekanntem Gebiet: kaum sinke ich auf den Grund in 15 m Tiefe, schießt ein Kartoffel-Zackenbarsch *Epinephelus tukula* von gut anderthalb Metern Länge auf mich zu und reißt drohend das Maul auf, als betrachte er meinen zarten Germanenkörper als Konkurrenten in seinem Revier! Richtig erschrocken bin ich, denn sonst ist diese Zackenbarsch-Art sehr scheu. Wir begegnen diesem mächtigen Einzelgänger, den man z. B. um die Malediven überhaupt nicht kennt, auf weiteren Tauchgängen immer wieder.

Zwischen den Inseln Picard und Polymnie ist die Einfahrt in die Aldabra-Lagune tief genug für die 35m lange *Fantasea II*. Wir ankern hier über Nacht und suchen uns tagsüber neue Tauchgründe am Außenriff. Skipper Eran ist selbst erfahrener Taucher und wundert sich mit uns, daß fast jeder neue Platz ein Volltreffer ist. Will sagen, daß enormer Fischreichtum (Süßlippen, Schnapper) und viele unbekannte Arten (Zwergbarsche, Fahnenbarsche, Makrelen) jeden von uns begeistern.

Völlig fixiert auf Kleinstfische, übersieht man fast den Hammerhai.

Majestätisch zieht der Afrikanische Kaiserfisch durch das Aldabra-Riff.

Unsere Vogelexperten an Bord sind gleichermaßen zufrieden. Wir begleiten sie gern zu ihren Zielen, die sich meist in der Lagune befinden. Das Gewirr der Mangroven und Korallenpilze bietet geschützte Nistplätze, und eingeschleppte Feinde wie Katzen und Ratten fehlen völlig. Heimisch sind Schwarznacken- und Noddy-Seeschwalbe sowie Flamingos. Während sie aber auch auf anderen Inseln des Indiks anzutreffen sind, gibt es einige Vogelarten nur hier: den Aldabra-Grünreiher, den Madagaskar-Ibis und die Cuvier-Ralle.

Mir gefällt der flinke Aldabra-Fody, der sich in den Zisternen der zusammengefallenen Behausungen neben der Forschungsstation wohlfühlt. Noch steht hier eine als Kirche benutzte Hütte, noch sieht man hier und da Boote ehemaliger Bewohner. Aber alles zerfällt im tropischen Klima, denn hier wird niemand mehr siedeln. Die Tiere haben Vorrang.

Mula, ein Mitglied der Crew, ist leidenschaftlicher Angler und sitzt den ganzen Tag nur mit Leine und Haken in der Hand an der Reeling. Was er mit dieser Primitivmethode dem Ozean alles entlockt, kann ich kaum glauben. Zackenbarsche und Job-Fische, Makrelen und kleine Tunas sind an der Tagesordnung. Und das mit Ansage, denn bevor der geangelte Fisch an der Oberfläche erscheint, nennt er uns dessen Namen(!)

Mein Geburtstag steht an. Der Skipper hat ihn publik gemacht, und Mula fragt mich am Morgen, welchen Fisch ich mir denn bitteschön zum

Ein Segelfisch ist ein angemessenes Geburtstagsgeschenk.

Geburtstagsmenü wünsche. Scherzend verlange ich einen Marlin, und Mula befestigt erstmals eine Tintenfisch-Attrappe an seiner Nylonschnur. Wir ankern etwa hundert Meter vom Ufer entfernt. Es regnet in Strömen. Heute habe ich einfach keine Lust zu tauchen, sondern schaue mir einen Video-Film im Salon an. Plötzlich ruft Mula aufgeregt nach mir. Ihm schmerzen die Hände, denn ein ungewöhnlich starker Fisch muß an der Leine sein. Ich halte die nackte Nylonschnur, bis er sich ein Handtuch um die Finger gewickelt hat. Was dann geschieht, läßt uns vor Freude tanzen: ein Segelfisch fetzt aus dem Wasser und versucht, sich des Hakens zu entledigen. Mula ist in seinem Element: geduldig läßt er Leine nach, zieht wieder an und bringt letztendlich mit "bloßen Händen" den Segelfisch an Bord. Schwer atmend steht er fassungslos vor seinem Fang und stammelt, daß ihm ein solch seltener Hochseefisch wie der kleine Bruder vom Marlin nach 25 Jahren erstmals an die Angel gegangen ist. Eine Frage ließ mich die ganze Nacht nicht schlafen: warum springt der Segelfisch ausgerechnet an diesem Tag an Bord? Kann mir jemand eine Antwort geben?

Die Aldabra-Lagune bei Sonnenuntergang. Rechts ein Katamaran-Tauchschiff.

LIPPFISCHE — Cheilinae - LABRIDAE

Cheilinus fasciatus — Felidhoo Atoll, Malediven

Rotbrust-Prachtlippfisch
Red-breasted splendour wrasse

Länge: bis zu 38 cm.
Verbreitung: gesamtes Gebiet und Rotes Meer.
Tiefe: 4 - 40 m.
Allgemein: dieser Lippfisch ist in Lagunen und Außenriffen mit Korallen und Geröll häufig, wo er Bodenwirbellose frißt.
  Die Labridae sind eine große Familie mit mindestens 60 Gattungen und etwa 500 Arten. Sie werden in mehrere Unterfamilien geteilt. Die Unterfamilie, zu der die Arten auf einer Seite gehören, steht vor dem Familiennamen im Balken oben auf jeder Seite.

Cheilinus chlorourus — Male Atoll, Malediven

Schneeflocken-Prachtlippfisch
Floral splendour wrasse

Länge: bis zu 45 cm.
Verbreitung: Ostafrika, Maskarenen, Chagos, Malediven (dort häufig), Sri Lanka. Tiefe: 2 - 30 m. Allgemein: die Art ist im gesamtem Gebiet weitverbreitet und kommt auch im Pazifik vor. Dieser Lippfisch ist in Lagunenriffen mit Mischboden aus Geröll und Korallen häufig. Er frißt Bodenwirbellose einschließlich Weichtiere, Krebstiere, Borstenwürmer und Seeigel. Kann dabei beobachtet werden, wie er auf Nahrungssuche Korallenstücke und Steine bewegt.

Oxycheilinus digrammus — Beau Vallon, Seychellen

Wangenstreifen-Lippfisch
Cheeklined splendour wrasse

L: bis zu 30 cm. V: ges. Gebiet, RM. Mäßig häufig bei den Malediven. T: 3 - 120 m. A: dieser Lippfisch lebt solitär in korallenreichen Gebieten der Lagunen und Außenriffe. Großes Foto: Männchen; kleines Foto: Weibchen.

Prachtlippfische   Cheilinae - **LABRIDAE**

Napoleon

Länge: : bis zu 200 cm.
Verbreitung: gesamtes Gebiet und Rotes Meer.
Tiefe: 0,5 - 60 m.
Allgemein: wie die großen Fotos zeigen, ist dieser Lippfisch Tauchers Liebling. Adulte können an ihrer Größe und dem Stirnbuckel erkannt werden (siehe Foto rechts; Länge 120 cm). Typisch für Juvenile ist ein Paar dunkler Diagonalstreifen, die das Auge kreuzen (großes Foto unten; Länge 30 cm). Der Napoleon ist der größte und schwerste (bis zu 150 kg) aller Lippfische. Die Art frißt hauptsächlich Weichtiere, die mit flachen Zähnen hinten im Maul geknackt werden. Während sich große Individuen leicht an Taucher und sogar Schnorchler gewöhnen, sind Juvenile unter 20 cm Länge sehr heimlich und kaum zu fotografieren.

   Leider standen lebende Napoleons ganz oben auf der Speisekarte asiatischer Fischrestaurants (das kleine Foto direkt unterhalb zeigt ein leidendes Tier auf Hongkongs Fischmarkt). Heute ist die Art durch Überfischung eine seltene und teure (US $ 200/kg) Spezialität geworden. Ein Gericht aus den dicken Lippen (gelten in China als Aphrodisiakum!) kostet sogar US $ 300. Der Fang mit Natriumzyanid ist grausam. Wenn der betäubte Fisch im Riff Schutz sucht, brechen die Fänger alle Korallen um ihn herum ab, um ihn lebend zu kriegen. Ein Seil wird durch Maul- und Kiemenöffnung geschlungen, und der Fisch wird ins Boot gezerrt.

Ari Atoll, Malediven

Cheilinus undulatus   South Male Atoll, Malediven

175

Prachtlippfische — Cheilinae - LABRIDAE

Epibulus insidiator — Beau Vallon, Seychellen

Stülpmaul-Lippfisch
Sling-jaw wrasse

Länge: bis zu 38 cm.
Verbreitung: gesamtes Gebiet und Rotes Meer. Bei den Malediven häufig.
Tiefe: 4 - 40 m.
Allgemein: dieser Lippfisch lebt solitär in korallenreichen Gebieten von Lagunen und Außenriffen. Er kann sein Maul zu einer langen Röhre strecken, die zum Einsaugen korallenlebender Garnelen, Krebse und Fische dient. Das Foto ist bemerkenswert, weil es ein Männchen (links) und ein Weibchen (rechts) zusammen zeigt.

Xyrichtys pavo — Mauritius

Blatt-Schermesserfisch
Blue razor wrasse
L: bis zu 40 cm. V: gesamtes Gebiet, RM. T: 3 - 100 m. A: auf weiten Flächen von feinem bis zu grobem Sand in Lagunen und Außenriffen. Sehr vorsichtig, verschwindet extrem schnell im Sand. Links: Juv. mit stark verlängertem 1. Rückenflossenstrahl; unten: Adulter.

Xyrichtys aneitensis — Ari Atoll, Malediven

Weißfleck-Schermesserfisch
White-blotch razor wrasse
L: bis zu 20 cm. V: gesamtes Gebiet. T: 2 - 40 m. A: häufig auf Sandflächen und -hängen, oft in Gruppen, jedes Tier mit eigenem Sandfleck, wo es sich durch Eingraben verstecken kann. Großes Foto: juvenil; kleines Foto unten: adult.

Prachtlippfische   Cheilinae - **LABRIDAE**

Bäumchen-Lippfisch
Rockmover wrasse
L: bis zu 27 cm. V: gesamtes Gebiet, RM. T: 2 - 40 m. A: solitär auf semi-exponierten Flächenriffen. Relativ häufig in Gebieten mit Sand und Geröll. Frißt Bodenwirbellose, wendet Steine bei der Nahrungssuche. Großes Foto: juvenil; kleines Foto: adult.

Novaculichthys taeniourus Mulaku Atoll, Malediven

McCoskers Zwerglippfisch
McCosker's dwarf wrasse
L: bis zu 7 cm. V: gesamtes Gebiet, eine Indik-Art. Pazifische Schwesterarten unterscheiden sich deutlich in der Färbung. T: 25 - 50 m. A: gruppenweise in Sandgebieten mit Pflanzenwuchs oder Geröll-decke. Erhebt sich beim Planktonfressen nur wenig über das Substrat. Männchen haben Harems von bis zu 10 Weibchen. Das Foto zeigt ein Männchen mit mehreren seiner Harems-Weibchen. Außer an der Färbung erkennt man Männchen leicht an den verlängerten Rückenflossenstrahlen.

Paracheilinus mccoskeri Male Atoll, Malediven

Achtlinien-Zwerglippfisch
Eightline dwarf wrasse

Länge: bis zu 12 cm.
Verbreitung: Ostafrika, Maskarenen, Chagos, Malediven, Sri Lanka.
Tiefe: 2 - 50 m.
Allgemein: dieser kleine Lippfisch lebt versteckt auf Korallengeröll und zwischen den Ästen lebender Korallen in klaren Außenriffen. Im Indischen Ozean zeigt die Art oft orange Punkte. Wie die anderen Arten der Gattung ernährt sich auch diese hauptsächlich von kleinen bodenlebenden Wirbellosen.

Pseudocheilinus octotaenia Astove, Seychellen

Schweinslippfische Bodianinae - LABRIDAE

Bodianus bilunulatus — Mauritius

Sattelfleck-Schweinslippfisch
Saddleback hogfish
L: bis zu 55 cm. V: ges. Gebiet, bei den Malediven selten (tief?). T: 8 - 108 m. A: meist an Außenriffen und küstenfernen Dropoffs. Tags auf Nahrungssuche, nachts oft in Höhlen oder Spalten versteckt. Großes Foto: juvenil; kleines Foto: adult.

Bodianus anthioides — La Digue, Seychellen

Zweifarben-Schweinslippfisch
Lyretail hogfish
L: bis zu 21 cm. V: gesamtes Gebiet und Rotes Meer. T: 6 - 60 m. A: meist unter 25 m entlang steiler Außenriffhänge. Solitär, häufig. Kleine Juvenile auf Schwarzen Korallen (siehe großes Foto) und Schwämmen. Kleines Foto: adult.

Bodianus diana — Ari Atoll, Malediven

Dianas Schweinslippfisch
Diana's hogfish
L: bis zu 25 cm. V: gesamtes Gebiet. Von Bali ostwärts in den Pazifik durch Schwesterart vertreten. T: 6 - 30 m. A: in Fels- und Korallenriffgebieten ab der Spritzzone abwärts. Solitär, tagsüber auf Nahrungssuche im Riff. Großes Foto: juvenil; kleines Foto: adult.

Junkerlippfische   Corinae - LABRIDAE

Indischer Clown-Junker
Indian sand wrasse

Länge: bis zu 50 cm. Verbreitung: Westindik einschließlich südliches Rotes Meer. Bei den Malediven und Seychellen häufig. Tiefe: 2 - 30 m. Allgemein: dieser Lippfisch lebt in mäßigen Tiefen, Adulte bis etwa 30 m, in algigen oder steinigen Korallenriffgebieten, oft in Sandkanälen zwischen Riffen mit Geröllgrund. Die Art frißt diverse Bodenwirbellose, die oft nach dem Umdrehen von Steinen erbeutet werden, die mit der Schnauze angehoben werden. Juvenile (großes Foto oben; 4 cm) finden sich in flachen Gezeitentümpeln und auf Sandflecken. Sie unterscheiden sich von sehr ähnlichen Juvenilen anderer Lippfische (siehe nächste Art) durch den schwarzen Rückenflossenfleck und dadurch, daß der dritte weiße Sattelfleck die ganze Seite hinabreicht. Das Weibchen (großes Foto Mitte; 18 cm) lebt solitär oder in kleinen Gruppen. Das Männchen (kleines Foto unten; 35 cm) verteidigt ein großes Territorium gegen Nachbar-Männchen.

Aldabra, Seychellen

Coris formosa — Komoren

Afrika-Junker
African sand wrasse

L: bis zu 30 cm. V: gesamtes Gebiet; die Verbreitung überlappt die der pazifischen Schwesterart *C. gaimard* bei Christmas Is. T: 5 - 50 m. A: Juv. (großes Foto; 4 cm) häufig in Gezeitentümpeln, Adulte (Foto unten; 20 cm) scheu und solitär. Früher: *Coris africana*.

Coris cuvieri — Shimoni, Kenia

Junkerlippfische   Corinae - LABRIDAE

Coris aygula   Raa Atoll, Malediven

Clown-Lippfisch
Clown sand wrasse
L: bis zu 60 cm. V: gesamtes Gebiet, RM. T: 5 - 40 m. A: auf Geröll und Sand mit Algen nahe Korallenriffen. Das adulte Männchen (kleines Foto) entwickelt einen Stirnbuckel und ausgefransten Schwanzflossenhinterrand. Juvenile (Foto links) mit typischem Muster.

Coris caudimacula   Grande Baie, Mauritius

Schwanzfleck-Junker
Spottail sand wrasse
L: bis zu 20 cm. V: gesamtes Gebiet, RM. T: 2 - 25 m. A: häufig in geschützten Lagunenriffen in Mischgebieten mit Sand, Geröll, Felsen und Korallen. Ernährt sich hauptsächlich von hartschaligen Bodenwirbellosen. Großes Foto: juvenil; kleines Foto: adult.

Twists Junker
Twist's wrasse
L: bis zu 18 cm. V: gesamtes Gebiet, RM, nicht häufig. T: 2 - 20 m. A: weitverbreitete Art, lebt in Korallenriffen, frißt Bodenwirbellose. Foto: Männchen. Unten: **Streifen-Junker** *A. lineatus*, 13 cm, 10 - 45 m, gesamtes Gebiet, lebt einzeln oder in kleinen Gruppen.

Anampses twistii   Praslin, Seychellen

Junkerlippfische Corinae - **LABRIDAE**

Gelbschwanz-Junker
Yellowtail wrasse
Länge: bis zu 22 cm.
Verbreitung: gesamtes Gebiet und RM. Tiefe: 4 - 60 m.
Allgemein: es ist dem UW-Fotograf ein besonderes Vergnügen, wenn sich Weibchen dieser Art in kleinen, lockeren Gruppen in korallenreichen Gebieten sammeln, wie auf dem großen Foto rechts zu sehen ist. Die gelbschwänzigen Weibchen sind dauernd in Bewegung und stoppen nur, um wirbellose Beute vom Boden aufzunehmen. Das dunkel gefärbte Männchen (kleines Foto unten) ist viel seltener. Es lebt meist einzeln, schließt sich aber manchmal einer Weibchengruppe an; dann wird seine Färbung zur Balz leuchtend.

Anampses meleagrides Beau Vallon, Seychellen

Hardwickes Junker
Six-barred wrasse
L: bis zu 20 cm. V: ges. Gebiet, nicht im RM. T: 1 - 25 m. A: Adulte werden meist einzeln angetroffen, wie auf dem großen Foto zu sehen ist, ein Glücksschuß beim Üben der Halb-und-Halb-Fotografie. Dieser Lippfisch testete die Brennweite des Kameraobjektivs, er schwamm nur 5 cm davor(!) Die Art lebt sowohl in Küstenriffhabitaten als auch entlang Außenriffen nahe Dropoffs und Lagunen, im Flachwasser, auch in der Gezeitenzone. Juvenile leben in kleinen Gruppen versteckt in Algen- und Seegrashabitaten. Vor der Paarung sieht man Adulte in mittelgroßen, lockeren Verbänden, oft mit mehreren Männchen.

Thalassoma hardwicke Ari Atoll, Malediven

Junkerlippfische — Corinae - LABRIDAE

Mondsichel-Junker
Moon wrasse
L: bis zu 25 cm. V: gesamtes Gebiet, RM. T: 1 - 25 m. A: oft in Haremsgruppen über Riffen. Einer der häufigsten Lippfische. Kann Tauchern gegenüber sehr neugierig sein. Frißt Wirbellose, aber auch kleine Fische. Großes Foto: Männchen; kleines Foto unten: Weibchen.

Thalassoma lunare — Hikkaduwa, Sri Lanka

Putz-Junker
Two-tone wrasse
L: bis zu 16 cm. V: gesamtes Gebiet. T: 0,5 - 15 m. A: lebt in flachen Lagunen und Außenriffen. Frißt Plankton und Bodenwirbellose. Bei den Malediven auf das Putzen der riesigen Mantarochen spezialisiert. Großes Foto: Männchen; kleines Foto unten: juvenil.

Thalassoma amblycephalum — Ari Atoll, Malediven

Blaurücken-Junker
Blueback wrasse
Länge: bis zu 20 cm. Verbreitung: Maskarenen bis Südafrika. Tiefe: 5 - 25 m. Allgemein: dieser Lippfisch findet sich gruppenweise bei Fleckriffen. Wie alle Arten der Gattung ist er ein schneller Schwimmer. Großes Foto: Männchen; kleines Foto unten: Weibchen.

Thalassoma genivittatum — Mauritius

Junkerlippfische   Corinae - LABRIDAE

Weihnachts-Junker
Christmas wrasse

Länge: bis zu 30 cm.
Verbreitung: gesamtes Gebiet.
Tiefe: 2 - 25 m. Allgemein: dieser farbenfrohe Lippfisch findet sich meist in der Brandungszone von Fels- und Korallenriffen. Er ist sehr scheu und daher schwierig zu fotografieren. Oft als *T. purpureum* fehlbestimmt, Weibchen beider Arten ähneln sich in der Färbung, aber dem Kopf männlicher *T. trilobatum* fehlen Streifen, wie auf dem Foto zu sehen ist. Die Art lebt auch tiefer als ihre ständig schwimmende Schwesterart. Beide Arten werden oft mit Papageifischen verwechselt.

Thalassoma trilobatum   Sodwana Bay, Südafrika

Halsband-Junker
Goldbar wrasse

Länge: bis zu 25 cm, meist bis 21 cm.
Verbreitung: Ostafrika bis Südafrika und Malediven.
Tiefe: 1 - 30 m.
Allgemein: diese häufige Lippfischart lebt in Fels- und Korallenriffen, auch in flachen Gezeitentümpeln. Sie ernährt sich hauptsächlich von hartschaligen Bodenwirbellosen und ist nicht scheu, umrundet sogar oft die Taucher. Das Foto zeigt ein Männchen, den Weibchen fehlt das auffällige gelbe Band.

Thalassoma hebraicum   Beau Vallon, Seychellen

Vogel-Lippfisch
Bird wrasse

L: bis zu 30 cm. V: ges. Gebiet, RM. T: 2 - 30 m. A: meist in korallenreichen oder felsigen Riffgebieten. Typisch sind die wippende Schwimmweise und die verlängerte Schnauze zum Absuchen von Zweigkorallen nach kleinen Krebsen. Großes Foto: Männchen; unten: Weib.

Gomphosus caeruleus   Flic en Flac, Mauritius

Junkerlippfische Corinae - LABRIDAE

Halichoeres cosmetus — Lhaviyani Atoll, Malediven

Kosmetik-Junker
Adorned wrasse
L: bis zu 13 cm. V: Ostafrika bis Chagos und Malediven. T: 2 - 30 m. A: auf Korallen- und Felsriffen. Schläft nachts im Sand eingegraben. Foto: Männchen. Unten: **Vroliks Junker** *H. vrolikii*, 12 cm, Seychellen bis Andamanensee, 1 - 20 m, in kleinen lockeren Gruppen.

Halichoeres leucoxanthus — Male Atoll, Malediven

Indischer Kanarien-Junker
Indian canary wrasse
L: bis zu 12 cm. V: Malediven, Sri Lanka. T: 10 - 60 m. A: an Außenriffen, meist unter 20 m. Färbung typisch. Folgt Meerbarben, um von ihnen aufgestöberte Beutetiere zu fangen. Unten: **Schachbrett-Junker** *H. hortulanus*, 27 cm, gesamtes Gebiet, 1 - 30 m.

Zickzack-Junker
Zigzag wrasse
L: bis 20 cm. V: ges. Gebiet, RM. T: 1 - 50 m. A: in lockeren Gruppen mit einem großen, bunten Männchen in Lagunen nahe Riffen. Folgt Meerbarben und Straßenkehrern wegen der Nahrung. Unten: männl. **Streifen-Junker** *H. marginatus*, bis 17 cm, ges. Gebiet, 1 - 30 m.

Halichoeres scapularis — Beau Vallon, Seychellen

Junkerlippfische   Corinae - LABRIDAE

Streifen-Bannerlippfisch
Barred thicklip wrasse
Länge: bis zu 50 cm. Verbreitung: gesamtes Gebiet und Rotes Meer. Tiefe: 1 - 18 m. Allgemein: Adulte dieser distinkten Lippfischart leben in lockeren Gruppen auf seichten Korallenriffkronen, Hängen und Geröllflächen. Ihre Färbung variiert von grün bis schwarz, immer mit helleren, senkrechten Streifen (mindestens einer wie auf dem Foto). Während der Balz wechselt das Männchen die Kopffärbung und zeigt dann eine hufeisenförmige Wangenzeichnung. Juvenile leben versteckt, kleine zwischen Seeigelstacheln.

Hemigymnus fasciatus   Beau Vallon, Seychellen

Großzahn-Junker
Vermiculate wrasse
Länge: bis zu 13 cm. Verbreitung: Westindik und Rotes Meer, ostwärts bis Malediven und Mauritius. Tiefe: 1 - 30 m. Allgemein: diese häufige, aber hübsch gefärbte Lippfischart bewohnt Lagunen mit Mischböden aus Korallen, Geröll und Sand, auch halbgeschützte Riffe reich an Wirbellosen. Sie trägt zwei Paar lange Fangzähne im Oberkiefer. Alle Phasen können leicht an ihren typischen Färbungen erkannt werden: Männchen (großes Foto unten) mit Harems von Weibchen (großes Foto oben). Juvenile (kleines Foto unten: kleines Jungtier) fressen oft in Gruppen mit den Weibchen.

Lippfische wechseln während ihres Lebens das Geschlecht. Die meisten Arten sind protogyne Hermaphroditen, das heißt, Männchen entwickeln sich zuerst als Weibchen. Es gibt aber auch Primär-Männchen, die als solche geboren werden, im Gegensatz zu Sekundär-Männchen, die zuerst Weibchen sind und später zu Männchen werden.

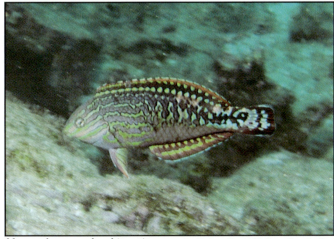

Macropharyngodon bipartitus   alle Fotos: Beau Vallon, Seychellen

185

Putzerlippfische   Labrichthyinae - LABRIDAE

Zweifarb-Putzerlippfisch
Bicolor cleaner wrasse

L: bis zu 14 cm. V: ges. Gebiet. T: 2 - 20 m. A: Juvenile und Subadulte mit Putzerstationen an Überhängen. Adulte sind die Nomaden unter den Putzern, sie schwimmen auf der Suche nach Kundschaft eine große Rifffläche ab. Links: adult; unten: in einer Muränenkieme.

Labroides bicolor — South Male Atoll, Malediven

Brustfleck-Putzerlippfisch
Blackspot cleaner wrasse

Länge: bis zu 8 cm. Verbreitung: in unserem Gebiet nur bei Christmas Island, Ostindik. Sonst weiter ostwärts im Pazifik verbreitet. Tiefe: 2 - 28 m. Allgemein: dieser kleine Putzerlippfisch lebt meist paarweise im klaren Wasser von Außenriffen und in Lagunen mit reichem Korallenwuchs. Er ist durch die Färbung leicht von anderen Arten der Gattung zu unterscheiden. Trägt einen schwarzen Fleck an der Brustflossenbasis (Name).

Labroides pectoralis — Christmas Island

Gewöhnlicher Putzerlippfisch
Common cleaner wrasse

L: bis zu 11 cm. V: gesamtes Gebiet, RM. T: 0,5 - 40 m. A: der häufigste Putzerfisch. Das Längsstreifenmuster der Putzerlippfische macht sie ihrer Fischkundschaft kenntlich. Unten: die Art beim Putzen von *Paracanthurus hepatus*.

Labroides dimidiatus — Negombo, Sri Lanka

PAPAGEIFISCHE   SCARIDAE

Büffelkopf-Papageifisch
Humphead parrotfish
L: bis zu 120 cm. V: ges. Gebiet, RM. T: 1 - 30 m. A: die weitverbreitete Art lebt einzeln oder in kleinen Gruppen auf den Flächen und Dropoffs von Saum- und Außenriffen. Der größte aller Papageifische ist scheu, aber leicht an Größe und Stirnbuckel zu erkennen, der sich während des Wachstums entwickelt. Das große Foto zeigt ein typisches Merkmal vieler Papageifische: die Vorderzähne jedes Kiefers sind verschmolzen und dienen dem Abbrechen von Korallen (diese Zahnplatten ähneln einem Papageienschnabel, Name). Die Korallenstücke werden durch flache Zähne hinten im Maul sehr fein zermahlen. Das Brechen und Zermahlen der harten Steinkorallen kann man unter Wasser deutlich hören. Bei der Darmpassage wird das organische Material (Algen, Korallengewebe) verdaut, neuer Korallensand wird ausgeschieden. Papageifische sind die Haupterzeuger von Sand in Riffgebieten. Wie die verwandten Lippfische wechseln sie Geschlecht (und Färbung).

Bolbometopon muricatum   Praslin, Seychellen

Fransenschwanz-Papageifisch
Ragged-tail parrotfish
L: bis zu 44 cm. V: Sri Lanka. T: 5 - 20 m. A: dieser buckelköpfige Papageifisch gehört zu einer Gruppe von drei sehr ähnlichen Arten, wurde erst kürzlich aus Sri Lanka beschrieben und ist nur von dort bekannt. Lebensraum sind küstennahe Fels- und Korallenriffe, besonders tiefe Felsriffe. Die scheue Art lebt solitär und frißt Algen, die vom Hartsubstrat geschabt werden. Sehr ähnlich *C. cyanescens* (siehe nächste Seite), aber ohne den gelbgrünen Sattelfleck hinten auf dem Körper.

Chlorurus rhakoura   Dickwella, Sri Lanka

PAPAGEIFISCHE   SCARIDAE

Blaukopf-Papageifisch
Blue humphead parrotfish
L: bis zu 50 cm. V: Sansibar bis Natal, Mauritius, Madagaskar. T: 8 - 30 m. A: nicht selten, aber Verbreitung klein. Unten: **Rostkopf-Papageifisch** *Scarus ferrugineus*, 40 cm, gesamtes Gebiet, RM, 1 - 60 m, auf Korallenriffhängen. Zahnplatten blaugrün. Juv. ähnelt Weibchen.

Chlorurus cyanescens   KwaZulu-Natal

Kugelkopf-Papageifisch
Bullethead parrotfish
Länge: bis zu 40 cm. Verbreitung: gesamtes Gebiet und Rotes Meer. Tiefe: 1 - 25 m. Allgemein: die häufige Art bewohnt offene Geröllflächen der Riffplattformen und Riffhänge. Großes Foto: Männchen; kleines Foto: Weibchen.

Scarus sordidus   Mauritius

Indischer Buckelkopf
Indian Parrotfish
L: bis zu 70 cm. V: Ostafrika, Maskarenen, Seychellen, Malediven, Chagos. T: 2 - 35 m. A: einzeln oder paarweise in Lagunen und auf Außenriffen, selten in Schulen. Männchen (links) mit gelbem Wangenfleck, Kopfmuster variabel. Kleines Foto unten: Weibchen.

Scarus strongylocephalus   Ari Atoll, Malediven

PAPAGEIFISCHE   SCARIDAE

Nasenhöcker-Papageifisch
Ember Parrotfish
Länge: bis zu 66 cm.
Verbreitung: gesamtes Gebiet.
Tiefe: 1 - 30 m. Allgemein: dieser Papageifisch bewohnt Lagunen und Außenriffe. Man sieht ihn einzeln, paarweise oder in Haremsgruppen. Juvenile haben zwei undeutliche dunkle Flecken auf den hinteren Außenschuppen der Schwanzflosse und eine blasse Stelle vor der Rückenflosse. Einzeln auf seichten bis tiefen Riffkronen. Adulte mischen sich manchmal mit anderen Papageifischarten, um in Schulen zu fressen. Das schöne obere große Foto zeigt eine Weibchengruppe mit ihrem männlichen Haremsmeister. Das untere große Foto ist das Portrait eines Männchens, das in einer Spalte hinter Weichkorallen ruht. Das kleine Foto unten zeigt eine große Weibchenschule, die über einem Riffhang schwimmt.

Wie die verwandten Lippfische sind Papageifische protogyne Hermaphroditen. Nach der bei vielen Arten deutlich verschieden gefärbten Juvenilphase entwickeln sie sich zu Weibchen (Initialphase), später zu Männchen (Terminalphase) mit völlig anderem Farbmuster, meist eine Mischung von brillianten Kontrastfarben, obwohl Blau oder Grün oft dominieren. Die Identifizierung der unauffälligeren Weibchen ist oft nur durch die Beobachtung von Interaktionen mit Männchen möglich.

Die Familie Papageifische umfaßt 9 Gattungen und etwa 80 Arten, von denen sich die meisten ernähren, indem sie mit ihren Zahnplatten Algen von Hartsubstraten (Korallen und Fels) schaben. Da diese Fische in Korallenriffen häufig sind und oft in dichten, großen Schulen fressen, sind sie eine wichtige Komponente der Lebensgemeinschaft im Riff.

Similan Islands, Thailand

Scarus rubroviolaceus Richelieu Rock, Thailand

189

PAPAGEIFISCHE   SCARIDAE

Blauband-Papageifisch
Bluebarred parrotfish
L: bis zu 75 cm. V: gesamtes Gebiet, RM. T: 1 - 70 m. A: häufig in diversen Habitaten, auch tief, schwimmt eher in siltige Gebiete als andere Papageifische. Zahnplatten blaßrosa. Foto links: Männchen. Unten: *S. frenatus*, 47 cm, gesamtes Gebiet, 2 - 25 m, Algenfresser.

Scarus ghobban — Similan Islands, Thailand

Masken-Papageifisch
Bicolour parrotfish
Länge: bis zu 90 cm. Verbreitung: gesamtes Gebiet und Rotes Meer. Tiefe: 1 - 30 m. Allgemein: eine große Art der Korallenriffe, oft paarweise zu sehen. Territoriale Männchen mit Harems, die Weibchen eines Harems sind aber meist weit über das Territorium im Riff verteilt. Diese Art ist ein gutes Beispiel für einen Papageifisch mit deutlich verschiedenen Phasen, jede mit einer eigenen, typischen Farbtracht: das große Foto in der Mitte zeigt ein Männchen, das große Foto unten zwei Juvenile, das kleine Foto unten ein Weibchen.

Das Ablaichen der Papageifische geschieht meist in der Abenddämmerung. Dazu versammeln sich die meisten Arten an geeigneten Stellen, wo die pelagischen Eier mit der Strömung ins offene Wasser driften können. Pelagische Eier bedeuten weite Verbreitung. Nach dem Schlüpfen sind die Larven Teil des Zooplanktons, die Postlarven werden mit 12 - 15 mm zu Juvenilen.

Ari Atoll, Malediven

Cetoscarus bicolor — Beau Vallon, Seychellen

BARRAKUDAS   SPHYRAENIDAE

Jello-Barrakuda
Pickhandle barracuda
Länge: bis zu 140 cm.
Verbreitung: gesamtes Gebiet und RM. Tiefe: 1 - 33 m.
Allgemein: wie auf den Fotos zu sehen ist, hat diese Barrakuda-Art wie S. flavicauda (siehe nächste Seite) eine gelbe Schwanzflosse, aber deutlichere dunkle Vertikalstreifen. Die scheue diurnale (tagaktive) Art lebt einzeln oder in kleinen Gruppen.

Die größeren Barrakuda-Arten können recht neugierig sein und nahe an Taucher herankommen, aber bei guter Sicht und unprovoziert sind sie nicht gefährlich, trotz all der Horrorgeschichten über die eindrucksvollen Zähne dieser Raubfische.

Sphyraena jello　　　　　　　　　　　Male Atoll, Malediven

Forsters Barrakuda
Forster's barracuda
Länge: bis zu 65 cm.
Verbreitung: gesamtes Gebiet, nicht im Roten Meer.
Tiefe: 2 - 300 m.
Allgemein: die Art lebt meist in Schulen an Außenriffen und in Lagunen. Große Adulte sind solitär. Die dunkle Brustflossenbasis ist typisch. Forsters Barrakuda fehlen die Vertikalstreifen, die für die meisten anderen Familienmitglieder so typisch sind. Es gibt etwa 20 Arten in dieser Familie mit weltweiter Verbreitung in tropischen und warmen Meeren. Über ihre Reproduktion weiß man wenig, aber sie scheinen sich in großen wandernden Schulen zu sammeln, um bei Vollmond abzulaichen.

Sphyraena forsteri　　　　　　　　　　Gaafu Atoll, Malediven

BARRAKUDAS　　　　　　　　　　　　　　SPHYRAENIDAE

Sphyraena qenie — Mauritius

Querbänder-Barrakuda
Blackfin barracuda
L: bis zu 130 cm. V: gesamtes Gebiet und RM. T: 10 - 90 m. A: einer der häufigsten Barrakudas in unserem Gebiet. Nachtaktiv, in großen, dichten Schulen, typisch sind etwa 20 dunkle Vertikalbänder und ein schwarzer Schwanzflossenrand. Unten: juvenil (etwa 15 cm).

Sphyraena barracuda — Lhaviyani Atoll, Malediven

Großer Barrakuda
Great barracuda
L: bis zu 190 cm. V: gesamtes Gebiet, RM. T: 3 - 100 m. A: Juvenile in Gruppen in Mangroven- und geschützten, seichten Innenriffgebieten. Solitäre Adulte mit charakteristischen dunklen Flecken auf dem pfeilförmigen Körper. Kleines Foto unten: juvenil (etwa 30 cm).

Sphyraena flavicauda — Cosmoledo, Seychellen

Gelbschwanz-Barrakuda
Yellowtail barracuda

Länge: bis zu 45 cm.
Verbreitung: gesamtes Gebiet und Rotes Meer.
Tiefe: 5 - 70 m.
Allgemein: der relativ kleine Gelbschwanz-Barrakuda lebt in Schulen in Lagunen und an Außenriffen. Er kann an seiner gelblichen Gesamtfärbung erkannt werden, die auf Schwanzstiel und Schwanzflosse besonders kräftig ausgeprägt ist (vergleiche das Foto mit denen des ebenfalls gelblichen *S. jello* auf der Vorseite).

MEERÄSCHEN MUGILIDAE

Stumpfmaul-Meeräsche
Fringelip mullet
L: bis zu 60 cm. V: ges. Gebiet, RM. T: 0,5 - 10 m. A: in Schulen von bis zu 100 Individuen im Flachwasser. Frißt wie alle Familienmitglieder Detritus und Algen, die mit den dicken Lippen vom Substrat geschabt werden; beim Fressen strömt Sand aus den Kiemen (unten).

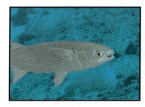

Crenimugil crenilabis Praslin, Seychellen

SANDBARSCHE PINGUIPEDIDAE

Gefleckter Sandbarsch
Spotted sandperch
L: bis zu 13 cm. V: Ostafrika bis Seychellen und Mauritius. T: 2 - 21 m. A: gelbgerandeter schwarzer Fleck auf der ersten Dorsale. U: **Malediven-Sandbarsch** *P. signata*, 11 cm, Maled., 12 - 35 m, orange Bauchflecken.

Parapercis punctulata Mary Anne Island, Seychellen

Vielpunkt-Sandbarsch
Black-dotted sandperch
L: bis zu 18 cm. V: Malediven ostwärts. T: 3 - 50 m. A: weiße Flecken auf Schwanz-, Bauchflossen. Alle Familienmitglieder lauern bewegungslos auf Beute, die in das große Maul eingesaugt wird. U: **Schwanzfleck-Sandbarsch** *P. hexophthalma*, 26 cm, ges. Geb., RM, 2 - 22 m.

Parapercis millepunctata Beau Vallon, Seychellen

SEX IM RIFF

Das Spiel des Lebens hat letztlich nur ein Ziel: die Vermehrung. Um diese zu gewährleisten, sind wir mit einem starken Sexualtrieb ausgestattet. Das gilt für jede Generation und für jedes Individuum. Sex ist für Meeresschnecken und Seescheiden genauso wichtig wie für uns. Allerdings erfreuen sich die Riffbewohner einer Vielfalt an Sexualpraktiken, die sogar die eines fantasievollen menschlichen Sexprotzes in den Schatten stellt. Unter den häufigen und scheinbar unschuldigen Bewohnern des Indischen Ozeans gibt es Hermaphroditen, Transsexuelle, Monogame, Polygame, Orgiasten, Haremsmeister und Dominas. Alles ist erlaubt, solange es funktioniert!

Fische liefern Beispiele für viele Sexualpraktiken. Bei Papageifischen, Lippfischen und Zackenbarschen ist es für Jungfische normal, zuerst Weibchen zu sein und später, wenn sie größer werden, sich zum Männchen umzuwandeln. Umgekehrt entwickeln sich Anemonenfische zuerst als Männchen. Das größte Individuum auf einer Anemone wird zum dominanten Weibchen. Dessen Anwesenheit blockiert die kleineren Männchen: erst nachdem es gestorben ist, kann sich eines der Männchen in ein Weibchen ver-

Eine Geweihkorallenkolonie *Acropora* sp. entläßt Eier und Spermienbündel während des alljährlichen Massenlaichens.

wandeln und die Spitzenposition einnehmen.

Fische können sich normalerweise frei bewegen; einen Partner zu finden, ist also kein Problem. Für kleine und langsame Wirbellose wie Meeresnacktschnecken und Plattwürmer kann das simple Auffinden eines möglichen Partners in der Weite des Korallenriffs jedoch zu einem größeren Problem werden. Wie sie es dennoch schaffen,

Auch dieser große Schwamm entläßt seine Geschlechtsprodukte zusammen mit anderen Artgenossen ins Wasser.

ist in vielen Fällen noch ein Geheimnis. In anderen muß zuerst eine gute Mahlzeit als Vorspiel zum Sex gefunden werden. Viele Nacktschnecken haben sehr spezifische Beute, zum Beispiel fressen manche nur ganz bestimmte Seescheiden, andere nur ganz spezielle Schwammarten.

Nachdem der weibliche Malediven-Anemonenfisch *Amphiprion nigripes* seine Eier auf Hartsubstrat direkt neben der Wirtsanemone abgelegt hat, werden diese sofort vom kleineren Männchen besamt.

Wenn eine Nacktschnecke mit Hilfe ihres hochentwickelten Geruchssinns Nahrung finden kann, hat sie eine gute Chance, daß auch ein weiterer Vertreter ihrer Art auftauchen wird. Erscheinen aber zwei Tiere gleichen Geschlechts an derselben Futterquelle, ist Sex ausgeschlossen. Da ist es hilfreich, Zwitter zu sein: Nacktschnecken haben männliche und weibliche Sexualorgane, wenn sich also zwei treffen, können sie sich sofort paaren.

Während Nacktschnecken und ähnliche Tiere ihre Probleme haben, sind die sessiler Organismen (Korallen, Schwämme) sogar noch größer. Sie sitzen fest ohne die geringste Chance, sich einem Partner sanft zu nähern. Ihnen bleibt nur, Eier oder Sperma ins Wasser zu entlassen und auf Befruchtung zu hoffen. Um die Chancen dafür zu optimieren, laichen alle Individuen

Ein Paar des Kartoffel-Zackenbarsches *Epinephelus tukula* zeigt intimes Balzverhalten.

einer Art gleichzeitig. Dieses synchrone Laichen wird von einer ausgefeilten inneren Uhr gesteuert, die von Umweltreizen eingestellt ist. Am westaustralischen Ningaloo-Riff, dem östlichen Ende des Indischen Ozeans, laichen viele Steinkorallen jedes Jahr gleichzeitig im März. Die Korallen können den Laichvorgang synchronisieren, indem sie Eier und Spermien während parallel sinkender Tageslängen und Wassertemperaturen im australischen Herbst reifen lassen. Tatsächlich wird nachts gelaicht, eine Woche nach Vollmond. Eine Ausnahme

Born to be wild: ein weiblicher Grauer Riffhai mit den eindrucksvollen Malen einer kürzlichen Paarungsorgie.

vom Grundmuster gemeinsamen Laichens bei sessilen Tieren bilden die Seepocken. Diese stark abgewandelten Krebstiere haben eine innere Befruchtung. Sie leben meist in dichten Kolonien, so daß es für eine Seepocke leicht ist, den Nachbarn zu befruchten, vorausgesetzt, ihr Penis ist lang genug. Tatsächlich hat die unscheinbare Seepocke - relativ zur Körpergröße - den längsten Penis im bekannten Universum!

Die Nacktschnecke *Nembrotha megalocera* hat mit der Partnerfindung keine Probleme: immer, wenn einer dieser Zwitter einen anderen trifft, z. B. an einer Nahrungsquelle, können sie sich paaren.

195

"Laß mich in Ruhe!" Die weibliche Krake verläßt ihr Versteck, doch das Männchen folgt ihr unbenommen.

Eine Krakenhochzeit - hier beobachtet vor Beau Vallon, Seychellen, an der weit verbreiteten Art *Octopus cyanea* - ist oft eine komplizierte Sache. Anfangs zeigt die dunkle, einheitliche Färbung des Weibchens ihr absolutes Desinteresse an einem Partner an. Ein Männchen sitzt hinter ihr und verdeutlicht seine Absichten durch ein Aufblitzen der weißgefleckten Hautoberfläche.

Die Aussichten des Männchens bessern sich offensichtlich schnell: kaum hält das Weibchen inne, streckt das Männchen einen seiner acht Arme aus, um die Angebetete ausgiebig zu streicheln. Genau dieser Arm ist zu einem Begattungsorgan umgewandelt, der später ein Spermienpaket in die Körperhöhle des Weibchens überträgt. Dieser spezialisierte Arm wird Hectocotylus genannt und ist Merkmal aller Kopffüßermännchen.

Das Streicheln hat gewirkt: nun ist auch das Weibchen erregt, was man an der geänderten Färbung gut erkennt. Unter heftigem "Blitzen" führt das Männchen seinen "Zauberarm" ein.

Fast wie im richtigen Leben: das Weibchen hat Gefallen am "Zaubern" gefunden und zieht nun ihrerseits das Männchen in ihr Versteck. Der Fotograf zieht sich ergriffen zurück.

SCHLEIMFISCHE   BLENNIIDAE

Neonaugen-Wippschwimmer
Midas blenny
L: bis zu 13 cm. V: ges. Gebiet, RM. T: 2 - 30 m. A: mit gelben bis blauen Farbvarianten. Frißt Plankton, oft zusammen mit Fahnenbarschen. Siehe auch Vorseite. Schleimfische sind eine große, komplexe Familie meist kleiner Arten mit über 50 Gattungen und 300 Arten, fast alle in tropischen Gewässern, alle mit schuppenloser, schleimiger Haut. Ihre Bezahnung ist kammartig, einige Arten haben vergrößerte Fangzähne. Es gibt verschiedene Unterfamilien, jede mit diversen Tribus (Stämmen).

Ecsenius midas   Mentawai Islands, Sumatra

Zweifarben-Wippschwimmer
Two-colour blenny
L: bis zu 11 cm. V: Malediven ostwärts. T: 1 - 25 m. A: auf Fels oder Korallen auf klaren Außenriffkronen, auch in Lagunen. Farbvariante (nicht geschlechtsabhängig): oben dunkel, Bauch weiß. Territorien durch Scheinkämpfe abgesteckt.

Ecsenius bicolor   Lhaviyani Atoll, Malediven

Längsstreifen-Wippschwimmer
Lined blenny
L: bis zu 10 cm. V: Malediven ostwärts. T: 1 - 30 m. A: in geschützten tiefen Lagunen mit einzelnen Korallenköpfen, oben auf Korallen oder Felsen sitzend. Färbung variabel: mit dunklem Längsband oder Band zu Punktreihe aufgelöst (siehe Fotos).

Ecsenius lineatus   Male Atoll, Malediven

SCHLEIMFISCHE   BLENNIIDAE

Augenfleck-Wippschwimmer
Eyespot blenny

L: bis zu 5 cm. V: Andamanensee ostwärts. T: 1 - 5 m. A: auf veralgten Steinen. Augenflecken typisch.

Die meisten Schleimfischarten sind territorial und leben in kleinen Felslöchern oder in leeren Wurmröhren oder Schalen. Die Männchen locken trächtige Weibchen durch Tänze und bunte Flossen zu ihrem Heim. Darin werden die Eier abgelaicht, besamt und dann vom Männchen bewacht. Nach wenigen Wochen schlüpfen die planktonischen Larven (2 mm, Schlupf an Gezeiten gekoppelt).

Ecsenius paroculus — Richelieu Rock, Thailand

Halsband-Wippschwimmer
Collar blenny

L: bis zu 5 cm. V: nur Malediven. T: 5 - 25 m. A: scheu, endemisch, auf Geröll oder toten Korallen. Typisch: Reihe blasser Flecken auf dem bräunlichen Körper und ein dunkler Strich auf dem Kiemendeckel. Auge oft mit Sternmuster.

Ecsenius minutus — South Male Atoll, Malediven

Ohrfleck-Schleimfisch
Earspot blenny

Länge: bis zu 9 cm. Verbreitung: gesamtes Gebiet, nicht im Roten Meer. Tiefe: 1 - 20 m, oft unter 10 m. Allgemein: lebt in seichten Außenriffen und sitzt auf Korallenköpfen (im Foto auf *Millepora*-Feuerkoralle). Verteidigt ein Territorium gegen Artgenossen. Leicht an einem gelbgerandeten dunkelblauen "Ohrfleck" zu erkennen. Die typischen Cirri über den Augen der Schleimfische sind bei den Arten von *Cirripectes* verzweigt (kammartig, "Wimpern").

Cirripectes auritus — Mosambik

199

SCHLEIMFISCHE   BLENNIIDAE

Aspidontus taeniatus — Flic en Flac, Mauritius

Mimikry-Säbelzahn-Schleimfisch
Mimic sabretooth blenny
L: bis zu 11 cm. V: gesamtes Gebiet, RM. A: einige Schleimfische imitieren andere Fischarten, einschließlich anderer Schleimfische. Die bekannteste ist die Kopie des Putzerlippfischs *Labroides dimidiatus*. Säbelzahnschleimfische greifen andere Fische hoch über dem Substrat an und fressen äußere Teile (Schuppen, Flossen, Hautteile, Schleim), dabei imitieren sie harmlose Arten. Der Unterschied zum Modell besteht im nicht endständigen (subterminalen) Maul. Seltenes Gruppen-Foto.

Plagiotremus tapeinosoma — Beau Vallon, Seychellen

Piano-Säbelzahn-Schleimfisch
Scale-eating sabretooth blenny
L: bis zu 14 cm. V: gesamtes Gebiet, RM. T: 1 - 20 m. A: einzeln oder in kleinen Gruppen, oft in der Nähe ähnlich aussehender Planktivoren, um größere Fische anzugreifen. Beißt Flossen- oder Schuppenteile und Schleim ab und verschwindet dann schnell im Korallendickicht, wenn das wütende Opfer ihn verfolgt. Von Angriffen auf Taucher und Schnorchler wurde berichtet. Auf dem Foto mit dem **Blaustreifen-Säbelzahn-Schleimfisch**, *P. rhinorhynchos*, bis zu 12 cm, ges. Gebiet, 1 - 40 m.

Plagiotremus phenax — Ari Atoll, Malediven

Aggressiver Säbelzahn-Schleimfisch
Imposter sabretooth blenny
L: bis zu 5 cm. V: Malediven ostwärts. T: 5 - 25 m. A: in geschützten Korallenriffen. Sehr ähnlich dem giftigen *Meiacanthus smithi* (nächste Art), daher unter Wasser leicht zu übersehen. Unterschied: ohne Augenstreifen.

SCHLEIMFISCHE   BLENNIIDAE

Malediven-Säbelzahn-Schleimfisch
Smith's fangblenny
Länge: bis zu 8 cm.
Verbreitung: Malediven ostwärts. Tiefe: 1 - 35 m.
Allgemein: in geschützten Klarwasser-Riffhabitaten mit grobem Geröll und gemischtem Algen- und Korallenwuchs. Auch auf Weichböden mit reichem Schwammbewuchs und anderen Wirbellosen sowie in Höhlen und Spalten von Dropoffs. Diese giftige Art wird von dem ungiftigen, aber Schuppen und Flossen fressenden *Plagiotremus phenax* (vorige Art) nachgeahmt. Merkmal: schwarzer, tarnender Augenstreifen.

Meiacanthus smithi   Nosy Be, Madagaskar

Mosambik-Säbelzahn-Schleimfisch
Mozambique fangblenny
Länge: bis zu 10 cm. Verbreitung: Ostafrika bis Madagaskar. Tiefe: 1 - 8 m. Allgemein: auf Geröll in Korallenriffen. *Meiacanthus*-Arten sind unter Fischen einzigartig durch ein Paar langer, gefurchter Fangzähne mit dazugehörigen Giftdrüsen im Unterkiefer.
 Siehe auch das Foto von **Frasers Säbelzahn-Schleimfisch** *M. fraseri* auf Seite 119, eine relativ seltene, endemische Art von bis zu 11 cm Länge, die nur bei St. Brandon (gehört zu Mauritius) zu finden ist.

Meiacanthus mossambicus   Mosambik

Blutstropfen-Felshüpfer
Blooddrop rockskipper
L: bis zu 13 cm. V: Malediven ostwärts. T: 0,5 - 6 m. A: die bunte Art lebt in leeren Wurmröhren auf Flachriffen und brandungsexponierten Außenriffkronen, versteckt sich zwischen Steinkorallen. Frißt Algen und winzige Wirbellose. Rote Punkte und Streifen typisch.

Istiblennius chrysospilos   Raa Atoll, Malediven

201

LEIERFISCHE — CALLIONYMIDAE

Ari Atoll, Malediven

Stern-Mandarinfisch
Starry dragonet
L: bis zu 6 cm. V: ges. Gebiet. T: 10 - 40 m. A: häufigste Art der Gattung im Gebiet. Ihr Sternmuster ist variabel. Großes Foto oben: Männchen; Mitte: anders gefärbtes Weibchen; kleines Foto unten (Similan Is., Thailand): ein weiteres Exemplar, vielleicht dieser Art.
  Die große Familie Leierfische hat mindestens 9 Gattungen und etwa 125 Arten, viele kleine in den Tropen, einige noch unbeschrieben. Alle haben breite, stachlige Köpfe; das Maul ist weit nach unten vorstreckbar. Haut zäh und schleimig, ohne Schuppen. Das Fleisch schmeckt schlecht und riecht streng (Stinkfisch). Alle Arten sind benthisch, viele meist im Sand eingegraben, andere leben im Riff, immer auf dem Substrat, über das sie mit den Flossen "hüpfen." Während des Laichens erhebt sich das Paar langsam über das Substrat, ihre Bauchflossen berühren sich dabei. Eier und Larven sind planktonisch. Adulte leben vom seichten Flachwasser bis in 400 m Tiefe, je nach Art.

Synchiropus stellatus — Flic en Flac, Mauritius

Diplogrammus infulatus — Grande Baie, Mauritius

Grüner Leierfisch
Sawspine dragonet

Länge: bis zu 12 cm.
Verbreitung: Ostafrika, Madagaskar, Maskarenen, auch südliches Rotes Meer.
Tiefe: 1 - 10 m.
Allgemein: dieser Leierfisch bewohnt Gezeitentümpel und algenbewachsene Felsen in seichten Lagunenriffen. Sein Farbmuster ist eine gute Tarnung im Habitat. Der erste Rückenflossenstrahl aller Leierfisch-Männchen ist stark verlängert.

| GRUNDELN | GOBIIDAE |

Dickaugen-Partnergrundel
Blotched partner goby
T: 10 - 20 m. V: ges. Gebiet, RM. L: bis zu 11 cm. A: meist einzeln, auch paarweise auf Korallengeröll. Lebt mit einem Paar Weißsattel-Knallkrebse *Alpheus ochrostriatus* in deren Höhle, aber auch mit anderen, grauen oder braunen Arten zusammen. Es gibt viele solcher Artenpaare von Partnergrundeln und Krebsen. Immer sucht der Fisch eine bestimmte Krebsart aus. Er übernimmt auch die Wächterrolle, da seine Augen die Sandfläche viel weiter überschauen können, als ihre fast blinden Krebs-Partner.

Amblyeleotris periophthalmus — Hikkaduwa, Sri Lanka

Wheelers Partnergrundel
Burgundy partner goby
T: 10 - 40 m. V: ges. Gebiet. L: bis 10 cm. A: Foto zeigt, wie Krebs mit Antenne Kontakt zur Grundel hält. U: Grundel am Ende des langen Grabgangs.

Amblyeleotris wheeleri — Komoren

Rosastreifen-Partnergrundel
Pinkbar partner goby
L: bis 11 cm. V: ges. Gebiet. T: 10 - 35 m. A: auf Sand und Geröll. Immer mit Randalls Knallkrebs *Alpheus randalli*. U: **Zielscheiben-Partnergrundel** *Cryptocentrus strigiliceps*, 10 cm, ges. Gebiet, bis etwa 10 m, mit grauen Knallkrebsen.

Amblyeleotris aurora — Similan Islands, Thailand

GRUNDELN GOBIIDAE

Schwarze Partnergrundel
Black partner goby
L: bis zu 10 cm. V: gesamtes Gebiet. T: 10 - 30 m. A: auf offenen Sandflächen und -hängen nahe Riffen, oft paarweise zusammen mit dem Blickfang-Knallkrebs *Alpheus bellulus*. Links: gelbe Form; unten (Mal.) die häufigere Variante: dunkel mit weißen Sattelflecken.

Cryptocentrus fasciatus — Myanmar

Luthers Partnergrundel
Luther's partner goby
L: bis zu 11 cm. V: Ostafrika, RM. T: 10 - 28 m. A: mit *Alpheus djiboutensis*. Der Krebs arbeitet ständig an der Höhle, benutzt die Vorderbeine als Schaufeln. Der Sand wird vor den Beinen aus der Höhle geschoben, an der Grundel vorbei, zu der der Krebs die ganze Zeit mit mindestens einer Antenne Kontakt hält. Wenn sich etwas nähert, verschwindet die Grundel sofort in der Höhle und mit ihr der Krebs. Erst wenn der Fisch zurück auf seinem Posten ist - Schwanz in der Höhle - nimmt der unermüdliche Baumeister seine Arbeit wieder auf.

Cryptocentrus lutheri — Grande Baie, Mauritius

Gepunktete Partnergrundel Sandy partner goby
L: bis 7 cm. V: ges. Gebiet. T: 4 - 25 m. A: mit *A. djiboutensis*. Unten: **Fächer-Partnergrundel** *Flabelligobius latruncularius*, 10 cm, Westindik, RM, 20 - 40 m, auf Sand und Geröll. Erste Rückenflosse groß, bei Männchen mit Faden. Oft einzeln, lebt zusammen mit *A. randalli*.

Ctenogobiops feroculus — Ari Atoll, Malediven

GRUNDELN   GOBIIDAE

Hochflossen-Partnergrundel
Tall-fin partner goby
L: bis zu 4,5 cm. V: Westindik; selten, erst kürzlich bei den Malediven entdeckt. T: 20 - 40 m. A: diese spektakuläre Grundelart lebt auf Sand und feinem Geröll. Sofort an der dunklen Körperfärbung und der großen ersten Rückenflosse zu erkennen, die bei Männchen (Foto) viel höher ist. Lebt mit mindestens zwei Arten von Knallkrebsen zusammen, dem rotgebänderten *Alpheus randalli* (seine Scheren sind auf dem Foto am Höhleneingang zu sehen) und dem weniger auffälligen *A. ochrostriatus*.

Vanderhorstia prealta — Ari Atoll, Malediven

Schwarzfaden-Partnergrundel
Black-ray partner goby
L: bis 6 cm. V: Andamanensee ostwärts. T: 8 - 40 m. A: auf Sand und strömungsreichen Geröllhängen. Paarweise über Höhle Zooplankton fressend. U: **Dracula-Partnergrundel** *S. dracula*, 7 cm, Bänder auch rot. Beide spp. mit *A. randalli*.

Stonogobiops nematodes — Similan Islands, Thailand

Innenfleck-Grundel
Inner-spot sand goby
L: bis zu 6 cm. V: Westindik. T: 2 - 15 m. A: Adulte mit verlängertem ersten Rückenflossenstrahl. U: **Langstachel-Grundel** *F. longispinus*, 7 cm, 9 - 18 m. Anders als die vorigen sind diese beiden Arten Sandgrundeln, die weniger auffällig ohne Krebs-Partner auf Sand leben.

Fusigobius inframaculatus — Chagos Islands

GRUNDELN   GOBIIDAE

Zitronengrundel
Lemon coral goby
L: bis zu 6,5 cm. V: ges. Geb., RM. T: 5 - 25 m. A: gelb mit dünnen, blauen Linien, Körper im Vergleich zu anderen Arten plump, durch Färbung und Habitat unverwechselbar: lebt ausschließlich in verzweigten *Acropora*-Korallen. Häufig in Lagunen, manchmal in Gruppen. Produziert wie seine Gattungsgenossen viel dicken, klebrigen Schleim, der bitter schmeckt und der Abwehr möglicher Räuber dient. Diese beiden Seiten zeigen versteckt lebende Riffgrundeln; zu ihnen gehören die bunteren und die kleinsten Grundelarten.

Gobiodon citrinus — Nosy Be, Madagaskar

Chagos-Zwerggrundel
Chagos pygmy goby

Länge: bis zu 2,5 cm. Verbreitung: nur von den Chagos Islands bekannt. Tiefe: 10 - 30 m. Allgemein: 1996 gelangte der Fotograf mit einer britischen Expedition zu den Chagos Islands (siehe auch CHAGOS, S. 92 - 94). Neben der Suche nach neuen Arten war ein weiteres Ziel, Fischarten zu finden, die während einer anderen Expedition 1989 bei dieser Inselgruppe nachgewiesen worden waren.

Trimma haima — Chagos Islands

Grüne Zwerggrundel
Green pygmy goby
L: bis zu 2,5 cm. V: Westindik. T: 1 - 15 m. A: häufig im Seichtwasser in diversen Riffhabitaten mit Geröll, Korallen und Algen. Typisch sind große rote Punkte und (unter Wasser) ein grünlicher Schimmer. Unten: eine andere, farbenfrohe *Eviota*-Art aus Thailand.

Eviota guttata — Richelieu Rock, Thailand

GRUNDELN   GOBIIDAE

**Gelbflecken-
Zwerggrundel**
Sebree's pygmy goby
L: 3 cm. V: ges. Gebiet, RM. T:
6 - 33 m. A: im klaren Wasser
von Riffwänden und -hängen.
Oft auf runden Korallenköpfen
sitzend, schießt zum Zooplanktonfang ins Freiwasser. Weitverbreitet, häufig. U: eine ähnliche
Eviota-Art von den Malediven.

Eviota sebreei   Ari Atoll, Malediven

Gorgonien-Zwerggrundel
Gorgonian goby
L: bis zu 4 cm. V: ges. Gebiet.
T: 5 - 53 m. A: die Arten der
Gattung leben und laichen auf
Gorgonien, Peitschenkorallen
und bestimmten *Acropora* spp.,
B. tigris auf *Antipathes dichoto-
ma, Juncella fragilis* und *J. juncea.*
U: **Violettaugen-Zwergg.** *B.
natans*, 2,5 cm, Farben typisch.

Bryaninops tigris   Raa Atoll, Malediven

**Peitschenkorallen-
Zwerggrundel**
Whip coral goby
L: bis 3 cm. V: ges. Gebiet. T:
10 - 40 m. A: paarweise auf
Cirripathes anguinea an strö-
mungsreichen Dropoffs. Unten:
Loki-Zwerggrundel *B. loki*,
3 cm, 3 - 30 m, häufig, je nach
Wirtsgröße (glatte Peitschenko-
rallen) in Paaren oder Gruppen.

Bryaninops youngei   Gaafu Atoll, Malediven

GRUNDELN   GOBIIDAE

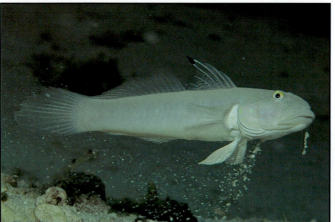

Blaupunkt-Schläfergrundel
Bluespotted sleeper goby
L: bis zu 16 cm. V: ges. Gebiet.
T: 3 - 25 m. A: auf feinem Sand
oder Silt in Lagunen. Paarweise
in Höhle unter Steinen, durch-
seiht Sand nach Nahrung. Unt.:
Doppelstreifen-Schläferg.
V. helsdingeni, 20 cm, 1 - 42 m,
paarweise in Sandhöhle. Diese
Seite zeigt Schläfergrundeln.

Valenciennea sexguttata   Lhaviyani Atoll, Malediven

Goldstirn-Schläfergrundel
Blue-streak sleeper goby
L: bis zu 18 cm. V: gesamtes
Gebiet. T: 6 - 25 m. A: häufig,
bewohnt große Grobsand-
flächen in Außenriffen. Paarweise oder in kleinen Gruppen
in Höhlen unter Felsen oder
Geröll. U: **Wards Schläfer-
grundel** *V. wardii*, 12 cm, 10 -
30 m, distinkt, selten, scheu.

Valenciennea strigata   Trinco, Sri Lanka

Weißband-Schläfergrundel
White-barred sleeper goby
L: bis zu 10 cm. V: ges. Gebiet.
T: 1 - 22 m. A: Färbung sehr
variabel, abhängig vom Habitat
(Riffhang, Seegraswiese, Lagu-
ne, Hafenbecken). Unten:
Pyjama-Höhlengrundel *A.
nocturnus*, 10 cm, ges. Gebiet,
1 - 30 m, Streifung typisch.

Amblygobius semicinctus   Chagos Islands

PFEILGRUNDELN — MICRODESMIDAE

Dekor-Schwertgrundel
Purple fire goby

Länge: bis zu 9 cm.
Verbreitung: Mauritius und Malediven ostwärts.
Tiefe: 27 - 70 m.
Allgemein: diese wunderschön gefärbte Pfeilgrundel ist eine Tiefwasserart, die meist über Geröll und Korallenblöcken, aber auch über Sandflecken oder feinem Geröll lebt. Typischerweise schwebt sie etwa einen halben Meter über dem Boden, die Schnauze in die Strömung gerichtet, um Planktonkrebse zu fangen, besonders Ruderfußkrebse (Copepoda). Die Art ist sehr scheu. Das große Foto oben zeigt die Art in einer erstaunlichen Schwimmhaltung beim Fressen. Das große Foto Mitte zeigt ein Paar zusammen, so wie man die Art meist sieht. Das kleine Foto unten wurde bei den Malediven geschossen, wo die Art selten ist.

Similan Islands, Thailand

Nemateleotris decora — Surin Island, Thailand

Pracht-Schwertgrundel
Red fire goby

L: bis zu 8 cm. V: gesamtes Gebiet, nicht RM. T: 6 - 61 m.
A: über Sandflecken, Geröll oder Hartgrund an der Riffbasis. Schwebt über dem Boden, um Zooplankton zu fressen, schießt bei Gefahr in ein Loch. Adulte paarweise, Juvenile in Gruppen in Spalten.

Nemateleotris magnifica — Praslin, Seychellen

PFEILGRUNDELN — MICRODESMIDAE

Schwanzfleck-Torpedogrundel
Tail-spot dart goby

Länge: bis zu 10 cm.
Verbreitung: gesamtes Gebiet und Rotes Meer.
Tiefe: 20 - 40 m.
A: meist über Sand und Geröll weit abseits des Riffs. Schwimmt beim Zooplanktonfang paarweise hoch über dem Grund. Blauer Körper und schwarzer Schwanzfleck sind typisch.
Die Familie Torpedogrundeln umfaßt 12 Gattungen und etwa 45 Arten, einige davon wurden früher zu den Gobiidae gezählt. Alle sind planktivor und bewohnen Habitate in moderater Strömung.

Ptereleotris heteroptera — Grande Baie, Mauritius

Perlen-Torpedogrundel
Green-eyed dart goby

L: bis zu 12 cm. V: gesamtes Gebiet. T: 1 - 10 m. A: in geschützten Lagunen auf Feinsand. Paarweise oder in kleinen Gruppen hoch über dem Grund. Unten: *P. grammica melanota*, 9 cm, nur bei den Maskarenen, 30 - 70 m.

Ptereleotris microlepis — Male Atoll, Malediven

Scherenschwanz-Torpedogrundel
Scissortail dart goby

L: bis 14 cm. V: ges. Gebiet, RM. T: 2 - 15 m. A: adult paarweise, juvenil in Gruppen. Entfernt sich bei Annäherung eher langsam, statt sofort in ihrem Loch zu verschwinden. Schwebt einige Meter über dem Grund, um Zooplankton zu fressen.

Ptereleotris evides — Aldabra, Seychellen

DOKTORFISCHE   ACANTHURIDAE

Weißkehl-Doktorfisch
Powder-blue surgeonfish

L: bis zu 23 cm. V: gesamtes Gebiet, im Ostindik selten, nicht RM. T: 1 - 30 m. A: diese typische Doktorfisch-Art des Indiks findet sich von der Brandungszone bis zu küstenfernen Flachriffen und Hängen, oft um Felsspitzen, die die Oberfläche durchstoßen. Juvenile können einzeln leben, aber Adulte sieht man oft in Gruppen; besonders bei den ozeanischen Inseln bilden sie enorme Schulen, wie auf den großen Fotos zu sehen. Sogar Schnorchler können die wirbelnden blauen Fische in einer Tiefe von nur einem Meter an den meisten Hausriffen der Malediven erleben. Die kleinen Fotos unten zeigen die normale Form bzw. einen Hybriden mit *A. nigricans* (siehe nächste Seite).

Doktorfische bilden eine große zirkumtropische Familie mit drei Unterfamilien. Die größte heißt Acanthurinae, umfaßt 4 Gattungen und etwa 50 Arten. Diese haben einen einzelnen festen Dorn auf jeder Seite des Schwanzstiels. Der Dorn hat kein Gelenk, wie es oft fälschlich in der Literatur steht, aber zur Verteidigung oder im Kampf gebraucht, wird der Schwanz abgebogen und der Dorn ragt heraus. Die Nasinae oder Nasendoktoren umfassen etwa 15 Arten, die meist in einer einzigen Gattung zusammengefaßt werden, Merkmal sind ein oder zwei Knochenplatten mit Dornen auf jeder Seite des Schwanzstiels. Einige der Arten entwickeln während des Wachstums hornartige Stirnfortsätze.

Ari Atoll, Malediven

Acanthurus leucosternon   Aldabra, Seychellen

211

DOKTORFISCHE　　　　　　　　　ACANTHURIDAE

Acanthurus nigricans　　　　　　Christmas Island

Goldrand-Doktorfisch
Velvet surgeonfish
L: bis zu 20 cm. V: Ostindik. T: 1 - 50 m. A: in Schulen (großes Foto, mit einem Weißkehl-Doktorfisch) in der seichten Brandungszone zwischen großen Steinblöcken und entlang steilen Kliffs mit Spalten und Überhängen, auch in Außenriffkanälen mit starker Strömung.

Acanthurus nigricauda　　　　　Ari Atoll, Malediven

Achselklappen-Doktor
Epaulette surgeonfish
L: bis zu 40 cm. V: ges. Gebiet. T: 2 - 35 m. A: einzeln, selten auch in Gruppen in klaren Riffen, tiefen Lagunen, Algen von Felsen abfressend. Adulte mit dunkler Linie hinter dem Auge und sichelförmiger Schwanzflosse. Kann schnell von dunkel- nach hellgrau wechseln.

Acanthurus leucocheilos　　　　Similan Islands, Thailand

Weißlippen-Doktorfisch
Palelipped surgeonfish
L: bis zu 35 cm. V: Ostafrika bis Andamanensee. T: 4 - 30 m. A: bei Dropoffs. Weiße Lippen und Dorne typisch. Weißes Kinnband bei Drohung und Balz auffällig. Einzeln oder paarweise, nicht territorial, frißt Algen. Unten: **Brauner Doktorfisch** A. nigrofuscus, 20 cm.

DOKTORFISCHE   ACANTHURIDAE

Kreisdorn-Doktorfisch
Circled-spine surgeonfish
L: bis 45 cm. V: Ostafrika bis Sri Lanka. T: 3 - 25 m. A: einzeln oder in kleinen Gruppen über Flachriffen mit veralgtem Korallenbruch. Typisch: elliptischer hellblauer Ring um jeden Dorn, zwei kurze schwarze Bänder hinter dem Auge. Wechselt die Färbung (siehe unten).

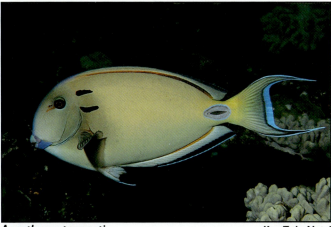

Acanthurus tennenti — KwaZulu-Natal

Gelbflossen-Doktorfisch
Yellowfin surgeonfish
Länge: bis zu 56 cm. Verbreitung: gesamtes Gebiet. Tiefe: 5 - 90 m. Allgemein: eine der größten Arten der Gattung. Adulte meist in kleinen Gruppen, bevorzugen das tiefere Wasser von Lagunen und Hängen an der Basis von Außenriff-Dropoffs. Juvenile einzeln und meist küstennah, oft in siltigen Habitaten. Frißt (siehe Foto) den Kieselalgenfilm und Detritus von Sand oder Fels, auch Fadenalgen oder sogar tierisches Material wie Hydroidpolypen und Fischaas. Brustflossen und Augenfleck gelb; wechselt die Farbe.

Acanthurus xanthopterus — Ari Atoll, Malediven

Blauschwanz-Doktorfisch
Pencilled surgeonfish
L: bis zu 50 cm. V: ges. Gebiet. T: 3 -100 m. A: Adulte (Fotos) in Höhlengebieten und im offenen Wasser um Unterseeberge und ozeanische Inseln. Juvenile leben in Ästuaren, fressen Algen von Felsen. Vom ähnlichen Gelbflossen-Doktorfisch durch weiße Dorne zu unterscheiden.

Acanthurus dussumieri — Mosambik

DOKTORFISCHE   ACANTHURIDAE

Gitter-Doktorfisch
Convict surgeonfish

Länge: bis zu 26 cm.
Verbreitung: gesamtes Gebiet, nicht Rotes Meer.
Tiefe: 1 - 20 m.
Allgemein: dieser Doktorfisch lebt einzeln, in kleinen Gruppen oder in riesigen Schulen von 1.000 oder mehr Tieren (siehe Foto). Frißt viele verschiedene benthische Fadenalgen. Schwanzflosse leicht ausgerandet, Spitzen bei Adulten nicht verlängert. Eine distinkte Art mit nur geringen Unterschieden zwischen Juvenilen und Adulten. Juvenile oft in Gezeitentümpeln.

Acanthurus triostegus   Christmas Island

Schwarzdorn-Doktorfisch
Elongate surgeonfish

L: bis zu 50 cm. V: gesamtes Gebiet, RM. T: 2 - 45 m. A: in Gruppen entlang steiler Riffhänge, oft in trübem Wasser, aber auch über Sandboden in Lagunen. Adulte fressen Zooplankton, Juvenile Algen (oft in Ästuaren). Unten: Farbvariante aus Thailand.

Acanthurus mata   Raa Atoll, Malediven

Brandungs-Doktorfisch
Whitespotted surgeonfish

L: bis zu 26 cm. V: Chagos, Malediven, Sri Lanka. T: 0,5 - 6 m. A: meist in der Brandungszone, manchmal in großen Schulen. Frißt Faden- und bestimmte Kalkalgen, z. B. *Jania*. Weiße Punktzeichnung dient vielleicht der Tarnung zwischen Luftblasen in turbulentem Wasser.

Acanthurus guttatus   Male Atoll, Malediven

214

DOKTORFISCHE ACANTHURIDAE

Indischer Mimikry-Doktorfisch
Indian mimic surgeonfish
L: bis zu 20 cm. V: Seychellen, Malediven bis Andamanensee. T: 2 - 40 m. A: einzeln oder in Gruppen auf Sand- und Geröll. Rechts: adult; links: juvenil, imitiert *Centropyge eibli* (S. 131), die fast perfekte Imitation dient vielleicht der Räubervermeidung.

Acanthurus tristis Similan Islands, Thailand

Blaustreifen-Doktorfisch
Lined surgeonfish
L: bis zu 35 cm. V: ges. Gebiet. T: 0,5 - 6 m. A: territorial, große Männchen kontrollieren Freßterritorien und Harems in der Brandungszone. Schwanzflosse sichelförmig, bei Adulten stark verlängert. Unten: Weißschwanz-Doktor *A. thompsoni*, 25 cm, ges. Gebiet, 5 - 70 m.

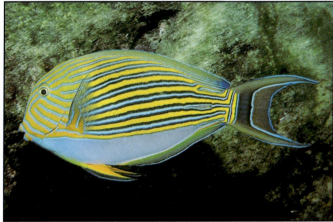

Acanthurus lineatus Komoren

Paletten-Doktorfisch
Palette surgeonfish
L: bis zu 30 cm. V: ges. Gebiet, nicht RM. T: 10 - 40 m. A: auf klaren, strömungsreichen Terrassen der Außenriffe, in Gruppen etwa einen Meter über dem Boden, Plankton fressend. Juvenile in Gruppen (unten), oft zwischen den Zweigen von *Pocillopora*-Korallen.

Paracanthurus hepatus Flic en Flac, Mauritius

DOKTORFISCHE   ACANTHURIDAE

Goldring-Borstenzahndoktor
Goldring bristletooth
L: bis zu 18 cm. V: ges. Gebiet. T: 2 - 30 m. A: Erst 2001 als eigenständige Art für den Indik beschrieben. Juv. sehr variabel von dunkelbraun bis hellgelb (s. kl. Foto). Alle Gattungsmitglieder mit borstenartiger Bezahnung, die zum Algenabweiden dient.

Ctenochaetus truncatus — Negombo, Sri Lanka

Blauaugen-Borstenzahndoktor
Two-spot bristletooth
L: bis zu 20 cm. V: Ostafrika bis Malediven. T: 2 - 50 m. A: einzeln oder paarweise (links) auf Korallengeröll in Lagunen und Außenriffen. Juv. (unten) einzeln. Enthält in manchen Regionen genug Ciguatoxin, um Menschen krank zu machen.

Ctenochaetus binotatus — Praslin, Seychellen

Längsstreifen-Borstenzahndoktor
Striped bristletooth
L: bis zu 26 cm. V: ges. Gebiet, RM. T: 1 - 30 m. A: einzeln oder in bis sehr großen Gruppen, oft mit anderen Arten gemischt, von Küsten- bis zu Außenriffen. Sieht man im Gebiet Schulen dunkler Doktoren, ist es oft diese Art (unten).

Ctenochaetus striatus — Lhaviyani Atoll, Malediven

DOKTORFISCHE   ACANTHURIDAE

Mauritius-Segelflossendoktor
Mauritius tang
L: bis zu 18 cm. V: Maskarenen, Madagaskar. T: 10 - 60 m. A: meist einzeln in Sandgebieten mit Korallenflecken. Seltene, territoriale Art. Das Foto zeigt sie mit *P. hepatus*.

Arten der Gattung *Zebrasoma* unterscheiden sich von anderen Doktorfisch-Arten durch ihre relativ hohen Rücken- und Afterflossen. Letztere ist proportional bei Juvenilen sogar noch höher, was ihnen ein fast fledermausfischartiges Aussehen gibt. Alle Segelflossendoktoren fressen Algen von Hartsubstrat.

Zebrasoma gemmatum   Mauritius

Indik-Segelflossendoktor
Sailfin tang
L: bis zu 40 cm. V: gesamtes Gebiet, RM. T: 2 - 30 m. A: paarweise oder in Gruppen in Saumriffen oder Lagunen. Schwesterart *(Z. veliferum)* im Pazifik. Kleines Foto unten: die ähnlich gefärbten Juvenilen suchen oft Schutz in verzweigten Korallen.

Zebrasoma desjardinii   Male Atoll, Malediven

Weißdorn-Segelflossendoktor
Brown tang
L: bis zu 20 cm. V: ges. Gebiet, nicht RM. T: 1 - 60 m. A: einzeln oder in kleinen Gruppen in korallenreichen Gebieten der Lagunen und Außenriffe. Juvenile versteckt zwischen reichem Korallenwuchs (s. kl. Foto unten) meist küstennah in Riff- und Lagunenhabitaten.

Zebrasoma scopas   Beau Vallon, Seychellen

DOKTORFISCHE   ACANTHURIDAE

Naso thynnoides   South Male Atoll, Malediven

Einmesser-Nasendoktor
One-knife unicornfish
L: bis zu 45 cm. V: gesamtes Gebiet, nicht RM. T: 20 - 100 m. A: Adulte in großen Schulen (Foto), oft mit anderen Arten gemischt, bei Dropoffs in tiefem Wasser. Fressen im offenen Wasser vor dem Riff, kehren in der Dämmerung zum Riff zurück, wo sie nachts Schutz suchen. Im Gegensatz zu anderen Arten der Gattung hat diese nur einen Dorn auf jeder Seite des Schwanzstiels.
   Die feststehenden Defensiv-Schwanzdorne der Naso-Arten sind oft durch leuchtende Farben hervorgehoben, was Räubern zur Warnung dient.

Vlamings Nasendoktor
Bignose unicornfish
L: bis zu 55 cm. V: Ostafrika bis Sri Lanka. T: 2 - 50 m. A: frißt in Schulen bei Tage Plankton vor tiefen Hängen. Nachts in Höhlen. Nur große Adulte mit großer Nase und langen Schwanzfäden. Das kleine Foto von den Malediven zeigt die blauen Punkte und Streifen während der Balz.

Naso vlamingii   Ari Atoll, Malediven

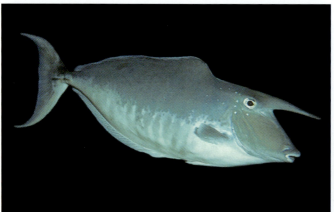

Naso brachycentron   Aldabra, Seychellen

Buckel-Nasendoktor
Humpback unicornfish
L: bis zu 70 cm. V: ges. Gebiet, nicht RM. T: 1 - 30 m. A: paarweise oder in kleinen Gruppen im seichten Wasser entlang den Kanten steiler Außenriffhänge. Unten: **Blauklingen-Nasendoktor** *N. hexacanthus*, 75 cm, ges. Gebiet, 10 - 137 m, häufig, ohne "Horn", nicht scheu.

DOKTORFISCHE   ACANTHURIDAE

Gelbklingen-Nasendoktor
Orangespine unicornfish
L: bis zu 50 cm (ohne die langen Schwanzfäden). V: ges. Geb. T: 2 - 90 m. A: die attraktiv gefärbte Art lebt in klaren Küstengewässern auf algenreichen Felsriffen, aber auch auf Korallen, Felsen oder Geröll in Lagunen und Außenriffen. Ihr fehlt das typische knochige "Horn" der meisten Gattungsmitglieder. *Naso elegans* ist eine rein indische Form incl. Rotes Meer und unterscheidet sich von ihrem pazifischen "Bruder" *Naso lituratus* durch die durchgehend gelbe Rückenflosse und dunkle Analflosse. Die kleinen Fotos unten zeigen einen Juvenilen bzw. die typischen, leuchtend orangegelben Knochenplatten am Schwanzstiel, hier die eines Subadulten.

Trinco, Sri Lanka

Naso elegans   Richelieu Rock, Thailand

Langnasendoktor
Spotted unicornfish
L: bis zu 60 cm. V: gesamtes Gebiet, RM. T: 3 - 50 m. A: Adulte in Gruppen entlang Dropoffs, Zooplankton fressend. Juvenile mit weißem Ring um den Schwanzstiel, fressen Algen. Unten: **Kurznasendoktor** *N. unicornis*, 70 cm, ges. Gebiet, RM, 2 - 80 m.

Naso brevirostris   Komoren

219

HALFTERFISCHE ZANCLIDAE

Halfterfisch
Moorish idol
L: bis zu 22 cm. V: ges. Gebiet. T: 1 - 180 m. A: breite weiße und schwarze Bänder typisch, langer weißer Rückenflossenfaden. Von Küsten- bis zu Außenriffen, oft in seichten Geröllgebieten Algen weidend, aber auch in tieferen Zonen, dort Schwämme fressend. Adulte paarweise oder in Gruppen, mancherorts auch in riesigen Schulen. Juvenile wandern weit über ihre Kinderstuben hinaus in kühlere Zonen. Der am weitesten verbreitete Korallenfisch im Indopazifik. Nicht verwechseln mit Falterfischen der Gattung *Heniochus* (S. 138)!

Zanclus cornutus Mauritius

KANINCHENFISCHE SIGANIDAE

Silber-Kaninchenfisch
Forktail rabbitfish
L: bis zu 42 cm. V: ges. Gebiet, RM. T: 1 - 30 m. A: auf Korallen- und Geröllboden oder in Schulen an Außenriffen (großes Foto), auch in Algenfeldern. Nachtfärbung braun mit diagonalen, dunkelbraunen Zonen.

Siganus argenteus Beau Vallon, Seychellen

Brauner Kaninchenfisch
Dusky rabbitfish
L: bis zu 25 cm. V: Ostafrika, Mauritius, RM. T: 2 - 18 m. A: in Gruppen über seichten, sandigen und pflanzenreichen Flächen. Oft mit anderen Arten. Unt.: **Rotmeer-Kaninchenfisch** *S. rivulatus*, 30 cm, Ostafrika, 2 - 15 m, oft in Schulen von bis zu 100 oder mehr Tieren.

Siganus luridus Komoren

KANINCHENFISCHE   SIGANIDAE

Andamanen-Fuchsgesicht
Andaman rabbitfish
L: bis zu 24 cm. V: Andamanensee bis Sumatra. T: 3 - 25 m.
A: Adulte dieser buntesten Kaninchenfischart leben immer paarweise in klaren Küstenriffen, wo sie große Territorien beanspruchen. Juvenile küstennah in reichem Korallenwuchs. Foto unten: Nachtfärbung.

Siganus magnificus — Similan Islands, Thailand

Java-Kaninchenfisch
Java rabbitfish
Länge: bis zu 53 cm.
Verbreitung: Nordindik vom Arabischen Golf bis zur Andamanensee.
Tiefe: 1 - 25 m.
Allgemein: olivgrün mit weißen Punkten und Streifen, Schwanzflosse dunkel. Juvenile und Adulte einzeln oder in Gruppen in Küstenhabitaten von seichten ästuarinen Lagunen bis zu angrenzenden Küstenriffen. Bevorzugt schlammiges Wasser, schwimmt auch ins Brackwasser. Frißt Bodenalgen, gelegentlich auch Quallen und großes Zooplankton nahe der Oberfläche.

Siganus javus — Negombo, Sri Lanka

Goldfleck-Kaninchenfisch
Gold-saddle rabbitfish
L: bis zu 40 cm. V: Ostindik, Andamanensee und Westthailand. T: 3 - 35 m. A: gefleckt, mit leuchtend gelbem Sattelfleck direkt vor dem Schwanzstiel. Hauptsächlich in Küsten-Felsriffen mit Weichkorallenbewuchs, Innenlagunen und Mangrovengebieten. Bildet kleine Gruppen, schwebt oft im Schutz des Riffe. Wird von der gestreiften Schwesterart *S. lineatus* weiter ostwärts und bei Australien ersetzt.
  Die etwa 30 Kaninchenfischarten sind mit den Doktorfischen verwandt. Brustflosse mit giftigem Hartstrahl.

Siganus guttatus — Surin Island, Thailand

221

KANINCHENFISCHE　　　　　　　　　　SIGANIDAE

Praslin, Seychellen

Traueraugen-Kaninchenfisch
Beard rabbitfish
L: bis zu 30 cm. V: Seychellen, Malediven; Similan Islands, Thailand. T: 1 - 15 m. A: arttypisch: gelbe Punkte auf bläulichem Grund, die teilweise verschmolzen sein können, und dunkler Fleck unter Unterlippe, einem Bart ähnlich. Dieser Fleck erstreckt sich bei Juvenilen als Band bis gerade hinter die Augen (siehe kleines Foto unten), bei Adulten finden sich noch Reste dieses Bandes um die Augen herum (großes Foto oben). Adulte paarweise oder in Schulen (großes Foto Mitte) auf Flachriffen und entlang von Dropoffs, wo sie Algen, Manteltiere und Schwämme fressen. Die Fotos von den Seychellen stellen eine beträchtliche Erweiterung des Verbreitungsgebietes nach Westen dar. Der Autor hat den Eindruck, daß herbivore Fische im Zuge der globalen Erwärmung häufiger werden, da diese das Korallensterben verursacht und dazu ein beschleunigtes Wachstum von Algen auf den toten Korallen (s. a. Schule von Silber-Kaninchenfischen oben).

Siganus puelloides　　　　Beau Vallon, Seychellen

Korallen-Kaninchenfisch
Coral rabbitfish
L: bis zu 30 cm. V: Ostafrika bis Andamanensee. T: 1 - 25 m. A: sehr ähnlich der vorigen Art, aber mit unverschmolzenen blauen Flecken auf gelbem Grund. Adulte in Küstenriffen und Außenrifflagunen, weiden Algen von toten Korallen. Juv. versteckt in *Acropora*-Korallen.

Siganus corallinus　　　　Des Roches, Seychellen

KANINCHENFISCHE   SIGANIDAE

Dreifleck-Kaninchenfisch
Three-blotch rabbitfish
L: bis zu 20 cm. V: nur von den isolierten Korallenriffen vor der Nordwestküste Australiens bekannt. T: 2 - 15 m. A: sehr nahe mit S. corallinus (siehe Vorseite) verwandt, Färbung aber anders: drei auffällige, gleichmäßig verteilte, schokoladenbraune Flecken auf der oberen Körperhälfte unter dem hartstrahligen Teil der Rückenflosse. Die Art ist streng an Korallen gebunden, Adulte paarweise in Riffen mit reichem Steinkorallenwuchs, besonders *Acropora* (siehe Foto).

Siganus trispilos   North Cape, Westaustralien

Zweiband-Kaninchenfisch
Double-barred rabbitfish
Länge: bis zu 30 cm. Verbreitung: Südwestindien und Sri Lanka bis Nordaustralien. Tiefe: 2 - 25 m. Allgemein: man findet die Art in küstennahen Fels- und Korallenriffhabitaten, kleine Juvenile gelegentlich auch in reinem Süßwasser. Adulte leben paarweise oder in kleinen Gruppen in oft trüben Küstenriffen, wo sie Algen vom Felssubstrat der Flachriffe oder Riffkronen abfressen. Schwesterart *S. doliatus* im Pazifik. Das Foto stammt vom westlichen Rand des bekannten Verbreitungsgebietes.

Siganus virgatus   Trinco, Sri Lanka

Tüpfel-Kaninchenfisch
Starry rabbitfish
L: bis zu 40 cm. V: ges. Gebiet, RM. T: 3 - 45 m. A: in Korallenriffen, Subadulte in kleinen Gruppen, Adulte immer paarweise (großes Foto). Typisch sind engstehende dunkle Punkte auf hellem Hintergrund. Farbvariante im Roten Meer. Kleines Foto unten: juvenil.

Siganus stellatus   La Digue, Seychellen

223

WALE VOR SRI LANKA

Als wir in der Morgendämmerung in die Bucht von Trinco einlaufen, entdecken wir sie: zwei Buckelwale, die direkt vor uns herschwimmen. Ein erregendes Schauspiel, als einer der Wale mit voller Kraft aus dem Wasser hervorschießt, so daß seine überlangen Brustflossen zu sehen sind. Weit spritzt die Gischt, als sein massiger Körper wieder zurückfällt und uns auf dem Forschungsschiff völlig durchnäßt. Der Autor berichtet von der Ostküste Sri Lankas, die heute nicht mehr zugänglich ist.

Zwei Buckelwale tauchen direkt vor dem Walbeobachtungsschiff vor der Hafenstadt Trincomalee an Sri Lankas Ostküste auf.

Kein so seltenes Schauspiel vor dem Hafen von Trinco, wie die Fischereistadt Trincomalee an der Ostküste Sri Lankas kurz genannt wird. Irgend etwas an der Bucht von Trinco reizt die Wale, bis dicht ans Ufer heranzuschwimmen. Für die amerikanischen und ceylonesischen Biologen, die seit Jahren die Walbestände um die große Insel vor dem indischen Subkontinent beobachten, ein wahres Forschungs-Eldorado. Vom Pottwal *(Physeter catodon)* bis zum Brydewal *(Balaenoptera edeni)*, vom Buckelwal *(Megaptera novaeangliae)* bis zum riesigen Blauwal *(Balaenoptera musculus)* kommen sie alle hier her. Über unser hochempfindliches Unterwassermikrofon hören wir die typischen 'Klicks' der Pottwale. Mindestens ein Dutzend Tiere müssen es sein, die hier in der Tiefe der Bucht nach Beute jagen. Die Wissenschaftler sind davon überzeugt, daß diese regelmäßig ausgestoßenen Töne eine Art Echolot darstellen, mit dem die Pottwale ihre Beute orten. Beim Zuhören fällt auf, wie die Klick-Serien plötzlich aufhören, dann wieder schneller werden, um

Das Walbeobachtungsschiff *Sudaya* kehrt nach einem erfolgreichen Tag in den Hafen zurück.

Ein Pottwal, beim Schnorcheln in der unmittelbaren Umgebung von Trincomalee fotografiert.

dann völlig zu verstummen. Man kann sich gut vorstellen, was da unter der Wasseroberfläche vor sich geht: ein Pottwal nähert sich einem großen Kalmar und je näher er kommt, desto schneller folgen die Klicklaute. Direkt vor der Beute klingt es dann, als ob eine Tür knarre. Die Stille, die dem Stakkato folgt, signalisiert das Ende der Jagd. Die Beute ist gefangen.

Die Klicks sind für die Pottwale bei ihrer nächtlichen Jagd wichtiger als die Augen. Und sie sind mehr als nur ein Echolot bei der Beutejagd. Im Meer dienen sie

Eine Lehrtafel in Colombo über die Walarten an den Küsten Sri Lankas. Vorne der Schädel eines Bartenwales.

auch der Verständigung der Wale untereinander. So kennt man heute Codes, die immer dann benutzt werden, wenn die Tiere an der Wasseroberfläche nahe beieinander schwimmen, meist um die Mittagszeit. Fast sollte man meinen, die Wale unterhalten sich während ihrer Siesta.

Was aber wollen die Wale wirklich so dicht vor dem ceylonesischen Strand? Eine Antwort

Zur Verdeutlichung der außergewöhnlichen Unterwassergeografie der Küste Sri Lankas dient dieses Modell des Canyons vor Trinco in Colombo.

Sogar der größte aller Wale, der Blauwal, taucht immer wieder einmal über dem Canyon von Trincomalee auf.

haben die Geologen bereits gefunden: Vermessungen des Meeresbodens haben ergeben, daß sich vor Trinco ein tiefer Canyon in die Kontinentalmasse hineingeschnitten hat. Während man sonst in den flachen Küstengewässern um Sri Lanka kaum Wale sieht, schwimmen sie hier knapp zwei Kilometer vom Land entfernt. Die Wissenschaftler nehmen an, daß der größte Fluß der Insel, der Mahaweli Ganga, so viele Nährstoffe in die Bucht transportiert, daß die Futtertiere der Wale davon angezogen werden. Die schließlich sind selbst für die Blauwale attraktiv genug, um sich hier ein Stelldichein zu geben.

Ein Frage konnte bisher aber nicht geklärt werden. Um satt zu werden, müssen alle Wale mindestens ein halbes Jahr im Bereich der Pole umherschwimmen, weil hier weltweit das größte Nahrungsangebot herrscht. Das tun sie in der jeweiligen Sommerzeit, also auf der Nordhalbkugel von Mai bis September und im Süden von November bis April. Warum aber treten die Wale um Sri Lanka, das ja auf der nördlichen Halbkugel liegt, nun gerade vermehrt zwischen Januar und April auf? Eigentlich sollten sie doch am Südpol sein, wo es viel mehr zu fischen gibt. Woher kommen also die Wale Sri Lankas? Für die Meeresforscher ein interessantes Thema. Genauso wichtig ist für sie aber auch der Schutz der Meeressäuger im Indischen Ozean vor den Küsten. Nach dem Vorbild der Seychellen sind so inzwischen die Gewässer um Sri Lanka zum absoluten Schutzgebiet für alle Meeressäugetiere erklärt worden.

Diese außerordentlich seltene Fotografie von einem der schnellsten Knochenfische in den Ozeanen der Erde, dem Schwarzen Marlin *(Makaira indica)*, wurde beim Schnorcheln gemacht! Die Art wurde - wie der wissenschaftliche Name schon sagt - vor vielen Jahren im Indischen Ozean entdeckt. Diese prächtige Kreatur und ihre Artgenossen werden von Sportangler-Enthusiasten aus aller Welt gezielt gesucht und hoch gepriesen. Heute gibt es aus politischen Gründen kein Hochseeangeln mehr an Sri Lankas Ostküste.

STACHELMAKRELEN   CARANGIDAE

Großaugen-Stachelmakrele
Bigeye trevally

Länge: bis zu 85 cm.
Verbreitung: gesamtes Gebiet und Rotes Meer.
Tiefe: 2 - 90 m.
Allgemein: diese große Stachelmakrele ist im gesamten Indik häufig. In Schulen von bis zu einigen hundert Individuen in tiefen Lagunen, Kanälen und bei steilen Dropoffs. Schwimmen auf Nahrungssuche von Riff zu Riff, ernähren sich hauptsächlich von kleinen Riffischen. Siehe auch das Foto der verwandten Art *C. melampygus* in LANDGÄNGER auf S. 50.

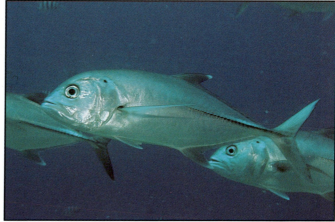

Caranx sexfasciatus   Praslin, Seychellen

Schwarze Stachelmakrele
Black trevally

L: bis zu 85 cm. V: ges. Gebiet, RM. T: 2 - 70 m. A: weitverbreitet in tropischen Meeren. In Schulen bei Korallenriffen. Patrouilliert auf Nahrungssuche entlang der Riffkanten.
Unten: **Gelbflecken-Stachelmakrele** *Carangoides fulvoguttatus*, 103 cm, 2 - 100 m.

Caranx lugubris   Christmas Island

Stupsnasen-Pompano
Bloch's pompano

L: bis zu 65 cm. V: ges. Gebiet, RM. T: 5 - 50 m. A: Juvenile in Schulen in Buchten und Flußmündungen. Gelbe Adulte (unten) paarweise in Riffen. Kopfprofil stumpf. Ähnlich:
Schwarztupfen-Pompano *T. bailloni* (bis 54 cm, 2 - 30 m), mit spitzerem Kopfprofil.

Trachinotus blochii   Burma Banks, Thailand

227

STACHELMAKRELEN — CARANGIDAE

Ari Atoll, Malediven

Schwarzgoldene Pilot-Stachelmakrele
Golden pilot jack

L: bis zu 110 cm. V: ges. Gebiet, RM. T: 2 - 50 m. A: Juvenile küstennah in tiefen Lagunen, fressen Detritus (oberes großes Foto). Auch als Symbionten zwischen den Tentakeln von Quallen oder unter treibenden Algenklumpen schwimmend; "pilotieren" sogar Haie, Rochen oder Zackenbarsche. Großes Foto Mitte: Adulter mit Regenbogen-Rennern.

Die Stachel- oder Holzmakrelen leben in Küstengewässern aller tropischen und subtropischen Meere; viele haben wegen pelagischer Eier und langlebiger Larven eine weite Verbreitung. Gemeinsame äußere Merkmale der rund 140 Arten: Körper seitlich abgeplattet, spindel- oder torpedoförmig. Schwanzflosse stark gegabelt oder sichelförmig. Viele Arten mit Knochenplatten beiderseits am Schwanzstiel. Typischer Metallschimmer der Haut durch optischen Effekt, der durch zahlreiche, winzige, reflektierende Guanin-Kristalle erzeugt wird. Anale mit 2 - 3 Hartstrahlen (Stachelmakrelen).

Gnathanodon speciosus — Hikkaduwa, Sri Lanka

Regenbogen-Renner
Rainbow runner

Länge: bis zu 120 cm. Verbreitung: gesamtes Gebiet, RM. Tiefe: 1 - 15 m. Allgemein: pelagisch, meist oberflächennah, über Riffen, manchmal weitab der Küste. Frißt Krebslarven und kleine pelagische Fische. Kleine Schulen Juveniler sammeln sich in der Nähe auf See treibender Objekte. Adulte suchen Putzerstationen auf (Foto links), entledigen sich lästiger Ektoparasiten auch durch schnelles Vorbeischwimmen an der rauhen Haut von Riffhaien. Siehe auch die Schule im Hintergrund des großen Fotos in der Mitte.

Elagatis bipinnulata — Ari Atoll, Malediven

STACHELMAKRELEN — CARANGIDAE

Gelbschwanz-Stachelmakrele
Yellowtail jack
Länge: bis zu 170 cm. Verbreitung: gesamtes Gebiet. Tiefe: 5 - 50 m. Allgemein: in Schulen von bis zu 300 Tieren in Küstengewässern. Jagt andere Schwarmfische wie Füsiliere und Schnapper, frißt aber auch pelagische Krebse und Kalmare.

Seriola lalandi Aliwal Shoal, Südafrika

THUNFISCHE — SCOMBRIDAE

Hundezahn-Thunfisch
Dogtooth tuna
L: bis zu 220 cm. V: gesamtes Gebiet und Rotes Meer. T: 3 - 100 m. A: Juvenile oft einzeln auf Flachriffen oder in seichten Küstengewässern. Adulte einzeln (Foto) oder in kleinen Gruppen entlang Außenriff-Dropoffs und um oceanische Inseln. Die Art ist ein gieriger Fischfresser mit großen konischen Zähnen - auf dem Foto deutlich zu sehen -, der planktivore Fische jagt (kleinere Stachelmakrelen, Füsiliere, gewisse Lippfische, Nasendoktoren). Nicht scheu.

Gymnosarda unicolor Lhaviyani Atoll, Malediven

Großmaul-Makrele
Bigmouth mackerel
Länge: bis zu 35 cm. Verbreitung: gesamtes Gebiet und Rotes Meer. Tiefe: 5 - 70 m.
Allgemein: man sieht die eleganten Tiere meist in riesigen Schulen schnell entlang der Riffe, über Schlamm- oder Sandflächen schwimmen und mit weit offenen Mäulern Plankton aus dem Wasser filtern (siehe Foto). Es ist ein ungewöhnlicher Anblick, wenn alle Fische synchron ihre Mäuler öffnen. Hauptnahrung sind Krebs- und Fischlarven, die sie mit Hilfe zahlreicher, steifer Kiemenreusen aus dem Wasser filtern.

Rastrelliger kanagurta Komoren

THUNFISCHE   SCOMBRIDAE

Gestreifter Bonito
Striped bonito

Länge: bis zu 90 cm. Verbreitung: gesamtes Gebiet und Rotes Meer. Tiefe: 20 - 50 m. Allgemein: schwimmt in Schulen (Foto) zusammen mit anderen Thunfisch-Arten. Bevorzugt Temperaturen zwischen 13,5 und 23 °C, findet sich auch in tropischen Meeren, aber nicht oberflächennah, da es dort oft zu warm ist. Der schnelle Schwimmer frißt hauptsächlich Heringe und andere kleine Schwarmfische, aber auch pelagische Kopffüßer und Krebse.

Sarda orientalis — Burma Banks, Thailand

WEITAUGENBUTTE   BOTHIDAE

Fasan-Butt
Peacock flounder

L: bis zu 45 cm. V: gesamtes Gebiet. T: 1 - 85 m. A: Brustflosse der Augenseite groß, mit stark verlängerten fädigen Flossenstrahlen (großes Foto Mitte). Augen großer Adulter weit auseinander (großes Foto unten). In seichten Küstenriffen und Lagunen, meist auf Sand, aber oft auch in Felsgebieten. Färbung perfekt dem Habitat angepaßt (unten), blinde Seite unpigmentiert.

   Weitaugenbutte sind eine große, primär tropische Familie mit 15 Gattungen und etwa 90 Arten allein im Indopazifik. Ihre planktonische Larve ist bilateralsymmetrisch und hat ein Auge auf jeder Seite. Beim Übergang zum Bodenleben ändert sich die Symmetrie des Fisches in der Metamorphose, und beide Augen liegen dann auf der linken Kopfseite. Viele Plattfisch-Arten sind benthisch und nachtaktiv, nur sehr wenige sind streng tagaktiv. Alle sind carnivor und fressen verschiedene Bodenwirbellose und kleine Fische.

Mauritius

Bothus mancus — Komoren

DRÜCKERFISCHE   BALISTIDAE

Balistoides conspicillum   Ari Atoll, Malediven

Leoparden-Drückerfisch
Clown triggerfish
L: bis zu 35 cm. V: gesamtes Gebiet, nicht RM. T: 5 - 60 m. A: typisch sind die großen runden weißen Flecken. Adulte oft entlang tiefer Dropoffs (siehe Foto des Exemplars unter einem Überhang auf der Vorseite). Juvenile (unten) leben meist tiefer, auch in Höhlen.

Pseudobalistes fuscus   Chagos Islands

Blaustreifen-Drückerfisch
Blue triggerfish
L: bis zu 55 cm. V: gesamtes Gebiet, Rotes Meer. T: 1 - 50 m. A: in klaren Lagunen und auf Fleckriffen in Sandgebieten. Sehr scheue Art. Das kleine Foto unten zeigt einen Juvenilen mit einer vom Adultmuster verschiedenen Färbung.

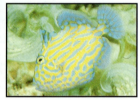

Balistapus undulatus   Felidhoo Atoll, Malediven

Gelbschwanz-Drücker
Yellowtail triggerfish
L: bis zu 30 cm. V: gesamtes Gebiet, Rotes Meer. T: 1 - 40 m. A: in korallenreichen Lagunen und Korallengeröll-Gebieten. Frißt wie alle Drückerfischarten hauptsächlich hartschalige Weichtiere und diverse Seeigel. Der unten abgebildete Juvenile jedoch frißt Laich.

DRÜCKERFISCHE   BALISTIDAE

Rotzahn-Drückerfisch
Redtooth triggerfish
L: bis zu 40 cm. V: gesamtes Gebiet, Rotes Meer. T: 1 - 55 m. A: frißt in Gruppen Plankton über dem Riff, sogar in Gesellschaft von Mantarochen (rechts). Wachsam, nicht leicht anzuschwimmen, versteckt sich schnell in Riffspalten. Unten: Einzeltier vor Höhle.

Odonus niger — Ari Atoll, Malediven

Blaukehl-Drückerfisch
Gilded triggerfish
L: bis zu 22 cm. V: gesamtes Gebiet. T: 20 - 150 m. A: an Außenriff-Dropoffs. Einzeln oder paarweise, auch in Gruppen in großer Tiefe. Frißt Zooplankton. Männchen (rechts) unterscheiden sich von Weibchen (unten) durch blaue Kehle und orangegelbe Flossenränder.

Xanthichthys auromarginatus — Sodwana Bay, Südafrika

Wangenstreifen-Drücker
Cheekline triggerfish

L: bis zu 30 cm. V: gesamtes Gebiet. T: 18 - 60 m. A: sehr seltene Art, typisch sind drei Wangenstreifen. Siehe auch den verwandten **Blaustreifen-Drückerfisch** X. caeruleolineatus in CHAGOS (S. 93)
Einige Drückerfischarten spezialisieren sich auf die langstachligen Diadem-Seeigel, die mit einem kräftigen Wasserstrahl aus dem Maul vom Boden geblasen werden und anschließend mit einem Biß in ihre weiche, weniger stachlige Unterseite geöffnet werden, während sie zu Boden sinken.

Xanthichthys lineopunctatus — Durban, Südafrika

MONSUNE

Sie planen einen Besuch im Indischen Ozean? Dann sollten Sie sich vielleicht mal mit den Monsunen beschäftigen. Erwähnt man diesen Begriff nämlich gegenüber Europäern, denken diese zunächst an Dauerregen und heulende Winde. Stimmt aber nicht. Das Wort "Monsun" bedeutet lediglich "Saison" oder Jahreszeit. Und wie überall in der Welt, gibt es auch im Indik gute und weniger freundliche Jahreszeiten. Der Fotograf führt das Wesen der Monsune ein wenig aus.

Ruhige See während des Nordost-Monsuns am Great Basses Reef-Leuchtturm vor der Südküste Sri Lankas. Dieser hervorragende, aber sehr exponierte Tauchplatz kann nur gegen Ende dieser Monsun-Saison besucht werden.

Im tropischen Indischen Ozean gibt es zwei Hauptmonsunzeiten. Jene sind nach den vorherrschenden Winden benannt. Somit hat im zentralen Indik der NORDOST-Monsun (der von Dezember bis April dauert) nordöstliche Winde. Während des SÜDWEST-Monsuns (der von Juni bis Oktober reicht) blasen die Winde von Südwesten.

Die regelrechte Umkehr der vorherrschenden Winde ist einmalig im Indischen Ozean. Hervorgerufen wird dieser Wechsel von der jahreszeitlichen Erhitzung und Abkühlung der großen Landmassen von Indien und Zentralasien. Im nördlichen Sommer, der im April bis Mai beginnt, heizt sich der indische Subkontinent auf. Die Luft über dem Land steigt empor, somit wird feuchte Luft vom Meer

angezogen. Auch diese erhitzt sich und steigt auf. Sie läßt aber die Feuchtigkeit als Regen zurück. Das genau ist der Regen, der dem Begriff Monsun in Europa seinen schlechten Namen gab. In Indien aber wird dieser Regen sehnsüchtig erwartet und mit Festen und Fruchtbarkeitstänzen gefeiert. Denn die Ankunft des Regens im Juni bringt ein Ende der Trockenzeit und bringt dem Land die Energie, Reis wachsen zu lassen.

Mit der Ankunft der Nordwinde später im Jahr kühlt der indische Subkontinent wieder ab. Nun kehren sich die Winde um und ebenso die Meeres-

Mantarochen fressen winziges Plankton.

strömungen. Jetzt bläst der Wind vom kühlen Land aufs Meer. In früheren Zeiten planten die Seeleute genau nach diesen Winden, wenn sie über den Indischen Ozean kreuzen wollten. Sechs Monate später war dann die Zeit gekommen, mit den gewechselten Winden wieder heimzukehren.

Heutzutage sind für Taucher und Schnorchler die Effekte des Monsuns eher für die Bedingungen im Meer wichtig. Der Wechsel der Monsune bringt oft sehr ruhige Konditionen. Zum Beispiel ist die Intermonsunzeit März bis Mai die einzige Zeit, wo man gefahrlos am spektakulären Great Basses Riff im Süden Sri Lankas tauchen kann. Sonst bläst es dort fürchterlich.

Ein Thunfischfänger vor Mahé, Seychellen. Eine Flotte dieser Schiffe (hauptsächlich aus Frankreich und Spanien) folgt den saisonalen Wanderungen der Thune im westlichen Indischen Ozean. Sie fischen während des Südwest-Monsuns nördlich der Seychellen, von November bis Dezember um Chagos herum.

Im zentralen und östlichen Indik herrschen die besten Konditionen für Taucher während des Nordost-Monsuns. Für Goa in Indien, der Südwestküste von Sri Lanka bis hin zur Andamanensee nach Myanmar (Burma) und Thailand ist die beste Tauchzeit von Dezember bis März. Für die Malediven verschiebt sich das etwas: Hier ist es die Zeit zwischen Januar und Mai. Im Südwest-Monsun sollte man Indien und Sri Lanka nicht zum Tauchen empfehlen. Immerhin habe ich schon bestes Tauchen von August bis November auf den Malediven gehabt.

Im westlichen Indischen Ozean hängen die Winde von der afrikanischen Landmasse ab. Somit bläst auf den Seychellen ein freundlicher Südwestwind von Mai bis Oktober, und die beste Zeit zum Tauchen ist April bis November. Der schärfere Nordwest-Monsun bläst dagegen von Dezember bis März. Die kenianische Küste erfreut sich ähnlicher Windverhältnisse, somit sind die Tauchempfehlungen die gleichen wie auf den Seychellen. Zum Beispiel ist die Küste nähe Malindi von Juli bis Dezember am besten zu betauchen. Watamu dagegen eher von Oktober bis April. Die Monsunzeiten beeinträchtigen nicht nur Winde und Oberflächen-Konditionen, sondern auch die Meeresströmungen selbst. Allgemein gesprochen wechseln die Strömungen mit den Winden und wandern auch in deren Richtung. Das ist wichtig für Taucher, weil die Unterwassersicht dadurch auch beeinflußt wird. Kommt die Strömung vom Meer, ist die Sicht prima. Kommt sie vom Land her, kann sie sehr trübe sein.

Das muß nicht so schlecht sein wie es klingt, denn trübes Wasser bedeutet Nahrung für Planktontiere und Plankton ist das Futter für Mantas und Walhaie. Deshalb findet man die Riesen des Indischen Ozeans während des Nordost-Monsuns (Dezember bis April) an der Westküste der Malediven und im Südwest-Monsun (Juni bis Oktober) an der Ostküste. Gute Chancen, auch Walhaie zu sehen gibt es um die Seychellen im November, an der Westküste Thailands im Februar bis April, um die Christmas-Insel im Dezember und am westaustralischen Ningaloo-Riff zwischen März und Mai.

Nasses und windiges Wetter während des Südwest-Monsuns. Starke Böen beugen die Palmen und lassen die Gischt spritzen.

DRÜCKERFISCHE   BALISTIDAE

Indischer Drückerfisch
Indian triggerfish
L: bis zu 25 cm. V: gesamtes Gebiet. T: 5 - 35 m. A: an steilen Außenriffhängen und in Strömungskanälen. Sehr scheue Art, versteckt sich schnell in Spalten. Das kleine Foto unten (Malediven) zeigt ein Exemplar in prächtiger Balzfärbung.

Melichthys indicus — Similan Islands, Thailand

Halbmond-Drückerfisch
Halfmoon triggerfish
L: bis zu 20 cm. V: Ostafrika bis Sri Lanka. T: 1 - 30 m. A: häufige, aber scheue Art, bewohnt seichte Lagunen und Seegraswiesen. Solitär, territorial, oft bei ozeanischen Inseln. Unten: eine Farbvariante (Andamanensee) mit zwei Wangenstreifen.

Sufflamen chrysopterus — Lhaviyani Atoll, Malediven

Blasser Drückerfisch
Scythe triggerfish
L: bis zu 20 cm. V: Ostafrika bis Sri Lanka. T: 3 - 45 m. A: in Außenriffen unterhalb der Brandungszone. Typische Sensenzeichnung um Brustflossenbasis gelblichbraun bis grün bei Juv. und Subadulten. Unten: **Brauner Drückerfisch** *S. fraenatus*, 38 cm, ges. Geb., im S selten.

Sufflamen bursa — South Male Atoll, Malediven

236

DRÜCKERFISCHE   BALISTIDAE

Picasso-Drückerfisch
Picasso triggerfish
L: bis zu 25 cm. V: ges. Gebiet.
T: 0,5 - 5 m. A: Zeichnung
typisch. In Seegraswiesen und
auf Flachriffen, häufig über Sand
im Flachwasser. Territorial, aber
scheu, frißt verschiedene Meerestiere. Unten: **Keil-Picassodrücker** *R. rectangulus*, 25 cm,
gesamtes Gebiet, 1 - 20 m.

Rhinecanthus aculeatus   Astove, Seychellen

Stricklands Drückerfisch
Strickland's triggerfish
L: bis zu 25 cm. V: Mauritius
und Malediven bis Andamanensee. T: 5 - 25 m. A: selten und
wenig bekannt, erst kürzlich in
der Andamanensee von Mark
Strickland fotografiert. Unten:
Gelbsaum-Drückerfisch
Pseudobalistes flavimarginatus,
bis 60 cm, Südindik, 2 - 50 m.

Rhinecanthus cinereus   Burma Banks, Thailand

Riesen-Drückerfisch
Giant triggerfish
L: bis zu 75 cm. V: gesamtes
Gebiet und Rotes Meer. T: 5 -
35 m. A: in offenen Sandgebieten mit zerstreuten Korallenflecken. Während das Männchen das als flache Mulde in
den Sand- oder Geröllboden
gegrabene Nest bewacht, sollte man sich nicht nähern. Es
greift sofort an, Bisse der
großen Zähne sind gefährlich!
Alle Drücker zeigen eine
typische Fortbewegungsweise,
bei der sie mit ihren symmetrisch angeordneten Rücken-
und Afterflossen gleichsinnig
von links nach rechts und
zurück schlagen.

Balistoides viridescens   Felidhoo Atoll, Malediven

237

FEILENFISCHE   MONACANTHIDAE

Cantherhines pardalis Beau Vallon, Seychellen

Netz-Feilenfisch
Wire-net filefish
L: bis zu 25 cm. V: gesamtes Gebiet, Rotes Meer. T: 1 - 25 m. A: wachsame, heimliche Art in Seegraswiesen und Algenfeldern. Körpermuster dunkelbrauner Vielecke (Name).
 Der erste Rückenflossenstrahl aller Feilen- und Drückerfische ist kräftig und kann in aufrechter Position arretiert werden. Nachts oder bei Gefahr klemmen sich die Fische zum Schutz Kopf voran in enge Rifflöcher, der eingerastete Hartstrahl dient als Anker gegen ein Herausziehen durch Räuber. Schuppen der Feilenfische mit kleinen Stacheln, rauh wie Feile (Name).

Cantherhines fronticinctus Des Roches, Seychellen

Weißbürzel-Feilenfisch
Spectacled filefish
L: bis zu 23 cm. V: ges. Gebiet. T: 1 - 35 m. A: Adulte in geschützten Riffen, meist unter 20 m, Juvenile flacher. Heimlich, getarnt. Unten: **Gelbschwanz-Feilenfisch** *C. dumerilii*, 35 cm, 1 -35 m, Adulte paarweise, Männchen mit gelben Dornen auf Schwanzbasis (siehe Foto).

Höhlen-Feilenfisch
Ear-spot filefish
L: bis zu 13 cm. V: ges. Gebiet. T: 0,5-15 m. A: vertikaler Kiemenfleck typisch. Einzeln oder paarweise in seichten Flachriffen oder in steinigen Ästuaren. Sehr heimlich. Unten: **Orangeschwanz-Feilenfisch** *P. aspricauda*, bis 12 cm, nur um die oz. Inseln im Gebiet, 3 - 30 m.

Pervagor janthinosoma Male Atoll, Malediven

FEILENFISCHE   MONACANTHIDAE

Schrift-Feilenfisch
Scribbled filefish
Länge: bis zu 100 cm (einschließlich des langen Schwanzes).
Verbreitung: gesamtes Gebiet und Rotes Meer, zirkumtropisch. Tiefe: 1 - 80 m.
Allgemein: in Küstenriffen, "Schriftmuster" typisch (siehe unten). Größte Art der Familie, scheu und solitär, nur selten in Gruppen. Kleine Juvenile sind gelb mit schwarzen Punkten und entwickeln während des Wachstums eine leuchtend blaue Zeichnung. Juvenile leben bis zu einer recht großen Länge pelagisch, bilden Schulen und assoziieren sich mit pflanzlichem Treibgut. Wie einige Drückerfische frißt diese Art manchmal Quallen, wie auf dem großen Foto zu sehen ist.

Aluterus scriptus   Similan Islands, Thailand

Palettenstachler
Longnose filefish
Länge: bis zu 10 cm.
Verbreitung: Ostafrika, Seychellen, Madagaskar, Maskarenen, Chagos, Malediven, Sri Lanka.
Tiefe: 1 - 30 m.
Allgemein: dieser spektakuläre kleine Feilenfisch bewohnt klare Lagunen und Außenriffe. Er ist immer dort häufig, wo *Acropora*-Korallen wachsen, deren Polypen seine Hauptnahrung sind. Die spitze Schnauze dient zum Herauszupfen der Polypen aus den becherartigen Korallenskelett-Vertiefungen. Adulte leben meist paarweise (siehe großes Foto). Juvenile schwimmen in kleinen Gruppen zwischen oder über den Korallenspitzen, auch sie fressen hauptsächlich deren Polypen.

Oxymonacanthus longirostris   Ari Atoll, Malediven

KOFFERFISCHE — OSTRACIIDAE

Male Atoll, Malediven

Gelbbrauner Kofferfisch
Cube boxfish

L: bis zu 45 cm. V: gesamtes Gebiet, RM. T: 1 - 45 m. A: kleine Juvenile (großes Foto oben) sind leuchtend gelb mit etwa pupillengroßen, schwarzen Punkten. Ihr Körper ist würfelförmig, wird aber mit zunehmendem Alter länglicher. Die Schwanzflosse wird ebenfalls größer, der Schwanzstiel wird lang und dick. Weibchen (großes Foto Mitte, adult) sind gelb mit vielen regelmäßig gerundeten, weißen, schwarzumrandeten Carapaxflecken. Große Adulte (kleines Foto unten, Männchen) variieren in der Farbe von ocker bis purpurbraun, die runden Carapaxflecken der kleineren Weibchen-Phase sind dann verblaßt oder fehlen schon ganz, die Flossen tragen kleine, schwarze Punkte. Solitäre Art, sucht ständig Schutz unter Überhängen.

Der Rumpf der Kofferfische ist von sechseckigen Knochenplatten bedeckt, die zu einem starren Panzer (Carapax) mit Löchern für die beweglichen Teile (Flossen, Schwanzstiel, Maul, Augen, Kiemen) verschmolzen sind.

Ostracion cubicus — Komoren

Ostracion trachys — Mauritius

Mauritius-Kofferfisch
Mauritius boxfish

L: bis zu 11 cm. V: nur bei Mauritius. T: 15 - 45 m. A: ähnlich *O. meleagris* (siehe gegenüber), aber mit größeren weißen Flecken. Meist tiefer als 20 m zwischen den für Mauritius typischen Felsen, auch in kleinen Gruppen. Links: Weibchen; unten: Männchen.

KOFFERFISCHE OSTRACIIDAE

Pyramiden-Kofferfisch
Pyramid boxfish
L: bis zu 30 cm. V: ges. Gebiet, RM. T: 3 - 110 m. A: solitär in Seegraswiesen oder Sandgebieten mit Felsblöcken. Unten: **Gehörnter Kofferfisch** *Lactoria cornuta,* bis zu 50 cm, ges. Gebiet, RM, 1 - 100 m. Typisch für diese Kofferfisch-Arten sind hornartige Fortsätze.

Tetrosomus gibbosus   Ari Atoll, Malediven

Dornrücken-Kofferfisch
Thornback boxfish
L: bis zu 15 cm. V: Ostafrika bis Sri Lanka. T: 1 - 30 m. A: einzeln oder paarweise über Korallengeröll und Sand mit Korallenflecken. Grün bis braun mit blauen Flecken und Zeichnungen. Der auffallende Mittelrückendorn ist ein gutes Kennzeichen. Unten: juvenil.

Lactoria fornasini   Pemba, Tansania

Weißpunkt-Kofferfisch
Whitespotted boxfish
L: bis zu 16 cm. V: gesamtes Gebiet, nicht Rotes Meer. T: 1 - 30 m. A: im Südindik häufig. Schwimmen oft paarweise, aber mit bis zu 20 m Abstand. Ähnlich *O. trachys* (siehe gegenüber), aber mit kleineren weißen Flecken. Rechts: Weibchen; unten: Männchen.

Ostracion meleagris   Shimoni, Kenia

241

KUGELFISCHE   TETRAODONTIDAE

Beau Vallon, Seychellen

Sternen-Kugelfisch
Starry pufferfish
L: bis zu 50 cm. V: gesamtes Gebiet, nicht RM. T: 3 - 25 m. A: einzeln in korallenreichen, klaren Lagunen und Außenriffen. Frißt die Spitzen von Geweihkorallen, aber auch Weichtiere und Krebse. Gelegentlich zusammen mit anderen Kugelfischen. Großes Foto oben (Paar) und kleines Foto: übliche Färbung; Mitte: gelbe Farbvariante mit typischen Rückenflossenflecken (siehe auch *A. nigropunctatus* unten).

Die große Familie Kugelfische umfaßt etwa 20 Gattungen und mindestens 100 Arten, die in zwei distinkte Unterfamilien gruppiert werden: die stumpfköpfigen Kugelfische (Tetraodontinae) und die spitzköpfigen Krugfische (Canthigasterinae). Der Populärname reflektiert ihre einzigartige Fähigkeit, sich mit Wasser oder Luft aufblasen zu können, um Feinde abzuschrecken. Viele Arten sind außerdem stachlig. Krönung auf der Liste der Verteidigungsmechanismen dieser langsamen Fische ist ein Gift: Haut und Geschlechtsorgane enthalten Tetrodotoxin.

Arothron meleagris   Mauritius

Schwarzfleck-Kugelfisch
Blackspotted pufferfish
L: bis zu 30 cm. V: gesamtes Gebiet, nicht Rotes Meer. T: 3 - 35 m. A: großes Foto: Normalfärbung, kleines Foto: gelbe Farbvariante, sehr ähnlich gelben *A. meleagris* (siehe oben), aber ohne Rückenflossenflecken. Schwesterart *A. diademata*, im Roten Meer häufig.

Arothron nigropunctatus   Felidhoo Atoll, Malediven

KUGELFISCHE   TETRAODONTIDAE

Mappa-Kugelfisch
Mappa pufferfish
L: bis zu 65 cm. V: gesamtes Gebiet. T: 2 - 30 m. A: scheu, solitär, in tiefen Höhlen von Außenriff-Dropoffs. Frißt Bodenwirbellose. Mit Sexualdimorphismus. Auf dem großen Foto zusammen mit einem Trompetenfisch (siehe auch TROMPETENSOLO, S. 64 - 65).

Arothron mappa — Beau Vallon, Seychellen

Blaupunkt-Kugelfisch
Bluespotted pufferfish
L: bis zu 80 cm. V: Réunion, Mauritius, Malediven ostwärts. T: 2 - 50 m. A: ähnlich den übrigen Arten dieser Seite, aber durch abwechselnd braune und blaue Linien ums Auge sowie viele blaue Punkte auf Kopf und Körper distinkt. Kürzlich beschrieben. Unten: Mauritius.

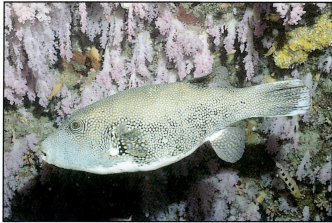

Arothron caeruleopunctatus — Baa Atoll, Malediven

Riesen-Kugelfisch
Giant pufferfish
L: bis zu 120 cm. V: gesamtes Gebiet, RM. T: 5 - 60 m. A: große Art, scheu, meist einzeln in Küstenriffen. Frißt Wirbellose, meist Stachelhäuter. Unten: **Seegras-Kugelfisch** *A. immaculatus*, 28 cm, gesamtes Gebiet, Rotes Meer, 5 - 15 m, lebt in Seegraswiesen.

Arothron stellatus — South Male Atoll, Malediven

243

KUGELFISCHE   TETRAODONTIDAE

Canthigaster coronata — Hikkaduwa, Sri Lanka

Kronen-Krugfisch
Crowned toby
L: bis zu 13 cm. V: gesamtes Gebiet, RM. T: 5 - 80 m. A: einzeln oder paarweise über Geröll und Sand. Oft in der Nähe von Höhlen und Spalten.
Die Arten der Gattung gehören zu den Krugfischen, Unterfamilie Canthigasterinae; alle sind klein im Vergleich zu ihren kurzschnauzigen Verwandten.
Alle Kugelfische produzieren kugelförmige Eier mit weniger als 1 mm Durchmesser, die klebrig sind und zu Boden sinken (demerse Eier). Ihre Larven sind jedoch pelagisch und etwa 6 mm lang, wenn sie zum Bodenleben übergehen.

Canthigaster tyleri — Male Atoll, Malediven

Tylers Krugfisch
Tyler's toby
L: bis zu 8 cm. V: Südindik. T: 12 - 35 m. A: einzeln oder paarweise (siehe Foto des 'tanzenden' Paares) in Spalten, auch in Wracks. Unten: **Smiths Krugfisch** *C. smithae*, bis zu 15 cm, Ostafrika bis Maskarenen, 25 - 52 m. Lebt eher tiefer, ist nicht häufig.

Canthigaster solandri — Kilifi, Kenia

Augenfleck-Krugfisch
Solander's toby
L: bis zu 11 cm. V: Ostafrika bis Sri Lanka, im Südindik selten. T: 3 - 30 m. A: einzeln oder paarweise auf Korallengeröll. Unten: **Bennetts Krugfisch** *C. bennetti*, 9 cm, gesamtes Gebiet, 1 - 30 m, Adulte oft paarweise, in Buchten, Färbung variiert mit Habitat.

KUGELFISCHE   TETRAODONTIDAE

Sattel-Krugfisch
Valentin's toby
L: bis zu 10 cm. V: gesamtes Gebiet. T: 1 - 55 m. A: häufig in seichten Riffen, oft paarweise. Frißt Algen und diverse kleine Wirbellose. Männchen mit blauen Linien radiär ums Auge. Model für ungiftige Nachahmer (ein Feilenfisch und ein juveniler Zackenbarsch).

Canthigaster valentini — Ari Atoll, Malediven

IGELFISCHE   DIODONTIDAE

Masken-Igelfisch
Masked porcupinefish
L: bis zu 50 cm. V: gesamtes Gebiet, nicht im Roten Meer. T: 3 - 90 m. A: scheue Art, versteckt sich tagsüber unter Felsen und in Spalten. Nur in Korallenriffgebieten, meidet offene Sandflächen.

Igelfische ähneln Kugelfischen (auch sie können sich aufblasen und sind giftig), sind aber mit kurzen oder langen Stacheln bedeckt, die normalerweise flach am Körper liegen und sich nur beim Aufblasen aufstellen. Fressen diverse beschalte Wirbellose, auch Quallen.

Diodon liturosus — Similan Islands, Thailand

Gewöhnlicher Igelfisch
Common porcupinefish
L: bis zu 70 cm. V: gesamtes Gebiet, Rotes Meer. T: 5 - 65 m. A: bewohnt Korallen- oder Felsriffe, frißt hauptsächlich Schnecken und Muscheln.
Unten: **Langstachel-Igelfisch** *D. holacanthus*, bis zu 30 cm, gesamtes Gebiet und Rotes Meer, 3 - 100 m.

Diodon hystrix — Myanmar

KREBSTIERE   CRUSTACEA

Die Krebstiere sind eine der dominanten Tiergruppen im Korallenriff. Wegen der Kleinheit und des kryptischen Verhaltens vieler Arten unterschätzt man jedoch leicht ihren Einfluß auf das Ökosystem Riff. In Größe, Form, Färbung und Lebensweise sind Krebstiere erstaunlich verschieden. Zu ihnen gehören nicht nur die bekannten Vertreter wie Hummer, Garnelen und Krabben, sondern auch vielfältige, mikroskopisch kleine Organismen, die einen Großteil des Planktons ausmachen.

Die Klasse Crustacea gehört zum Stamm Arthropoda, der auch die auf dem Land herrschenden Insekten, Spinnen, Skorpione, Tausend- und Hundertfüßler umfaßt. Dieser Stamm übertrifft alle anderen Tierstämme zusammen an Artenzahl mindestens um das Dreifache. Man schätzt, daß etwa 750.000 seiner Arten wissenschaftlich beschrieben und benannt sind; nur rund 30.000 dieser Arten sind Krebstiere. Etwa zwei Drittel davon gehören in die 14 Ordnungen Höherer Krebse. Die meisten Arten der Ordnung Decapoda mit den zwei Unterordnungen Natantia (Garnelen) und Reptantia (Hummer und Krabben) leben im Seichtwasser, in Reichweite von Taucher und Kamera. Fotografen sollten diese Gruppe gut kennen, um ihre Schönheit sinnvoll festhalten zu können.

Krebstiere leben in den unterschiedlichsten Habitaten, fressen fast alles und besetzen wichtige ökologische Nischen, besonders als Nahrung für andere. Sie sind die 'Insekten des Meeres', die artenreichste Gruppe außer den Weichtieren. Ihr Körper wird von einem starren, verkalkten Panzer oder Carapax umhüllt. Weil das Wachstum fast kontinuierlich das ganze Leben lang anhält, wachsen die Tiere periodisch immer wieder aus ihrem Panzer heraus. Daher wird er periodisch gehäutet und abgestreift. Vorher, während sich die neue Schale bildet, wird der Kalziumanteil des Carapax zur Wiederverwendung teilweise resorbiert. Ist die alte Hülle einmal abgeworfen, ist jeder Krebs besonders verletzlich, da die neue Schale noch butterweich ist (Butterkrebs). So verbergen sich Butterkrebse zunächst in ihren Bauten oder sonstigen Höhlen, bis ihr Panzer ausgehärtet ist.

Auch charakteristisch für Krebstiere ist der segmentierte Körper, einzelne Segmente können jedoch vom äußeren Panzer verdeckt sein. Allgemein kann der Körper in zwei Hauptabschnitte unterteilt werden, einen Vorder- und Hinterteil, Cephalothorax und Abdomen genannt. Ein weiteres typisches Merkmal sind die gegliederten Beine mit innen ansetzender Muskulatur, die eine Bewegung in alle Richtungen ermöglichen. Die Körperanhänge erfüllen vielfältige Aufgaben, darunter Fortbewegung, Tast- und Geschmackssinn, Atmung und Nahrungsaufnahme. Die auffälligsten sind die Antennen (zwei Paar im Gegensatz zu einem Paar bei allen anderen Arthropoden), die Laufbeine und die Scherenbeine (Chelipeden) mit den zangen- oder pinzettenartigen Greifwerkzeugen.

Die Kiemen werden schützend vom Carapax umhüllt, was aber gleichzeitig auch den Kontakt mit frischem, sauerstoffreichem Wasser behindert. Daher haben Krebstiere spezielle Pumpbeine, die Scaphognathiten, die einen konstanten Strom sauerstoffreichen Wassers in den Kiemenraum leiten. Wie die Wirbeltiere haben auch Krebstiere einen sauerstoffbindenden Blutfarbstoff (das blaue Hämozyanin), der das lebenswichtige Element zu den Organen transportiert. Das Herz liegt dorsal im Carapax, wo es Blut von den Kiemen in zwei Hauptgefäße pumpt, die Kopfregion und Schwanzmuskulatur versorgen. Der Kreislauf ist offen, das Blut fließt oft nicht in Gefäßen, sondern in Lakunen. Das verlangt nach einem unbeschädigten Panzer, sonst würde Blut auslaufen. Das Problem ist durch Autotomie (Selbstverstümmelung) gelöst: jedes Beingelenk kann bei Verletzung schnell abgetrennt und versiegelt werden. Das fehlende Teil wird beim Wachsen regeneriert und ist nach der nächsten Häutung wieder vorhanden. Die Geschlechter sind getrennt, Sexualdimorphismus kommt vor. Die Entwicklung der Krebse beginnt mit planktonischen Eiern und durchläuft eine Metamorphose mit mehreren Larvenstadien, von denen die meisten einen Großteil der Plankton-Biomasse ausmachen.

Die Mehrheit der Krebse in Riffen gehört zu den Dekapoden, was wörtlich Zehnbeiner bedeutet. Sie haben vier Paar Laufbeine und das erste Paar, das oft kräftiger ist und bei vielen Arten endständige Scheren trägt. Die meiste Zeit ihres Lebens verbringen viele dieser Krebse versteckt in ihren Grabgängen, in Spalten, unter toten Korallenstücken oder in leeren Schneckengehäusen. Sie sind ein wichtiger Teil der Nahrungskette und werden ständig von Räubern, besonders Fischen, gejagt. Die beste Zeit, um Krebse zu beobachten, ist nachts, wenn viele Arten zum Fressen aus ihren Verstecken kommen. Die größte der etwa 10.000 Dekapoden-Arten hat eine Carapaxlänge von 0,5 m und eine Beinspannweite von bis zu 3 m. Aber Größe ist nicht alles. Das Beobachten und Fotografieren der farbenfrohen Vielfalt der Krebse in tropischen Riffen wird immer neue Einsichten in die komplexen Wechselbeziehungen zwischen Krebsen und ihren Wirten, Freunden und Feinden hervorbringen.

PUTZERGARNELEN — HIPPOLYTIDAE

Kardinalsgarnele
Scarlet cleaner shrimp

L: bis zu 5 cm. V: Malediven, Sri Lanka, Andamanensee. A: diese scharlachrote Art findet sich meist unter 20 m. Sie lebt paarweise oder in kleinen Gruppen und verteidigt Reviere gegen Artgenossen. Es gibt keinen äußeren Sexualdimorphismus. Obwohl sie nicht der wichtigste wirbellose Putzer im Riff ist, putzt die Art bereitwillig Fische. Ihre Färbung variiert im großen Verbreitungsgebiet: das kleine Foto unten von den Line Islands im Zentralpazifik zeigt eine Farbvariante, bei der sich das Weiß auf einige Punkte auf dem Carapax beschränkt, die Beine sind vollständig rot. Tiere von den Malediven jedoch haben teils weiße Beine und weiße Punkte auch auf dem Abdomen (Foto rechts).

Die meisten putzenden Garnelen leben in tropischen Korallenriffen und gehören u. a. zu den Familien Hippolytidae (Putzergarnelen) und Palaemonidae (Partnergarnelen, siehe weiter unten). Außer Parasiten und Hautteilen fressen sie auch Detritus und sogar kleine Fische. Nicht alle Arten jedoch signalisieren ihr Putzangebot so deutlich wie die territoriale Weißband-Putzergarnele *Lysmata amboinensis* (siehe weiter unten) mit typischen Wedelbewegungen ihrer weißen Antennen. Wenn die Kommunikation erfolgreich war, wird auch ein großer Raubfisch der Putzergarnele erlauben, seine Kiemen von innen abzusuchen. Niemals werden sich die Kiefer über einem der symbiontischen Helfer schließen, um ihn zu fressen. Wie das vorsichtige Wedeln und Berühren mit den Antennen der Garnele, so hat auch der Fisch seine Art, der Garnele mitzuteilen, wann er mit der Arbeit zufrieden ist und sich zurückziehen möchte.

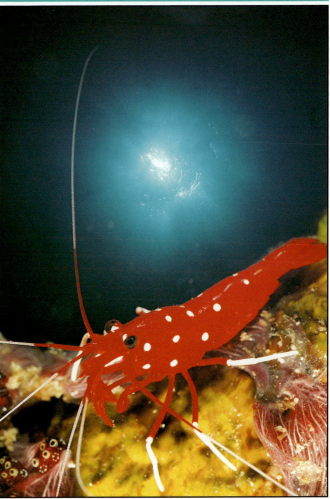
Baa Atoll, Malediven

Lysmata debelius — Mergui, Myanmar

247

KORALLENFESTUNG

Die meisten Schnorchler und Taucher betrachten Korallenriffe als riesige Unterwasseraquarien, gefüllt mit unzähligen bunten Fischen. Natürlich sind festsitzende Tiere wie Korallen und Schwämme sowie die umherschwimmenden Fische die auffälligsten Bewohner der Korallenriffe. Allerdings gibt es in den lebenden Korallen eine Vielzahl kleinerer und leicht zu übersehender Tiere. Hunderte Arten kleiner Krebstiere bewohnen diese Korallenstädte, entweder gelegentlich oder in lebenslanger Gemeinschaft mit den Korallen. Der Autor gewährt einen Einblick in das geheime Leben in Steinkorallen.

Die unverwechselbar gefärbte Partnergarnele *Coralliocaris graminea* lebt auf verschiedenen Steinkorallenarten

Riffbildende (hermatypische) Korallen gehören zu den faszinierendsten Tieren auf unserem Planeten. Die meisten Menschen haben keine Ahnung, wie wichtig diese Organismen sind. Korallen können ganze Inseln aufbauen und so Lebensraum für Pflanzen, Tiere und auch Menschen schaffen. Noch wichtiger, ihr spezieller Bau und die oft gewaltige Größe schaffen zahlreiche Mikrohabitate und sind daher für eine endlose Zahl unterschiedlicher ökologischer Nischen verantwortlich, die von anderen Organismen bewohnt werden. Zur Verdeutlichung, wie fein abgestimmt diese Nischen sein können, stelle man sich eine große Geweihkorallenkolonie (*Acropora*) vor, mit Organismen, die tief zwischen den Ästen leben, auf den Spitzen oder nahe der abgestorbenen Basis der Koralle umherkriechen oder einfach zwischen den Ästen umherschwimmen. Auch sind die Korallenpolypen eine wichtige Nahrungsquelle für viele Tiere, entweder in Form des lebenden Korallengewebes, Teilen des Skeletts oder als Schleim, den die Polypen ausscheiden.

Besonders zahlreich auf Korallen sind Krebstiere, allerdings sind sie recht schwierig zu beobachten. Viele leben tief zwischen den Ästen oder in Löchern, oder sie sind nur nachts und nur für kurze Zeit zu sehen. Wunderschön gefärbte Garnelen wie *Saron* kommen nachts zum Fressen oder zur Partnersuche heraus. *Saron*-Arten, viele von ihnen noch unbeschrieben, sind keine Symbionten der Korallen, sondern nutzen einfach die Hohlräume und engen Spalten zwischen den Korallenästen, wo sie vor der meisten Freßfeinden relativ sicher sind. Nachts müssen sie allerdings auf der Hut sein, da zahlreiche Freßfeinde wie Soldatenfische (Holocentridae) notorische nächtliche Jäger riffbewohnender Krebstiere sind.

Paguritta-Arten sind winzige und lustig aussehende Einsiedlerkrebse, die kleine Löcher bewohnen, die von in Korallen bohrenden Würmern und Weichtieren erzeugt wurden. Oft schauen sie aus ihren "Fenstern" heraus und filtern dabei mit den federartigen Antennen Plankton aus der Strömung. Das Foto zeigt eine Korallenpartie mit einer besonders großen "Kolonie" derartiger Einsiedler.

Andere Krebse leben in sogenannter mutualistischer Gesellschaft (mit gegenseitigem Nutzen für beide Partner) bei Korallen. Viele Arten der palaemoniden Unterfamilie Pontoniinae (Partnergarnelen) und der Familie Alpheidae (Knallkrebse) sind dauerhafte Korallenbewohner. Korallen bieten diesen Krebsen nicht nur ein sicheres Heim, sondern auch freie Kost.

Pocillopora-Arten gehören zu den Korallen, die am häufigsten von Garnelen, Porzellankrebsen, Spring- und anderen Krabben bewohnt werden. Bei genauer Betrachtung kann eine einzelne, große Kolonie von *Pocillopora damicornis* Dutzende dieser kleinen Dekapoden und natürlich viele weitere Lebewesen wie andere Krebstiere, Fische und Würmer beherbergen. Wie leben sie zusammen? Wie groß ist die Konkurrenz um Lebensraum? Wie werden die Nahrungsreserven aufgeteilt? Sind alle freundlich zu ihrem Korallenwirt oder, wenn

Das Heim von *Paguritta*-Einsiedlerkrebsen. Ein jeder hat eine kleine "Wohnung" mit einem "Fenster".

nicht, bis zu welchem Grade schädigen sie eine Korallenkolonie? Wir beginnen erst allmählich, die Funktion solch komplexer Gemeinschaften zu verstehen. Verhaltensstudien an dem Knallkrebs *Alpheus lottini* und einer Art der Korallenkrabben-Gattung *Trapezia* zeigen, wie faszinierend dies sein kann. *Trapezia*-Arten haben kräftige Scheren und sind etwas größer und robuster als Knallkrebse. Die Knallkrebse wissen, daß sie einen direkten Kampf mit den extrem territorialen Krabben verlieren würden, und haben daher eine völlig andere Taktik entwickelt, um ein friedliches Zusammenleben mit den Krabben zu ermöglichen. Männchen und Weibchen von *Trapezia* kommunizieren durch sehr spezifische Signale miteinander. Jedes Zusammentreffen der beiden Geschlechter beginnt mit dem Austausch spezifischer Verhaltensmuster wie sanftes Stupsen, Scherenreiben und schließlich Körperkontakt. Diese Muster sind Teil des sogenannten Beschwichtigungsverhaltens. *Alpheus lottini* hat offensichtlich "gelernt", diese Muster nachzuahmen, er kann die "Krabbensprache".

Der Knallkrebs versucht also, Nachrichten an die Krabbe zu übermitteln wie "Ich bin kein Eindringling, wir können friedlich zusammenleben", was meist funktioniert. Krabben, die anfangs noch aggressiv auf den Knallkrebs reagierten, werden plötzlich sehr sanft und entspannt! Was aber machen all die anderen Symbionten, um mit ihren dominanten Nachbarn zusammenzuleben? Noch wissen wir es nicht.

Eine der auffälligsten Arten der Gattung *Trapezia* ist *T. rufopunctata*.

PUTZERGARNELEN — HIPPOLYTIDAE

Weißband-Putzergarnele
White-banded cleaner shrimp

Similan Islands, Thailand

Länge: bis zu 6 cm.
Verbreitung: gesamtes Gebiet.
Allgemein: diese Art ist einer der wichtigsten wirbellosen Putzer von Riffischen. Ihr Farbmuster ist typisch und sehr ähnlich dem der atlantischen Art *L. grabhami,* deren Synonymie zur Zeit noch diskutiert wird. Die weiße Linie auf dem roten Rücken ist bei der Art *L. amboinensis* am Schwanzfächer unterbrochen, aber bei *L. grabhami* durchgehend. Oft paarweise zu sehen, auch Gruppen von bis zu 100 wurden schon im Riff beobachtet.

Die Putzergarnelen der Familie Hippolytidae sind dafür bekannt, besonders große, stationäre Riffische wie Muränen und Zackenbarsche von Parasiten und infizierter Haut zu reinigen. Außerdem sammeln sie nicht nur Parasiten von der äußeren Haut dieser Fische, sondern krabbeln sogar in die Mundhöhle ihrer räuberischen Kunden, um Nahrungsreste zwischen deren Zähnen zu entfernen. Folglich wurden sie unter dem Sammelnamen Putzergarnelen bekannt, wie sie auch von UW-Fotografen und Krebstierenthusiasten genannt werden. Es gibt jedoch auch in anderen Familien putzende Garnelen.

Des Roches, Seychellen

Man findet die Arten der Gattung *Lysmata* nicht nur in tropischen Meeren, sondern auch in weiten Teilen der temperierten und kalten Gewässer. Zwei von ihnen leben zum Beispiel im Mittelmeer. Von fast allen Arten ist der Wissenschaft bekannt, daß sie sich als Putzer anderer Riffbewohner betätigen.

Lysmata amboinensis — Mentawai, Sumatra

PUTZERGARNELEN   HIPPOLYTIDAE

Marmorgarnele
Marble shrimp
L: bis zu 4 cm. V: ges. Gebiet.
A: Carapax kurz, Abdomen-
buckel typisch, Rostrum lang,
dornig, Borstenbüschel entlang
des Rückens. Nachtaktiv, einzeln, paarweise in Lagunen und
Saumriffen. Erstes Beinpaar
adulter Männchen (unten) länger als bei Weibchen (rechts).

Saron marmoratus   Ari Atoll, Malediven

Tapetengarnele
Tapestry shrimp
Länge: einschließlich der Cheli-
peden bis zu rund 10 cm.
Verbreitung: bislang nur von
der Küste Myanmars bekannt.
Allgemein: diese noch unbe-
schriebene Art mit ihrem ein-
zigartigen Farbmuster wurde
vom Fotografen während eines
Mitternachtstauchgangs an der
weitgehend unerforschten
Küste Myanmars entdeckt. Er
berichtet, daß sie prinzipiell
das gleiche Verhalten zeigt wie
ihre häufigere Verwandte
S. marmoratus. Nach dem
Fotoblitz zog sie sich sofort ins
Korallendickicht zurück. Das
Foto zeigt ein Männchen.

Saron sp.   Myanmar

Hohlkreuz-Garnele
Squat shrimp   L: bis zu 2 cm.
V: ges. Gebiet. A: Kommensale
auf Korallen und Anemonen.
Abdomen rechtwinklig nach
oben gestreckt. Weibchen fast
doppelt so lang wie Männchen.
Meist paarweise auf dem Wirt,
auch in Gruppen. Kein Putzer,
aber auf Heuschreckenkrebsen
(Augen links auf großem Foto).

Thor amboinensis   Similan Islands, Thailand

SCHERENGARNELEN STENOPODIDAE

Stenopus pyrsonotus — Flic en Flac, Mauritius

Geister-Scherengarnele
Ghost boxer shrimp

L: bis zu 3 cm. V: gesamtes Gebiet. A: im natürlichen Riffhabitat ab 10 m Tiefe. Ist scheu und versteckt sich tagsüber in Höhlen und Spalten. Einzeln oder paarweise anzutreffen. Kein äußerer Sexualdimorphismus. Im natürlichen Lebensraum relativ selten, ist dort beim Putzen von Fischen beobachtet worden. Dieser Krebs führt ein wesentlich heimlicheres Leben als andere putzende *Stenopus*-Arten. Das Foto wurde in 55 m Tiefe bei der Suche nach einem unbeschriebenen Kaiserfisch gemacht. Siehe auch Vorseite.

Stenopus cyanoscelis — Kilifi, Kenia

Blaubein-Scherengarnele
Blue-legged boxer shrimp

Länge: bis zu 3 cm. Verbreitung: gesamtes Gebiet. Allgemein: diese Scherengarnele lebt einzeln oder paarweise im Riff, wo sie sich in Höhlen versteckt. Kein äußerer Sexualdimorphismus. Wurde erst 1984 beschrieben.

Stenopus devaneyi — Negombo, Sri Lanka

Devaneys Scherengarnele
Devaney's boxer shrimp

Länge: bis zu 6 cm. Verbreitung: von den Malediven ostwärts bis zur Andamanensee. Nicht bekannt von Ostafrika und den Maskarenen. Allgemein: mit typischem Paarungsverhalten, jedoch ohne äußeren Sexualdimorphismus, beide Geschlechter tragen zwei rote Punkte auf dem Rücken. Trächtige Weibchen tragen gelblichweiße Eier unter dem Abdomen. Die Jungen schlüpfen nach 14 Tagen. Die extrem scheue Art wurde erst 1984 beschrieben.

SCHERENGARNELEN STENOPODIDAE

Gebänderte Scherengarnele
Banded boxer shrimp
Länge: bis zu 5 cm.
Verbreitung: gesamtes Gebiet.
Allgemein: eine häufige, putzende Garnele mit Stacheln und Borsten auf Körper und Scherenbeinen. Die Basis der Scherenbeine ist blau. Lebt immer paarweise. Sexualdimorphismus: Männchen sind kleiner. In Spalten ab 3 m.

Stenopus hispidus — Ari Atoll, Malediven

Rotantennen-Scherengarnele
Zanzibar boxer shrimp
L: bis zu 3 cm. V: gesamtes Gebiet. A: Hinterleib und Scherenbeine zeigen ein sich wiederholendes Muster von Rot und Weiß, das charakteristisch für alle Gattungsmitglieder ist. Antennen rot, Körper und erste Beinglieder gelb.
Die ersten beiden Beinpaare der Arten dieser Gattung sind klein, das dritte Paar ist vergrößert und trägt Scheren. Vielleicht sind alle Arten Putzer. Sie werben mit wedelnden Antennen am Eingang ihrer Wohnhöhlen um Fischkundschaft. Diese wird nach Parasiten abgesucht, nachdem sie mit sanften Berührungen der Antennen beruhigt wurde.

Stenopus zanzibaricus — Shimoni, Kenia

TANZGARNELEN — RHYNCHOCINETIDAE

La Digue, Seychellen

Durban-Tanzgarnele
Durban dancing shrimp
Länge: bis zu 4 cm. Verbreitung: Südafrika bis Thailand. Allgemein: ähnelt im Farbmuster *R. uritai* und wird oft fälschlich als solche bezeichnet, unterscheidet sich aber durch ein langes, bezahntes Rostrum. Auch ein Detail der Färbung ist anders: die weißen, unter dem transparenten Carapax liegenden Linien sind genauso breit wie die roten und nicht verschieden breit wie bei *R. uritai*. Die Art lebt tief in Spalten und Höhlen, meist in großen Gruppen.

Große Augen und ein Buckel sind offensichtliche morphologische Merkmale, die Mitglieder dieser Familie von anderen Dekapoden unterscheiden. Ein weniger auffälliges, aber sehr wichtiges morphologisches Detail ist ein Gelenk an der Basis des Rostrums, das nach unten gefaltet werden kann. Bei anderen Dekapoden ist das (oft gesägte) Rostrum vor dem Kopf ein fester Teil des Cephalothorax. Die Bedeutung des beweglichen Stirnfortsatzes zeigt sich während der Häutung: das abwärts gefaltete Rostrum erleichtert das Abstreifen des alten Carapax.

Tanzgarnelen sind nach ihrer ungewöhnlichen Bewegungsweise am Boden benannt: sie stolzieren vorsichtig umher, wobei sie oft pausieren. Diese abrupten Stopps erinnern an Tangotänzer.

Rhynchocinetes durbanensis — Surin Island, Thailand

Malediven-Partnergarnele
Länge: bis zu 2 cm. Verbreitung: Bekannt von den Malediven, wo sie entdeckt wurde, Thailand und aus der Timor See. Allerdings ist dies das erste Foto aus ihrem natürlichen Lebensraum. Allgemein: Vermutlich noch weiter verbreitet. Meist mit der Koralle *Seriatopora* assoziiert. Diese Partnergarnele gehört zur Familie, die auf der nächsten Seite vorgestellt wird.

Exoclimenella maldivensis — Burma Banks, Thailand

PARTNERGARNELEN   PALAEMONIDAE

Bruuns Partnergarnele
Bruun's cleaning partner shrimp

L: bis zu 3 cm. V: ges. Gebiet, RM, ostwärts bis Japan. A: diese Partnergarnele ist fast völlig transparent mit roten und weißen Zeichnungen auf Carapax und Beinen. Sie lebt in Löchern und Höhlen, wo sie bewegungslos im Wasser zu schweben scheint. Diese Art wird oft fälschlich als *Leandrites cyrtorhynchus* bezeichnet. Wie die Arten der Familie Putzergarnelen ist sie ein wichtiger wirbelloser Putzer diverser Riffische. Das große Foto oben zeigt mehrere Individuen beim Putzen von Körperoberfläche und Mundhöhle eines Rotmaul-Zackenbarsches *Aethaloperca rogaa*. Das große Bild Mitte zeigt einen anderen Kunden aus der Familie Zackenbarsche, den Fenster-Zackenbarsch *Gracila albomarginata*, der ebenfalls besonders an Kopf und im Maul gesäubert wird. Das kleine Foto unten (Andamanensee) zeigt die Garnele auf einer Fächerkoralle.

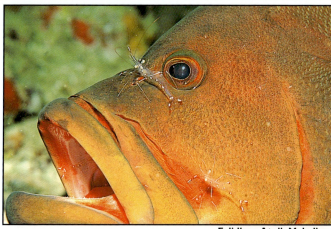
Felidhoo Atoll, Malediven

Urocaridella antonbruunii   Astove, Seychellen

Imperatorgarnele
Emperor partner shrimp

Länge: bis zu 2 cm.
Verbreitung: gesamtes Gebiet, RM, ostwärts bis Hawaii.
Allgemein: die breiten Antennenschuppen dieser Partnergarnelen-Art erinnern an einen Entenschnabel. Ihre Gesamtfärbung ist immer hervorragend an den wirbellosen Wirt angepaßt, regelmäßig findet man die Art auf der Spanischen Tänzerin *Hexabranchus sanguineus*, wo sie nahe den Kiemen der Nacktschnecke sitzend Kotpillen und Schleim frißt; lebt auch auf diversen Seegurken (siehe Foto).

Periclimenes imperator   Similan Islands, Thailand

255

PARTNERGARNELEN PALAEMONIDAE

Pracht-Partnergarnele
Magnificent partner shrimp
L: bis zu 2 cm. V: Andamanensee ostwärts. A: bei Koralle *Cataláphyllia* und Röhrenanemone *Dofleinia armata* (Foto). Unten: Clown-Partnergarnele *P. brevicarpalis*, 4 cm, ges. Gebiet, 5 dunkle Ocelli auf Schwanzfächer. Bei Anemonen, besonders *C. adhaesivum*.

Periclimenes magnificus — Richelieu Rock, Thailand

Schmuck-Partnergarnele
Ornate partner shrimp
L: bis zu 4 cm. V: ges. Gebiet, RM. A: transparenter Körper mit feinem, roten Netzmuster. Beine und Schwanzfächer mit purpurnen und weißen Flecken. Bei *Entacmaea* spp. und *Heteractis magnifica*. Unten: **Schmucklose Partnergarnele** *P. inornatus*, 3 cm, bei Anemonen.

Periclimenes ornatus — La Digue, Seychellen

KNALLKREBSE ALPHEIDAE

Djedda-Knallkrebs
Djedda snapping shrimp
Länge: bis zu 4 cm. Verbreitung: ges. Gebiet, RM. Allgemein: Färbung: diffuse hellgrüne Wölkung, weißer Rücken-Sattelfleck, schwarze Flecken auf Carapaxseiten, Antennen gelblich. Auf Korallengeröllböden, assoziiert mit Grundelarten der Gattung *Amblyeleotris* (hier *A. steinitzi*). Etwa 140 Familienmitglieder sind aus tropischen Meeren bekannt, die meisten sind nicht symbiontisch. Siehe weitere symbiontische Arten auf den Seiten 203-204.

Alpheus djeddensis — Praslin, Seychellen

LANGUSTEN — PALINURIDAE

Similan Islands, Thailand

Gestreifte Languste
Painted spiny lobster
Länge: bis zu 40 cm.
Verbreitung: gesamtes Gebiet einschließlich Rotes Meer.
Allgemein: die Antennen dieser Art sind weiß, der Carapax ist schwarz und gelblichweiß, das Abdomen grün mit schwarzen und weißen Querbändern. Der Schwanzfächer ist grün bis blau. Siehe auch das Foto auf der Vorseite, das mittags am Hausriff von Elaidhoo, Ari Atoll, gemacht wurde.

Langusten gehören zu den schönsten und eindrucksvollsten Krebsen. Das Fehlen von Scheren unterscheidet sie von anderen, ähnlichen Krebsen; ihr erstes Schreitbeinpaar ist in dieser Hinsicht primitiv. Das zweitletzte Beinsegment trägt jedoch einen Dorn, der - wenn er proportional vergrößert wird - deutlich dem Propus, dem unbeweglichen Scherenfinger, ähnelt. Wissenschaftler vermuten, daß sich die Hummer mit ihren großen Scheren aus Langusten entwickelt haben. Ein weiterer Unterschied liegt im Rostrum: Langusten haben zwei, andere Verwandte nur eines.

Panulirus versicolor   Ari Atoll, Malediven

Panulirus ornatus   Mafia, Tansania

Schmuck-Languste
Ornate spiny lobster
Länge: bis zu 40 cm.
Verbreitung: gesamtes Gebiet einschließlich Rotes Meer.
Allgemein: alle Langustenarten können mit schnellen Bewegungen von Abdomen und Schwanzfächer rückwärts schwimmen. Die Abdominalsegmente tragen scharfen Dornen und Kanten zur Verteidigung. Langusten immer vorsichtig hantieren und nur wenn unbedingt nötig. Nachtaktiv, vertrauen auf Tastsinn, die langen Antennen sind Hauptsinnesorgan. Abgebrochene Antennen werden bei der nächsten Häutung regeneriert.

LANGUSTEN   PALINURIDAE

Streifenbein-Languste

Länge: bis zu 30 cm, im Schnitt 20 – 25 cm. Verbreitung: Von den Malediven bis nach Franz. Polynesien. Lesen Sie bitte weitere Ausführungen über diese interessante Art im KREBSFÜHRER, einer Monografie nur über diese Tiergruppe, vom gleichen Autor geschrieben.

Panulirus femoristriga   Lhaviyani Atoll, Malediven

Kamm-Languste
Scalloped spiny lobster

Länge: bis zu 35 cm. Verbreitung: ges. Gebiet und RM. Allgemein: häufigste Languste unseres Gebietes. Antennen nicht weiß, Reihen dunkelrandiger, weißer Punkte auf dem gefleckten, dunklen Abdomen. Beine dunkel mit weißen Längslinien. Breiter Schwanzfächer.

Panulirus penicillatus   Myanmar

Langbein-Languste
Long-legged spiny lobster

Länge: bis zu 30 cm. Verbreitung: gesamtes Gebiet. Allgemein: erstes Antennenpaar der Langusten nicht peitschenartig wie bei Hummern, sondern nahe der Spitze gegabelt. Zweites Paar lang, mit stark entwickeltem Basalsegment. Durch Aneinanderreiben der Antennensegmente können Langusten hörbare Knarrgeräusche erzeugen. Manchmal kann eine Besonderheit ihres Reproduktionsverhaltens unter Wasser beobachtet werden: manche Langustenarten wandern in langen Gänsemarsch-Reihen zu ihren Laichgründen.

Panulirus longipes   Thailand

RIFFHUMMER — NEPHROPIDAE

Roter Riffhummer
Red reef lobster
Länge: bis zu 12 cm.
Verbreitung: gesamtes Gebiet.
Allgemein: Riffhummer verbringen den Tag in den tiefsten Teilen von Höhlen und Spalten. Daher kann man ihnen nur nachts begegnen. Wenn man ein Tier oder Paar gefunden hat, wird man sie Nacht für Nacht im selben Gebiet antreffen, wenn sie nicht gestört werden. Die äußeren Sexualorgane von Riffhummern kann man auf der Bauchseite des Abdomens sehen. Es gibt keine weiteren (auffälligeren) äußeren Geschlechtsunterschiede.
  Kleines Foto unten: ein überraschtes Exemplar, das beim Umdrehen eines toten Korallenstücks gefunden wurde.

Enoplometopus occidentalis   Ari Atoll, Malediven

Voigtmanns Riffhummer
Voigtmann's reef lobster
Länge: bis zu 10 cm.
Verbreitung: Malediven, vielleicht Sri Lanka. Allgemein: die attraktive Art wurde 1989 beschrieben und bis jetzt nur an einigen Plätzen bei den Ari und Male Atollen der Malediven entdeckt. Es gibt außerdem noch unbestätigte Nachweise der Art aus Sri Lanka.
Unten: **Daums Riffhummer** *Enoplometopus daumi*, bis 11 cm, Ostindik und Westpazifik. Trotz ihrer relativ weiten Verbreitung und Häufigkeit sieht man auf Nachttauchgängen Riffhummer nur selten, da sie ein sehr heimliches und verstecktes Leben führen. Sie sind sehr scheu und verstecken sich bei UW-Beleuchtung sofort.

Enoplometopus voigtmanni   Male Atoll, Malediven

EINSIEDLERKREBSE — DIOGENIDAE

Weißpunkt-Einsiedler
White-spotted hermit crab
L: bis zu 25 cm, meist 10 cm.
V: Südafrika und Madagaskar bis Australien und Pazifik. A: große Art, manchmal mit winzigen roten und weißen Garnelen-Kommensalen im Gehäuse.
  Einsiedlerkrebse sind laufende Dekapoden, deren 4. und 5. Beinpaar reduziert ist, und die ihr weiches Abdomen zum Schutz in einem leeren Schneckenhaus bergen. Während des Wachstums muß ein Einsiedlerkrebs ab und zu in ein neues, größeres Haus umziehen. Ein solches zu ergattern, führt oft zu Zwistigkeiten zwischen Einsiedlerkrebsen.

Dardanus megistos Ari Atoll, Malediven

Blausocken-Einsiedler
Blue sock hermit crab
L: bis zu 2 cm. V: ges. Gebiet. A: Färbung der Antennen und Laufbeinspitzen typisch für *Calcinus* spp., die verschiedene Schneckenhäuser nutzen. Unt.: unbeschriebene *Calcinus* sp. (Maled.). Viele Einsiedler sind nachtaktive Räuber, die diverse lebende und tote Tiere fressen.

Calcinus latens Male Atoll, Malediven

SPRINGKREBSE — GALATHEIDAE

Federstern-Springkrebs
Feather star squat lobster
L: bis zu 2 cm. V: Indopazifik bis Australien, RM. A: lebt auf den Armen von Federsternen. Erstes Beinpaar doppelt so lang wie der Carapax, kräftig, mit Scheren. Färbung variabel, abhängig vom Federstern-Wirt, oft mit weißen Rücken-Längsbändern. Scheren- und Beinspitzen sind weiß. Stiehlt seinem Wirt Plankton-Nahrung. Die Weibchen sind größer.
  Der pontoniide Krebs *Allopontonia iaini* ist dieser Art sehr ähnlich, lebt aber ausschließlich auf Seeigeln.

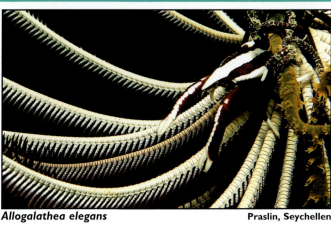

Allogalathea elegans Praslin, Seychellen

PORZELLANKREBSE PORCELLANIDAE

Anemonen-Porzellankrebs
Anemone crab
L: bis zu 3 cm. V: ges. Gebiet. A: Carapax rund, krabbenartig, glatt. Scherenbeine breit, kräftig, Scheren groß. Cremeweiß mit vielen kleinen roten Punkten. Immer zwischen Tentakeln oder unterm Rand von Seeanemonen (*Cryptodendrum, Entacmaea*). U: *N. alobatus* (Kenia).

Neopetrolisthes maculatus Aldabra, Seychellen

Anemonen-Porzellankrebs-Art
Anemone crab species
L: bis zu 1,5 cm. V: Mauritius. A: unbeschriebene Art. Unten: *Petrolisthes cinctipes*. Drittes Kieferbein aller Familienmitglieder mit vielen langen Borsten: diese Fächer filtern rhythmisch Plankton aus dem Wasser, die Kiefer holen die Nahrung ein.

Neopetrolisthes sp. Mauritius

KORALLENKRABBEN TRAPEZIIDAE

Rotpunkt-Korallenkrabbe
Red-spotted coral crab
L: bis zu 1,5 cm. V: ges. Gebiet, RM. A: gelblich mit etwa 200 roten Punkten auf Carapax und Beinen. Auf verzweigten Korallen. Frißt Schleim und Detritus. U: *Tetralia cavimana*, 1,2 cm, auf *Acropora*-Korallen.

Trapezia rufopunctata Des Roches, Seychellen

SCHMETTER-FANGKREBSE　　ODONTODACTYLIDAE

Bunter Fangschreckenkrebs Peacock mantis shrimp
L: bis zu 17 cm. V: ges. Gebiet. A: sehr bunt, nutzt Schwanzfächer zum Drohen (große Bild Mitte), bewacht Eier (kleines Foto unten). Frißt Garnelen, Fische und Würmer.

Fangschreckenkrebse (Stomatopoda) sind lang (Carapax aber kurz), haben nur 3 Paar Laufbeine und einen langen, flachen Schwanz. Am auffälligsten ist ein Paar Greifklauen, ähnlich denen einer Gottesanbeterin, seitlich unter den Carapax gefaltet. Bei Gonodactyliden sind die Klauenenden verdickt, um Beute mit einem Schlag zu zerschmettern. Diese Art ist der größte Schmetterer, sie kann Aquarienscheiben zertrümmern! Arten anderer Familien (siehe nächste Art) haben schlanke, dornige Klauen, um Beute aufzuspießen (Speerer). Fangschreckenkrebse leben einzeln in einfachen Grabgängen mit zwei Öffnungen. Sie jagen vom Bau aus oder wandern auf Nahrungssuche umher.

Trinco, Sri Lanka

Odontodactylus scyllarus　　Felidhoo Atoll, Malediven

SPEER-FANGKREBSE　　LYSIOSQUILLIDAE

Gebänderter Fangschreckenkrebs
Banded mantis shrimp
L: bis 38 cm. V: ges. Gebiet. A: gebändert, schwimmt auch frei im Wasser. Alle Arten mit T-förmigen Augen und schlanken Greifklauen (unten), greifen Beute wie Gottesanbeterinnen.

Lysiosquillina maculata　　Ari Atoll, Malediven

KAMPF UMS TERRITORIUM

Daß im dichtbesiedeltsten Lebensraum des Meeres, im tropischen Korallenriff, der Platz knapp ist, erkennt der aufmerksame Beobachter bereits beim Schnorcheln. Die Möglichkeiten, um sich gegen Nachbarn der eigenen oder anderer Art durchzusetzen, sind vielfältig. Festsitzende Wirbellose wie Korallen und Anemonen nutzen chemische Waffen, freischwimmende Organismen wie Fische neigen eher zu brachialer Gewalt. Hier einige Beispiele.

Zwei Gefleckte Büschelbarsche *Cirrhitichthys oxycephalus* diskutieren verbissen um den besten Liegeplatz zum Lauern auf Beute.

Wie überall in der Natur geht es im Riff hauptsächlich um zwei Dinge: Fressen und Vermehren. Diese beiden Bedürfnisse liefern genug Stoff für territoriale Auseinandersetzungen zwischen riffbewohnenden Fischen der gleichen Art.

Büschelbarsche etwa sind Lauerräuber, die regungslos an einem exponierten Ort - oben auf einem Korallenkopf oder -ast - liegen und darauf warten, daß geeignete Beute vorbeischwimmt. Ist der Passant jedoch ein gleichgroßer Vertreter derselben Art, kommt es unweigerlich zum Kampf um diesen Futterplatz, denn der Artgenosse ist offensichtlich auf der Suche nach einem solchen, und der erste Büschelbarsch wird den seinen nicht kampflos aufgeben. Lauern bedeutet, viel Zeit investieren und vom Zufall abhängig sein. Gute Plätze werden daher vehement verteidigt, wobei solange mit dem Maul geschoben und gedrückt wird, bis der Schwächere schließlich aufgibt und seines Weges zieht.

Ähnliches gilt für die größeren Zackenbarsche, die nicht lauern, sondern schwimmend jagen. Jeder dieser Einzelgänger hat sein begrenztes Jagdrevier, das nur dieses eine Exemplar ernähren kann. Daher müssen gleichartige Eindringlinge möglichst schnell und energiesparend vertrieben werden. Übrigens sehen die Kampfhandlungen oft gefährlicher aus, als sie sind. Aktive Räuber können sich schwere Verletzungen nicht lei-

Auch große Fische, hier Malabar-Zackenbarsche *Epinephelus malabaricus*, streiten wegen kleiner Grenzübertritte, da sie ein ausgedehntes Jagdrevier benötigen, um satt zu werden.

sten. So bleibt es in der Regel beim Kräftemessen, was besonders bei den plakatfarbigen Riff-Fischen (z. B. manche Falterfische) bis zur berührungsfreien Show reduziert ist. Die Verhaltensforscher sprechen dann von ritualisierten oder Kommentkämpfen.

Der andere große Anlaß für innerartliche Territorialkämpfe ist der Sexualtrieb. Viele Fischarten (z. B. manche Riffbarsche, Lippfische, Grundeln und Drückerfische) laichen nämlich nicht irgendwo im offenen Wasser (wie die pelagischen Laicher, z. B. Doktorfische, Makrelen und Thune), sondern betreiben Brutpflege, die mit der Auswahl eines geeigneten Laichplatzes beginnt. Je nach Art wählt das Männchen oder das Weibchen den Ort der Eiablage und definiert damit das Laichterritorium, welches wiederum von

Zwei Männchen des Kometstreif-Prachtlippfisches *Oxycheilinus bimaculatus* kämpfen um ein Weibchen und das Laichterritorium.

einem oder beiden Partnern selbst gegen solche Riesen wie neugierige Taucher und Unterwasserfotografen verteidigt wird. Bei wehrhaften Fischarten (z. B. großen Drückerfischen oder den aggressiven und giftigen Feuerfischen) muß gebührender Abstand eingehalten werden, um Schaden vorzubeugen.

Um territoriale Fischarten auf ihre Aggressivität hin zu testen, gibt es ein sehr einfaches Mittel: da nur Menschenaffen und Menschen ihr eigenes Spiegelbild als "Ich" erkennen, ist dasjenige eines Fisches automatisch ein Rivale, den es heftig zu bekämpfen gilt. Der Versuch sollte allerdings vor dem Erschöpfungstod

Ein schneller Biß von hinten, der Feind flüchtet schon: Großaugenbarsche *Priacanthus hamrur* im Grenzstreit.

Der Zweifarb-Putzerlippfisch *Labroides bicolor* hält sein Spiegelbild für einen Rivalen, den es zu vertreiben gilt.

des realen Kontrahenten abgebrochen werden...

Anemonenfische besetzen in der Regel paarweise oder in Familienverbänden ein ganz besonderes Territorium - nämlich eine nesselnde Seeanemone. Diese Symbiose ist überlebenswichtig für den Fisch, daher wird der Besitz der Anemone bereits auf Distanz (etwa 2 m) mit Knacklauten akustisch angezeigt, ein einzigartiges Phänomen in der Welt der Fische. Durch dieses ritualisierte Drohduell mit Geräuschen muß sich der Anemonenfisch nicht zu weit von seiner Beschützerin entfernen, was immer das Risiko des Gefressenwerdens in sich birgt. Nur wenn der Gegner hartnäckig bleibt, kommt man sich bis auf wenige Zentimeter nahe. Dann werden winzige, aber deutliche Farbänderungen, z. B. ein Augenstreifen, als Zeichen hoher Aggressionsbereitschaft wirksam. Nutzt alles Ritual nichts, setzt es ganz reale Schläge mit der Schnauze, die auch so mancher Taucher auf der spiegelnden Maskenscheibe schon zu spüren bekommen hat. Da der Klügere nachgibt, darf man solche Unterwasserversuche nicht zu weit treiben, denn wie erwähnt, sind nicht alle territorialen Fische wehrlos.

Anemonenfische (hier *Amphiprion clarkii*) verteidigen ihre Wirtsanemone gegen alles und jeden, und sei es noch so groß. Hier attackiert der Winzling mit weit aufgerissenem Maul das Kameraobjektiv.

Deutlicher geht es nicht: gespreizte Flossenstrahlen und offenes Maul des Zebra-Zwergfeuerfisches *Dendrochirus zebra* sprechen eine klare Sprache.

WEICHTIERE — MOLLUSCA

Typisch für Mollusken sind ein muskulöser Mantel (Äußeres des Weichkörpers), eine Radula (bezahnte Raspelzunge, arbeitet wie ein Förderband) und ein muskulöser Fuß, der ursprünglich der Fortbewegung dient, aber für diverse Zwecke abgewandelt sein kann. Weichtiere leben überall, sogar in lebensfeindlichen Zonen, wo Nahrung spärlich oder unerreichbar ist. Sandböden etwa sind ideal für Weichtiere mit langen Siphonen und ans Graben angepaßte Körper wie die meisten Muscheln und viele Schnecken. Eine Mischung aus Sand und Schlamm ist ein sogar noch besseres Habitat für grabende Weichtiere, da es mehr Nahrung enthält. Es ist der ideale Lebensraum für viele Muscheln, besonders solche mit dünnwandigen Schalen. Weichtiere mit dickeren Schalen leben eher an Felsküsten mit rauhen Umweltbedingungen. Der Stamm Mollusca umfaßt mehrere Klassen, Vertreter der folgenden werden hier vorgestellt: Schnecken (Gastropoda), Muscheln (Bivalvia, Lamellibranchiata) und Kopffüßer wie Krake und Kalmar (Cephalopoda).

Die Gastropoda haben mehrere Unterklassen, zwei werden hier behandelt: Prosobranchia (Kiemen durch Körperdrehung während der Evolution vor den inneren Organen; Turbinidae S. 266 - Conidae S. 271), dazu gehören die populären, schalentragenden Arten, und Opisthobranchia (Kiemen am Hinterende des Körpers; Aplysiidae S. 271 - Phyllidiidae S. 277), einschließlich der Meeresnacktschnecken. Prosobranchier fallen in zwei Ordnungen unterschiedlich hohen Entwicklungsgrades: Archaeogastropoda (primitiv) und Caenogastropoda (konservativ bis modern). Die Turbanschnecken gehören zur ersten Gruppe, die übrigen Prosobranchierfamilien in diesem Buch sind fortschrittlichere Caenogastropoden.

Opisthobranchia haben reduzierte oder keine Gehäuse, am Fuß eine Kriechsohle oder "Schwimmflossen" und Rückenfortsätze (Cerata), die oft mit aus der Nesseltierbeute stammenden Nesselzellen gefüllt sind und der Verteidigung dienen. Da leicht verletzlich, sind viele Nacktschnecken giftig, was sie durch leuchtende Warnfärbungen zeigen. Alle sind gierige Räuber und fressen langsamere oder sessile Organismen. Hinterkiemer sind unter anderen die Ordnungen Seehasen (Anaspidea), Saftsauger (Saccoglossa) und die zahlreichen Nacktschnecken (Nudibranchia, wörtlich "nackte Kiemen," bei vielen Arten liegen die Kiemenbüschel außerhalb des Körpers). Man findet sie in fast allen Habitaten der Ozeane, ihre Artenfülle ist im Indopazifik am größten. Weitere Informationen finden sich im SCHNECKENFÜHRER INDOPAZIFIK aus dieser Reihe der marinen Bestimmungsbücher.

Muscheln (S. 278-279) leben von der Gezeitenzone abwärts. Alle haben zwei Schalen (linke und rechte), verbunden durch ein gruppen-typisches Schloß und flexible Bänder (Ligamente). Die meisten sind sessile Filtrierer, im Sand vergraben oder mit Byssus (fädiges Drüsensekret) oder einer Schale an Fels festgewachsen. Wenige können schwimmen.

Die hochspezialisierten Cephalopoda (S. 280-283) haben einen Kopf und den Molluskenfuß zu 8 (Kraken) oder 10 (Sepien, Kalmare) beweglichen Fangarmen umgewandelt, die Saugnäpfe und/oder Haken tragen und kreisförmig angeordnet sind. In ihrer Mitte sitzt das Maul mit einem starken, papageiähnlichen Schnabel, der dem Aufknacken der Hauptbeute (Weichtiere und Krebse) dient. Durch Mantelkontraktion und Ausstoßen eines Wasserstrahls können viele Kopffüßer schnell schwimmen (Rückstoßprinzip). Eine dunkle Flüssigkeit ("Tinte") aus einer speziellen Drüse dient der eigenen Verteidigung gegen Freßfeinde.

Die Weichtier-Taxa über dem Familienlevel sind im Inhalt am Anfang des Buches aufgelistet.

TURBANSCHNECKEN — TURBINIDAE

Turbo petholatus — Mentawai Islands, Sumatra

Katzenaugen-Turban
Cat's eye turban
L: bis zu 12 cm. V: ges. Gebiet.
A: das kalkige Operculum der Art wird Katzenauge genannt.
Unten: **Silbermund-Turban**
T. argyrostomus, 7 cm, ges. Geb., im Flachwasser. Populärname nach der Gehäusemündung.

FLÜGELSCHNECKEN — STROMBIDAE

Gewöhnliche Spinnenschnecke
Common spider conch

L: bis zu 18 cm. V: ges. Gebiet, RM. A: groß, lokal häufig, wird gesammelt und gegessen; auf Korallensand, in Lagunen. Mündung glatt, Schulterknoten rel. klein. Weibchen mit längeren "Fingern." U: *L. chiragra,* 15 cm, Unterarten in W- und O-Indik.

Lambis lambis — Cocos Keeling Islands, Westaustralien

PORZELLANSCHNECKEN — CYPRAEIDAE

Falsche Arabische Kaurie
False Arabian cowrie

L: bis zu 7 cm. V: ges. Gebiet. A: Gehäuse mit braunem Netzmuster auf hellerem, blaugrauen Hintergrund.
Der zweilappige Mantel, der voll ausgedehnt die ganze Schale bedeckt, ist für Kauries typisch, er erhält im Leben den Glanz der Schale. Ein leeres Gehäuse verliert rasch seinen Porzellanglanz: es wird durch chemische (Säure) und mechanische Einflüsse (Abrasion) matt.

Mauritia histrio — Ari Atoll, Malediven

Tiger-Kaurie
Tiger cowrie

Länge: bis zu 10 cm. Verbreitung: ges. Gebiet, nicht RM. Allgemein: die große Kaurie ist eine bekannte Art und in seichten Küstenriffen häufig. Ihre Färbung ist im gesamten Verbreitungsgebiet sehr variabel: von stark gewölkt und gepunktet bis fast ganz weiß.

Cypraea tigris — Beau Vallon, Seychellen

PORZELLANSCHNECKEN | CYPRAEIDAE

Karneol-Kaurie
Carnelian cowrie
Länge: bis zu 6,5 cm.
Verbreitung: ges. Gebiet, RM.
Allgemein: eine häufige Art unter Korallenbrocken im Flachwasser. Unten: ähnlich, aber größer ist die **Leviathan-Kaurie** *L. leviathan*, 8 cm, von einigen Autoren als Unterart von *L. carneola* angesehen.

Lyncina carneola Male Atoll, Malediven

Maulwurf-Kaurie
Mole cowrie

Länge: bis zu 6 cm.
Verbreitung: ges. Gebiet, RM.
Allgemein: eine häufige Art, sehr ähnlich der viel selteneren Exusta-Kaurie *T. exusta*, die sich in den Meeren um die Arabische Halbinsel findet. Kann durch feinere Mündungszähne und eine stärker gekrümmte Mündung unterschieden werden. Das Tier selbst sieht spektakulär aus: sein schwarzer Mantel ist mit weißen Punkten und fingerartigen Papillen bedeckt.

Talparia talpa   Trinco, Sri Lanka

EISCHNECKEN | OVULIDAE

Tiger-Eischnecke
Tiger egg cowrie
L: 1,5 cm. V: Thailand.
A: Mantelfärbung typisch, lebt in 1 - 75 m, frißt Gorgonien (*Euplexaura*). Unten: **Nabel-Eischnecke** *Calpurnus verrucosus*, frißt Lederkorallen (*Sarcophyton*), imitiert ihren Wirt.

Cuspivolva tigris   Mergui, Myanmar

BLÄTTCHENSCHNECKEN — LAMELLARIIDAE

Malediven-Schwammschnecke
Maldives sponge snail
L: bis 4 cm. V: nur Malediven.
A: nachtaktiv, im Flachwasser.
Mantel mit fingerartigen Fortsätzen, ähnelt Schwamm. Dünne Schale vom Mantel überwachsen, Augen an der Fühlerbasis. Galt lange als Opisthobranchier, frißt Seescheiden (Ascidien).

Coriocella hibyae — Lhaviyani Atoll, Malediven

STURMHAUBEN — CASSIDAE

Hornhelm
Horned helmet
L: bis zu 22 cm.
V: Ostafrika ostwärts.
A: größtes Familienmitglied, Schulterknoten typisch, häufig in Sandgebieten in 1 - 20 m. Das kleine Foto unten zeigt die Öffnung.

Cassis cornuta — Praslin, Seychellen

FASS-SCHNECKEN — TONNIDAE

Rebhuhn-Fass-Schnecke
Partridge tun
L: bis zu 12 cm. V: ges. Gebiet.
A: Tier kann 50 cm lang werden, zu groß für das Haus, erst nach Schrumpfung durch Wasserabgabe paßt es hinein. Sipho dient als 'Nase' zum Aufspüren von Beute (unten: *Tonna* sp.).

Tonna variegata — Flic en Flac, Mauritius

STACHELSCHNECKEN — MURICIDAE

Chicoreus ramosus — Praslin, Seychellen

Verzweigte Stachelschnecke
Ramose murex
L: bis zu 20 cm. V: RM, Arabisches Meer, Indopazifik. A: eine sehr häufige Flachwasserart, lebt auf Korallenriffen. Wahrscheinlich DIE Souvenirschnecke, daher unter starkem Sammeldruck.

Die Stachelschnecken gehören zu der caenogastropoden Unterordnung Stenoglossa (mit schmaler Radula), die die hochentwickeltsten Meeresschnecken enthält. Sie umfaßt viele Familien mit etwa 20.000 Arten. Die meisten sind carnivor oder Aasfresser, einige parasitisch.

ZWERG-TRITONSCHNECKEN — COLUBRARIIDAE

Colubraria muricata — Hin Daeng, Thailand

Vampir-Zwergtriton
Vampire pygmy triton
L: bis zu 4 cm. V: Andamanensee. A: allen Arten der Gattung fehlt das typische Weichtier-Freßorgan, die Radula. Außerdem haben sie einen Rüssel (Proboscis), eine röhrenartige Verlängerung des Mauls, die vorstreck- und einziehbar ist und eingezogen wie ein Spaghetti aussieht. *Colubraria*-Arten sind Ektoparasiten, die schlafende Fische anschleichen, um ihr Blut zu saugen wie bei dem Ammenhai auf dem Foto. Weitere Info im SCHNECKENFÜHRER INDOPAZIFIK.

HARFENSCHNECKEN — HARPIDAE

Harpa davidis — Similan Islands, Thailand

Davids Harfenschnecke
David harp
Länge: bis zu 8 cm. Verbreitung: Malediven bis Thailand. Allgemein: lebt in wenigen Metern Tiefe, oft im Sand nahe bei Korallenflecken eingegraben, auch in flachen Lagunen. Großer Kriechfuß, langer Sipho. Augen auf langen Stielen, Fühler lang und spitz. Frißt Krabben, die vor dem Fressen mit Schleim und Sand bedeckt und erstickt werden. Kann Teile vom Fuß abschnüren (Autotomie), wenn sie von räuberischer Schnecke bedroht wird. Foto zeigt eine Paarung.

KEGELSCHNECKEN · CONIDAE

Landkarten-Kegelschnecke
Map cone shell

Länge: bis zu 10 cm. Verbreitung: ges. Gebiet. Allgemein: häufig, weitverbreitet, im Flachwasser. Schale relativ dünnwandig, mit konvexen Seiten im Gegensatz zu den meisten anderen Arten. Das Gift dieser Art ist für Fische und Säuger sehr toxisch. Vielleicht das gefährlichste Familienmitglied, verantwortlich für einige dutzend Todesfälle von Menschen. Das Foto zeigt den Rüssel des lebenden Tieres.

Conus geographus — Grande Baie, Mauritius

SEEHASEN · APLYSIIDAE

Zitronen-Seehase
Lemon sea hare

Länge: bis zu 4 cm. Verbreitung: Malediven bis Andamanensee, vielleicht weiter. Allgemein: auf mit Algen bewachsenen Substraten. Man suche sie in *Halimeda*-Feldern! Unten: Gruppenversammlung.

Stylocheilus citrina — Ari Atoll, Malediven

SAFTSAUGER · ELYSIIDAE

Moebius-Saftsauger
Moebius' elysia

Länge: bis zu 3 cm. Verbreitung: Westindik. Allgemein: alle Gattungsmitglieder sind durch mit der Algen-Nahrung aufgenommene Chloroplasten grünlich gefärbt. Unten: *E. expansa*, 3 cm, Ost- bis Südafrika.

Elysia moebii — Mabibi, Südafrika

NEONSTERNSCHNECKEN — POLYCERIDAE

Gestreifte Neonsternschnecke
Lined neon slug

L: bis zu 4,5 cm. V: Seychellen bis Westaustralien. A: braune Streifen oder Flecken auf Körper typisch, bewegt sich relativ schnell, frißt Manteltiere. Unten: dieses Farbmuster von den Seychellen kommt dem der Nominalform sehr nahe.

Nembrotha lineolata — Chagos Islands

Mauritius Neonsternschnecke
Mauritius neon slug

Länge: bis zu 5 cm. Verbreitung: Südindik. Allgemein: diese Nacktschnecke lebt in den Tropen, von unterhalb der Gezeitenzone bis an die Basis des Riffhangs. Ein japanischer Experte bemerkte Unterschiede zwischen dieser Art und der wohlbekannten *T. morosa* und beschrieb daher diese Art als neu.

Tambja kushimotoensis — Flic en Flac, Mauritius

Variable Neonsternschnecke
Variable neon slug

L: bis zu 6 cm. V: Südafrika bis Mikronesien. A: Körperoberfläche mit kleinen grünen Pusteln bedeckt, der dünne rote Rand um den Fuß und den Kopf findet sich bei allen Exemplaren aus dem gesamten Verbreitungsgebiet der Art. Das Foto zeigt das nominale Farbmuster, das hauptsächlich im Indik vorkommt, während die Färbung westpazifischer Individuen variabler ist. Die gegenüberliegende Seite (Ari Atoll, Malediven) zeigt *N. cristata* beim Fressen von kolonialen Seescheiden.

Nembrotha kubaryana — Flic en Flac, Mauritius

KNORPELSCHNECKEN — NOTODORIDIDAE

Gardiners Knorpelschnecke
Gardiner's neon slug

L: bis zu 8 cm. V: Malediven bis Australien. A: braune Färbung und Verteilung der Flecken sehr variabel. Körper beim Anfassen steif und bewegungslos. Unten: *N. minor*, bis 9 cm, Ostafrika bis Westpazifik, ernährt sich von Schwämmen.

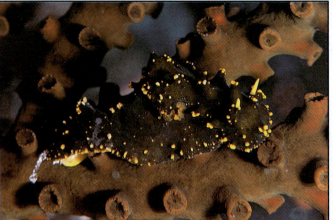

Notodoris gardineri — Ari Atoll, Malediven

TANZSCHNECKEN — HEXABRANCHIDAE

Spanische Tänzerin
Spanish dancer

L: bis zu 40 cm. V: ges. Gebiet, RM. A: viele Taucher kennen die exquisiten, meist roten und weißen Farbmuster der Spanischen Tänzerin. Gezeigt wird das typische Farbmuster im Indik. Ihre erstaunliche Fähigkeit, mit anmutigen Wellenbewegungen ihres Mantelrandes zu schwimmen, hat ihr den Populärnamen eingebracht. Frißt Schwämme mit bitteren Abwehrstoffen. Wird fast immer von einem Paar der farblich angepaßten Partnergarnele *Periclimenes imperator* begleitet.

Hexabranchus sanguineus — Mosambik

PRACHTSTERNSCHNECKEN — CHROMODORIDIDAE

Lochs Prachtsternschnecke
Loch's magnificent slug

L: bis zu 3 cm. V: Ostafrika bis Westpazifik. A: frißt Schwämme. Unten: *C. elizabethina*, 4,6 cm, Seychellen bis Westpazifik. Die Familie beinhaltet die attraktivsten Nacktschnecken.

Chromodoris lochi — Pemba, Tansania

PRACHTSTERNSCHNECKEN CHROMODORIDIDAE

Zwillings-Prachtsternschnecke
Twin magnificent slug
Länge: bis zu 6 cm.
Verbreitung: Ostindik, RM.
Allgemein: einige ähnliche Arten im Verbreitungsgebiet. Unten: *C. tritos,* bis zu 4,5 cm, Malediven, Seychellen, Färbung ähnlich, aber anders als die der vorigen Art.

Chromodoris geminus — Praslin, Seychellen

Joshis Prachtsternschnecke
Joshi's magnificent slug
L: bis zu 6 cm. V: Thailand ostwärts. A: erst kürzlich beschrieben, schwarz und gelbes Farbmuster typisch. Unten: *C. gleniei,* 4,5 cm, Ostafrika bis Sri Lanka, gemusterter, zentraler Farbfleck typisch, wellt bei Störung den Mantelrand.

Chromodoris joshi — Similan Islands, Thailand

Beau Vallon-Prachtsternschnecke
Beau Vallon magnificent slug
Länge: bis zu 3 cm.
Verbreitung: Seychellen ostwärts. Allgemein: eine von vier ähnlich gefärbten Arten im Verbreitungsgebiet, schwierig zu unterscheiden. Unten: *Glossodoris hikuerensis,* 8 cm, ges. Gebiet, RM, Muster typisch.

Mexichromis multituberculata — Beau Vallon, Seychellen

RAUHSTERNSCHNECKEN — KENTRODORIDIDAE

Schwarzweiße Rauhsternschnecke
Black and white jorunna
Länge: bis zu 5 cm.
Verbreitung: ges. Gebiet, RM.
Allgemein: das zweifarbige Muster ist typisch für die Art, die rauhe Oberflächentextur für alle Gattungsmitglieder. Rhinophoren und Kiemen immer tiefschwarz. Der Vergleich beider Tiere auf dem Foto - sie fressen ihr Lieblingsfutter, einen blauen Schwamm (*Haliclona* sp.) - zeigt sehr schön, daß die braunen Pusteln auf der Körperoberfläche in kreisförmigen Flecken konzentriert oder fast über den ganzen Körper verteilt sein können.

Jorunna funebris — La Digue, Seychellen

HÖCKERSCHNECKEN — HALGERDIDAE

Iota-Höckerschnecke
Iota slug
L: bis zu 1,5 cm. V: Malediven bis Thailand. A: von den Malediven beschrieben, nicht häufig, direkt nach der Eiablage fotografiert (Eier links). Unten: *H. willeyi*, 7 cm, ges. Gebiet, RM, Tiefwasserart (Mosambik).

Halgerda iota — Mergui, Myanmar

WEICHSTERNSCHNECKEN — DENDRODORIDIDAE

Tuberkel-Weichsternschnecke
Tuberculated dendrodoris
L: bis zu 17 cm. V: ges. Gebiet, RM. A: auf Schlamm in der Gezeitenzone und Riffen, reizt Augen und Haut, wenn unvorsichtig hantiert. Unten: *D. denisoni*, 6 cm, Südafrika ostwärts.

Dendrodoris tuberculosa — Beau Vallon, Seychellen

WARZENSCHNECKEN — PHYLLIDIIDAE

Netz-Warzenschnecke
Reticulated wart slug

Länge: bis zu 7 cm.
Verbreitung: Thailand ostwärts.
Allgemein: nicht mit der Dori-
diden-Gattung *Halgerda* zu verwechseln, diese Warzen-
schnecke - wie alle Familienmitglieder - hat keine äußeren
Kiemenbüschel. Es gibt ähnlich gefärbte Arten dieser Gattung
im Gebiet, jedoch mit anders
gefärbtem Mantelrand.
  Warzenschnecken gehören
zu den attraktivsten Objekten
für Unterwasser-Fotografen,
wenn sie Meeresnackt-
schnecken mögen.

Reticulidia halgerda — Hin Daeng, Thailand

Krempfs Warzenschnecke
Krempf's wart slug

L: bis zu 7 cm. V: Sri Lanka
ostwärts. A: langgestreckt, mit
leuchtend rosa Warzen, die auf
dem Körper zu Leisten verschmelzen. Unten: Augenfleck-
Warzenschnecke *Phyllidia ocellata*, 6 cm, ges. Gebiet, RM,
sehr variabel. Foto: Seychellen.

Phyllidiopsis krempfi — Praslin, Seychellen

Gift-Warzenschnecke
Varicose wart slug

L: bis zu 7 cm. V: ges. Gebiet,
RM. A: alle Warzenschnecken
sind Meister der chemischen
Verteidigung. Bei jedweder
Belästigung geben sie ein ste-
chendes Gift ab. Man kennt
keinerlei Freßfeinde dieser Art.
U: Pustel-Warzenschnecke *P.
pustulosa*, 6 cm, ges. Geb., RM.

Phyllidia varicosa — Komoren

RIESENMUSCHELN — TRIDACNIDAE

Grabende Riesenmuschel
Burrowing giant clam
L: bis zu 30 cm. V: ges. Gebiet. A: relativ klein, in Korallen eingebettet. Mantelfärbung variabel (blau, grün, braun), sichtbarer Mantelrand sammelt Sonnenlicht für endosymbiontische Algen, wird bei Störung rasch eingezogen. U: *T. crocea,* 12 cm.

Tridacna maxima — Mosambik

Schuppige Riesenmuschel
Squamose giant clam
L: bis zu 40 cm. V: ges. Gebiet, RM. A: lokal häufig in Seichtriffen bis 10 m. Mit dem Schloß nach unten in Korallen eingebettet, Schale mit Schuppenreihen. U: Riesenmuschel-Feld.

Tridacna squamosa — Beau Vallon, Seychellen

AUSTERN — OSTREIDAE

Zickzack-Auster
Zig-zag oyster
L: bis zu 30 cm. V: gesamtes Gebiet, RM. A: lokal häufige Auster, ab etwa 5 m abwärts. Linke Schale mit Byssusfäden am Hartsubstrat an exponierten Stellen unterhalb der Gezeitenzone befestigt.

Lopha folium — Praslin, Seychellen

STACHELAUSTERN   SPONDYLIDAE

Stachelauster
Thorny oyster
L: bis zu 25 cm. V: ges. Gebiet,
RM. A: Schalen dick, fast rund,
Rand glatt. Rechte Schale ans
Substrat zementiert, gewölbt;
linke als 'Deckel.' Beide außen
mit Radiärrippen und Stacheln.
Mantelrand bunt (weiß, blau,
gelb, braun, rot), mit Reihen
kleiner, gestielter Augen (mit
Kammuscheln verwandt, nicht
mit Austern!). Schließt bei Beschattung
schnell die Schalen.
Oft stark mit Wirbellosen
bewachsen, hier eine Hahnenkammauster
Lopha cristagalli,
10 cm, mit typischen, spitzwinkligen
Zickzack-Falten, und
ein oranger Schwamm.

Spondylus varius   Ari Atoll, Malediven

FEILENMUSCHELN   LIMIDAE

**Geringelte
Feilenmuschel**
Annulated file clam
L: bis zu 4 cm. V: ges. Gebiet,
RM. A: Feilenmuscheln sind
nicht am Substrat befestigt und
können sich durch schnelles
Schließen der Schalen und Auspressen
von Wasser frei bewegen.
So entkommen sie 'springend'
ihren Feinden (Krabben).
Die Filtrierer können sich nicht
völlig in ihre Schale zurückziehen.
Typisch ist eine Reihe langer,
runder, spitzer Tentakel an
jedem Mantelrand, deren Farbmuster
artspezifisch ist. Häufig,
auf Sand bis 20 m, baut 'Nest.'

Limaria fragilis   Mulaku Atoll, Malediven

FLÜGELAUSTERN   PTERIIDAE

Pinguin-Flügelauster
Penguin winged oyster
L: bis zu 10 cm. V: ges. Gebiet.
A: Schalen gleich, Schloß lang
und gerade; ein kurzer und ein
langer Fortsatz an je einem
Ende, bei Juvenilen viel länger
als Schalenbreite. Schalen oft
mit Epibionten bewachsen.

Pteria penguin   Negombo, Sri Lanka

279

SEPIA INTIM

"Wir waren die ersten Lebenden, die auf diese seltsame Beleuchtung da draußen vor dem Fenster hinausschauen durften, und sie war seltsamer noch, als irgendwelche Phantasie sich erträumen mochte." Dies schrieb vor reichlich fünfzig Jahren William Beebe nach einem Blick aus seiner Taucherkugel. Seit fünfunddreißig Jahren und weit bescheidener, aber mit der gleichen Faszination, schaut der Fotograf und Erzähler durch das Fenster seiner Tauchermaske auf das Leben im Meer. Diesmal ist er wieder auf der Spur "seiner" Sepien.

Konkurrenz im Riff: verpaarte Pharao-Sepien *Sepia pharaonis* und männliche Nebenbuhler auf engstem Raum.

ALL. FOTOS: HERWARTH VOIGTMANN

Meine Sepien kenne ich mittlerweile schon recht gut, weiß, auf welcher Seite des Riffs, bei welcher Strömung und in welcher Tiefe sie sich aufhalten. Aber nur wenn sie sich ihrem Laichgeschäft widmen, kann man sich ihnen auf Reichweite nähern. Das Laichen hat eine so dominante Stellung in ihrem Dasein, daß sie kaum eine Fluchtreaktion mehr zeigen und man die Tiere sogar mit der Hand fangen könnte. Treffe ich ein einzelnes Tier am Riff, beobachte ich es aus gebührendem Abstand. Nur so kann ich sicher sein, daß es mir den Weg zu einem Laichpaar zeigt. Dort angekommen, nähere ich mich langsam dem Geschehen und kann aus nächster Nähe die interessantesten Vorgänge beobachten. Ist ein Paar alleine und wird nicht von einem fremden, balzenden Männchen bedrängt, hält sich das Männchen neben dem Weibchen auf. Dieses sucht emsig nach leeren Zwischenräumen im lockeren Geröll, um dort seine Eier anzuheften. Das Männchen hat seine beiden mittle-

ren Fangarme wie Elefantenrüssel angehoben. Es sieht aus, als ob es Witterung aufnehmen würde. Seine Färbung ist hervorragend der Umgebung angepaßt, und nur sein Flossensaum bewegt sich. Kommt ein fremdes Männchen dazu, so schiebt sich der Partner über das Weibchen und signalisiert: sie ist mein! Er spreizt

"Schau mir ins Auge, Kleines!" Ein Sepia-Männchen hält mit einem Arm Kontakt zu seiner Auserwählten.

alle Fangarme und nimmt eine intensive Färbung mit Zebrastreifen an, folgt synchron allen Bewegungen des Weibchens. Sie ist nach wie vor auf der Suche nach Eiablageplätzen. Ihr ist vollkommen egal, was um sie herum passiert. Das fremde Männchen wartet unterdessen auf seine Chance. Kommt es dem Paar zu nahe, sind Auseinandersetzungen zwischen den beiden Männchen unvermeidlich. Blitzschnell heften sich die Kontrahenten mit den Saugnäpfen aneinander und versuchen, den jeweiligen Gegner zu beißen und abzudrängen. Die Trennung der beiden voneinander hört sich an wie das Aufreißen eines Klettverschlusses. Bißwunden habe ich an vielen Männchen

Das erregte Weibchen nimmt eine überwiegend rotbraune Färbung an.

gesehen, meist an größeren Exemplaren, die ständig mit einem Weibchen zusammen waren. Einmal hielt ein Männchen meine ausgestreckte Hand und die Finger wohl für einen Nebenbuhler, saugte sich schnell daran fest und biß mit seinem "Papageienschnabel" kräftig zu. Die Wunde war klein, aber deutlich und blutete stark. Läßt man Sepien aber in Ruhe, werden sie nie einen Menschen beißen.

Weibchen sind meist kleiner als Männchen, ihre Färbung ist nicht so auffällig wie die balzender oder kämpfender Männchen. Beim Laichvorgang selbst werden Weibchen rotbraun und legen die Fangarme zu einer Spitze zusammen. Haben sie eine sichere, für Räuber unzugängliche, kleine Höhle gefunden, heften sie ihre Eier an deren Innenwand. Diese sind weiß, 15 bis 20 mm groß und erinnern an Weintrauben. Ich

Ein paarungsbereites Sepia-Männchen bedeckt seine Partnerin fast vollständig.

wollte mehr wissen und habe mich als Eierdieb betätigt. Nach genau 19 Tagen schlüpfen die rund 10 mm großen, fertig entwickelten Sepien im Aquarium aus ihren Eihüllen. Sie nehmen sofort die Färbung ihrer Umgebung an und verfügen auch schon über einen Tintenvorrat, den sie bei Störungen sofort gebrauchen. Hat ein Weibchen etwa 15 Eier abgelegt, kommt es zum Höhepunkt. Das Männchen muß alle übrigen befruchten, nicht die angehefteten in der Höhlung, sondern die im Weibchen verbliebenen Eier. Beide Partner stehen Kopf an Kopf und umfassen sich

Die eigentliche Paarung mit verschlungenen Armen.

mit ihren je zehn Armen. Ein speziell zur Samenübertragung ausgebildeter Arm des Männchens dringt nun in die Mantelhöhle des Weibchens ein und transportiert den Samen zu den Eiern. Die Umarmung dauert nur etwa 15 Sekunden. Nach einer kurzen Pause - man ahnt es schon - sichert das Weibchen die Nachkommenschaft durch emsiges Verstecken der besamten Eier.

Acht Paare kenne ich mittlerweile im Riff. Zwei Drittel des Jahres sind sie dort in Tiefen von 5 bis 30 m anzutreffen. Scheinwerfer, Blitzlicht, Film- und

Nach der Paarung versteckt das Weibchen die befruchteten Eier in einer Höhlung.

Fotokameras einschließlich ihrer Besitzer sind sie längst gewöhnt, dadurch lassen sie sich nicht stören. Jeder UW-Fotograf wird für Behutsamkeit belohnt. Dafür kann er an einem der schönsten Lebensvorgänge im Meer teilhaben.

In kleinen Büscheln zusammengeheftete Eier von *Sepia pharaonis*.

KALMARE — LOLIGINIDAE

Großflossen-Riffkalmar
Bigfin reef squid

La Digue, Seychellen

L: bis zu 35 cm (Mantel). V: ges. Gebiet, RM. A: Körper länglich, zigarrenförmig, Flossen entlang des gesamten Randes. Kopf klein, Augen groß. Acht kurze Arme mit zwei Saugnapfreihen, zwei lange Tentakel (enden in "Keulen" mit Saugnäpfen), die zum Fang von Fischen und Garnelen vorwärts geschleudert werden können. Küstennah in offenem Wasser, über Riffen, in Lagunen und Seegraswiesen, von der Oberfläche bis mindestens 100 m. Nachtaktiv, tags sieht man kleine Gruppen (Foto Mitte) oft parallel oder gestaffelt schwimmen.

Kalmare und Sepien (siehe die beiden vorigen Seiten) sind zehnarmige Kopffüßer. Sie haben zwei verlängerte Arme, Tentakel genannt, die in einer saugnapfbewehrten Keule enden. Kalmar-Saugnäpfe tragen Hornringe mit zahnartigen Spitzen, die ideal zum Fang schlüpfriger Beute sind. Kopffüßer sind für ihre extrem schnellen Farbwechsel berühmt. Unten: ein durchscheinender juveniler Kalmar.

Sepioteuthis lessoniana — Kilifi, Kenia

KRAKEN — OCTOPODIDAE

Marmorierter Krake
Marbled octopus

Octopus aegina — Male Atoll, Malediven

L: bis zu 30 cm. V: ges. Gebiet. A: Mantel mit feinen Papillen in einem Netzmuster, ein dauerhafter Cirrus über jedem Auge, bis mindestens 40 m Tiefe.

Der Molluskenfuß ist bei allen Kopffüßern zu sehr flexiblen, sensiblen Armen umgewandelt, die vielfältige Aufgaben wie Beutesuche und -fang, Samenübertragung, Reinigung der Eigelege etc. erfüllen. Kraken haben ein großes Hirn und gelten als die höchstentwickelten Wirbellosen.

KRAKEN OCTOPODIDAE

Roter Krake
Big red octopus

L: bis zu 140 cm. V: ges. Gebiet, RM. A: Grundfärbung purpurbraun, aber variabel. Zwei mehr oder weniger deutliche Ringflecken vor den Augen auf der schirmartigen Haut, die die acht Arme verbindet. Tags in der Wohnung (Riffhöhle) versteckt, deren Eingang von leeren Muschelschalen und Krebspanzern gesäumt ist (Reste der Mahlzeiten). Arme können aus der Höhle ragen. Nachtaktiv, Adulte am Tage nur in der Paarungszeit zu sehen (zweites Tier in der Nähe). Juvenile weniger versteckt im Seichtwasser. Siehe auch SEX IM RIFF, S. 196.

Octopus cyanea Des Roches, Seychellen

PAPIERBOOTE ARGONAUTIDAE

Papierboot
Paper nautilus

L: bis zu 20 cm. V: ges. Gebiet. A: Papierboote sind mit Kraken verwandt; sie haben acht Arme, die beiden dorsalen der Weibchen tragen Hautlappen, die eine brüchige, weiße Schale bilden (Papierboot). Dieses spiralige Gehäuse ist Aufbewahrungsort und Schutz für das Eigelege. Es ist eine sekundäre Schale, nicht eine primäre, die vom Mantel gebildet wird, wie die des echten Nautilus. Die Männchen sind Zwerge im Vergleich zu den Weibchen, nur etwa ein Zehntel so groß. Sie bilden keine Schale. Ihr dritter linker Arm ruht in einer Tasche und ist zu einem abwerfbaren 'Hectocotylus' für die Samenübertragung umgewandelt. Das einzigartige Foto zeigt ein Weibchen an einer pelagisch treibenden Qualle angesaugt. Quallen (Scyphozoa) sind mit Korallen verwandt und eigentlich freischwimmende Einzelpolypen, die 'auf dem Kopf stehen,' sie werden in diesem Führer nicht behandelt.

Argonauta argo Andamanensee

STRUDELWÜRMER — PSEUDOCEROTIDAE

Pseudoceros bifurcus — Pemba, Tansania

Gabel-Plattwurm
Bifurcated flatworm

L: bis zu 6 cm. V: Madagaskar und Komoren ostwärts. T: 4 - 26 m. A: dieser Strudelwurm lebt nur am Riffhang. Lavendelblau bis creme, mit typischem weißen Mittelstreifen, dieser ist vorne orange, hinten mit dünner, purpurner Kante. Augen direkt vor dem Mittelstreifen sichtbar. Frißt koloniebildende Manteltiere.

Strudelwürmer gehören zum Stamm Platyhelminthes, der auch viele Parasiten umfaßt, z. B. Bandwürmer. Viele bunte marine Arten imitieren Nacktschnecken (Mimikry).

Pseudoceros susanae — Baa Atoll, Malediven

Susans Plattwurm
Susan's flatworm

L: bis zu 3 cm. V: Seychellen, Malediven. T: 5 - 30 m. A: vielleicht der häufigste pseudocerotide Strudelwurm auf den Riffhängen der Malediven, wurde aber erst kürzlich beschrieben.

Unten: *P. dimidiatus*.

Pseudoceros lindae — Sodwana Bay, Südafrika

Lindas Plattwurm
Linda's flatworm

L: bis zu 5 cm. V: Ost- und Südafrika ostwärts. T: 3 - 34 m. A: Details (Farbtiefe, Punktgröße) des Farbmusters variabel. Nachtaktiv, am Riffhang.

Strudelwürmer bewegen sich gleitend auf einer selbst abgeschiedenen Schleimschicht. Unten: aus Sansibar (15 m).

STRUDELWÜRMER   PSEUDOCEROTIDAE

Glorreicher Plattwurm
Glorious flatworm

L: bis zu 9 cm. V: Malediven ostwärts. T: 2 - 30 m. A: groß, samtschwarz mit drei Randbändern. Unter Überhängen am Riffhang. Die Farbmuster mancher Strudelwürmer signalisieren potentiellen Räubern ihre Giftigkeit.

Pseudobiceros gloriosus — South Male Atoll, Malediven

Gelbpunkt-Plattwurm
Yellowspot flatworm

L: bis zu 3 cm. V: Malediven ostwärts. T: 2 - 20 m. A: Rücken schwarz, von kurzen, gelbspitzigen Papillen bedeckt. Auffallende weiße Linie entlang des Körperrandes. Einer sehr ähnlichen *Pseudobiceros*-Art fehlt der weiße Rand. Gattungstypisch sind 2 männliche Genitalporen. Strudelwürmer sind Hermaphroditen, die sich meist sexuell vermehren (siehe folgende Seiten), aber auch aus einem kleinen Fragment des dünnen, blattartigen Körpers kann ein ganzes Tier generiert werden. Fressen mit Hilfe eines Rüssels kleine Krebse und Weichtiere.

Thysanozoon nigropapillosum — Raa Atoll, Malediven

Orsaki-Plattwurm
Orsaki flatworm

L: bis zu 3,5 cm. V: Malediven ostwärts. T: 2 - 19 m. A: Rand stark gewellt. Mit 3 bis 5 weiblichen und 2 männlichen Genitalporen. Polyclade (mit stark verzweigtem Darm ohne After) Strudelwürmer haben 2 echte Tentakel oder 2 Pseudotentakel (Falten des Körperrandes).

Maiazoon orsaki — Ari Atoll, Malediven

FABELHAFTE PLATTWÜRMER

Würmer haben ein Image-Problem. Denkt man nämlich an Würmer, fallen einem nur schlüpfrige, schmutzige kleine Tiere ein. Aber nicht alle Würmer wurden so geschaffen! Meeres-Plattwürmer sind die Aristokraten: prachtvoll gefärbt, sozusagen Würmer mit Grazie. Der Fotograf erhellt das Image einer aufregenden Gruppe von marinen Lebewesen.

ALL PHOTOS: CHARLES ANDERSON

Plattwürmer *(Pseudobiceros* sp.) schwimmen mit Wellenbewegung des Körpers.

Tauche in den Riffen des Indischen Ozeans und du wirst eine Unzahl an Plattwürmern vorfinden! Du mußt nur nahe genug rangehen, denn sie sind sehr klein. Presse deine Nase ins Riff und wende deinen Hintern all den Haien und Mantas zu! Nachttauchgänge helfen besonders, weil viele Plattwürmer nachtaktiv sind.

Man verfehlt Plattwürmer nicht nur schnell, sondern sie werden auch dann nicht erkannt, wenn man sie vor sich hat. Viele Taucher verwechseln sie mit Nacktschnecken, diesen ebenso bunten Meeresbewohnern aus der Unterklasse der Opisthobranchier (Hinterkiemerschnecken). Die Konfusion wird auch dadurch hervorgerufen, daß Plattwürmer mit undulierenden Bewegungen ihres Körpers prima schwimmen können, ähnlich der Spanischen Tänzerin und anderen kleinen Nacktschnecken.

Was ist der Unterschied zwischen einem Plattwurm und einer Nacktschnecke? Es gibt keinen Preis für die schnellste Antwort: Plattwürmer sind platt! Sie sind nur wenige Millimeter "dick", während Nacktschnecken oft so hoch wie breit gebaut sind. Zudem haben Plattwürmer nur ein Paar Pseudotentakel am Vorderrand, während Nacktschnecken voll ausgebildete Riechgeräte (Rhinophoren) am Kopf tragen. Schließlich sind Plattwürmer so dünn, daß sie ohne Kiemen überleben können, während die Nacktschnecken, insbesondere die bildschönen Sternschnecken, Kiemen zum Atmen auf ihrem Rücken tragen (manche Arten tragen sie auch seitlich und versteckt).

Marine Plattwürmer gehören zum Stamm Platyhelminthes, einer größeren Gruppe von Würmern, von denen manche auch in der

Thysanozoon nigropapillosus zeigt seine Sinnesfalten oder Pseudotentakel (Chagos).

Leber oder anderen Eingeweiden zu finden sind. Glücklicherweise für Taucher haben marine Plattwürmer kein Interesse an unserer internen Anatomie. Das heißt aber nicht, daß sie ohne Bedeutung sind. Obwohl sie nämlich oft übersehen werden, sind sie ökologisch wichtige Bewohner im Korallenriff. Einige sind heftige Räuber in Seescheiden-Kolonien, während andere von Züchtern wie die Pest gehaßt werden, wenn sie in deren Muschel- und Austerfarmen einfallen. Einige ahmen sogar giftige Nacktschnecken nach, und wieder andere leben symbiotisch auf Riffbewohnern wie zum Beispiel Blasenkorallen. Viele Plattwürmer sind prächtig gefärbt, was in den meisten Fällen eine Warnung darstellt. Soweit man weiß, sind sie auch giftig oder schmecken zumindest grauenhaft. Ihre zur Schau gestellten Farben warnen Fische und andere potentielle Räuber, sie in Ruhe zu lassen. Aber durch diese knalligen Farben werden natürlich auch die Unterwasserfotografen auf Plattwürmer aufmerksam. Ich bin ein solcher Vertreter dieser riffbeobachtenden Spezies und bemühe mich, den lieben Tieren

Eine noch unbeschriebene *Pseudoceros*-Art, bei den Malediven fotografiert.

auf meinen Fotos auch Namen zu geben. Leider haben nur wenige marine Plattwürmer deutsche sondern nur lateinische Namen. Es gibt zwei Hauptgründe dafür, daß Plattwürmer bislang keine Populärnamen tragen. Erstens, weil die meisten Plattwürmer versteckt leben und nur nachts aus dem Riff herauskommen. Somit hatten die Forscher in den vergangenen Jahrhunderten, die damals schon so vielfältige Informationen über das Riffleben sammelten, kaum Gelegenheit, sich mit diesen Winzlingen zu beschäftigen. Erst in den letzten Jahren, mit all den Möglichkeiten des Preßlufttauchens, gelang es der Wissenschaft, viele Erkenntnisse über diese Gruppe zu bekommen. Und zweitens sind Plattwürmer sehr kom-

Noch eine unbeschriebene *Pseudoceros* sp. (Mal.).

plizierte Tierchen. Sie sind nur wenige Zellgewebe dick und empfindlich gegenüber rauher Behandlung. Sie vertragen es eben nicht, wie andere marine Organismen in Sammelbehälter gesteckt zu werden und mit Formalin konserviert zu werden. Dann lösen sie sich nämlich einfach auf! Viele der älteren Meeresforscher waren somit nicht in der Lage, die Plattwürmer zu konservieren, die sie weiter untersuchen und in Museen lagern wollten. Die notwendige Voraussetzung, um solche Tiere auch wissenschaftlich zu beschreiben. Nochmals: nur in den letzten Jahren wurden Plattwürmer eingehend unter-

Der häufige und oft gesehene *Pseudobiceros bedfordi* (Malediven).

sucht, weil man eine Lösung gefunden hatte, sie formgerecht zu konservieren.

Trotz ihres zarten Wesens sind Plattwürmer keineswegs zimperlich, wenn es um Sex geht. Sie sind Zwitter: jeder Wurm hat sowohl männliche als auch weibliche Geschlechtsmerkmale. Wenn sich nun zwei ausgewachsene Plattwürmer derselben Art treffen, wollen sie sich gegenseitig befruchten. Zusätzlich tragen manche Arten noch zwei Penisse. Diese haben nadelscharfe Spitzen, mit denen die Würmer eine "hypoderme Befruchtung" durchführen. "Sex mit Dolch" kann beide Partner mit unzähligen Verletzungen zurücklassen. Aber die Natur hat vorgesorgt: nach 24 Stunden ist alles wieder verheilt und eine neue Generation von fabelhaften Plattwürmern kann heranwachsen.

Nach einer ungewöhnlichen Frau benannt: *Pseudoceros susanae* (Malediven).

Dolchstecher-Sex: Paarung von *Pseudobiceros gloriosus* im Malediven-Riff.

NESSELTIERE — CNIDARIA

Es gibt nichts besseres als ein Korallenriff, um die Mitglieder des Stammes Cnidaria zu studieren. Charakteristisch für alle sind Tentakel, die mit Myriaden von Nesselzellen (Nematocyten) bewaffnet sind. Jede dieser Zellen ist mit einem winzigen 'Sicherungsstift' versehen, dem Cnidocil, das als Auslöser dient. Wenn ein Beutetier (ein Fisch, eine Garnele oder größeres Plankton) die Tentakel berührt, werden unausweichlich Cnidocile verbogen, was wiederum zu einem sofortigen, lawinenartigen Ausstoß von Nematocyten führt. Dies alles geschieht extrem schnell, innerhalb einiger Millisekunden und läßt der Beute keine Chance zu entkommen. Jede Nesselzelle wird praktisch umgestülpt: zuerst klappt ein Deckel auf, dann wird ein Bündel messerartiger Anhänge ausgefahren, die in die Haut der Beute schneiden. Unmittelbar danach dringt ein langer Faden aus dem Inneren der Zelle durch die Wunde in das Gewebe des Opfers ein, wobei er sich wie ein Handschuhfinger entrollt. Der Faden gibt ein Gift ab, um die Beute zu lähmen oder gar zu töten. Man halte sich stets vor Augen, daß all dies mikroskopisch klein ist und in wenigen Sekunden viele Millionen mal passiert, keine Chance also zu entwischen. Jeder kann einmal seinen Finger zwischen die Tentakel einer Seeanemone stecken und fühlen, wie sie ein bißchen "kleben" bleiben. Das bewirken die in die Haut geschossenen Fäden aus den Nesselzellen. Vorher aber sollte man sicher sein, eine harmlose Anemone für das Experiment ausgewählt zu haben! Zwei Klassen der Nesseltiere werden hier behandelt: Hydrozoa (Körperhöhle des Polypen ohne Trennwände) und Anthozoa mit den Unterklassen Octocorallia (Achtersymmetrie des Polypen) und Hexacorallia (Sechsersymmetrie). Die folgenden Seiten zeigen Vertreter der Hydrozoa-Familien Milleporidae und Stylasteridae sowie der Octocorallia-Ordnungen Alcyonacea (Alcyonariidae, Nephtheidae), Gorgonacea (Subergorgiidae-Ellisellidae), Helioporacea (Helioporidae).

FEUERKORALLEN — MILLEPORIDAE

Millepora tenella — Astove, Seychellen

Feuerkoralle
Fire coral
B: bis zu 80 cm. V: ges. Gebiet. T: 2 - 20 m. A: stark nesselnder Planktonfresser mit sprödem Kalkskelett und endosymbiontischen Algen. Schnellwachsende Kolonien in starker Strömung auf besonnten Riffen.

HYDROKORALLEN — STYLASTERIDAE

Distichopora violacea — Male Atoll, Malediven

Violette Hydrokoralle
Violet hydrocoral

B: bis zu 25 cm. V: ges. Gebiet, RM. A: wächst quer zur Strömung an schattigen Plätzen auf Riffkante und oberem Riffhang. Ernährt sich von Mikroplankton. Unten: D. nitida.

LEDERKORALLEN   ALCYONIIDAE

Grays Möhrenkoralle
Gray's carrot coral
Länge: bis zu 5 cm.
Verbreitung: Ostindk.
Tiefe: 30 - 75 m.
Allgemein: meist in tieferem Wasser, auf Geröll. Die Kolonien sind länglich und fingerförmig, oft gebogen und sich zur Spitze hin verjüngend. Die gesamte Oberfläche der Kolonie ist mit nur einer Sorte Polypen bedeckt. Kolonien rot oder orange, die weißen Polypen können weiße Basen haben. Sie werden von der arminiden Nacktschnecke *Dermatobranchus gonatophora* gefressen. Über ein Dutzend Gattungsmitglieder sind bekannt.

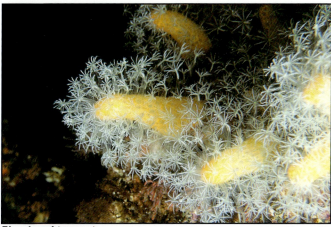

Eleutherobia grayi   Mosambik

Alderslades Möhrenkoralle
Alderslade's carrot coral
L: bis zu 5 cm. V: Malediven ostwärts. T: 2 - 25 m. A: häufig in Höhlen. Kolonien fingerförmig, zwei Polypen-Sorten, können eingezogen werden, bilden keine Erhebungen; die größeren fangen nachts Mikroplankton. Unten: *Minabea* sp.

Minabea aldersladei   Lhaviyani Atoll, Malediven

Pilz-Lederkoralle
B: bis zu 40 cm. V: ges. Gebiet. A: weitverbreitet, eine der häufigsten der etwa 35 Arten der Gattung. In seichten Flachriffen. Oberfläche sieht mit eingezogenen Polypen glatt, ledrig aus. Unten: *Sarcophyton* sp.

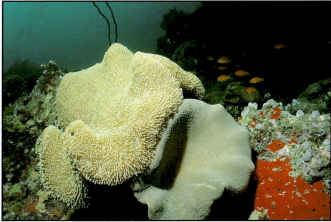

Sarcophyton trocheliophorum   Aldabra, Seychellen

WEICHKORALLEN · NEPHTHEIDAE

Hemprichs Weichkoralle
Hemprich's soft coral
L: bis zu 70 cm. V: ges. Gebiet, häufig in RM. A: Pioniersiedler, Kolonie baumförmig, Stamm verzweigt sich direkt über Substrat. Schrumpft mehrmals täglich zu kleinem Häufchen, nachts voll aufgerichtet. Wirt für Kommensalen (Eischnecken, Spinnenkrabben, Schlangensterne).

Dendronephthya hemprichi — Ari Atoll, Malediven

Blättrige Weichkoralle
Leafy soft coral
Länge: bis zu 45 cm. Verbreitung: ges. Gebiet, RM. Allgemein: die Gattung enthält einige der variabelsten und buntesten Arten riffbewohnender Weichkorallen. Ihre Stämme sind reich verzweigt, ihre Zweige lang und schlank. Die Kolonien haben durch spitze Skleritenbündel (stabilisieren die Polypen) ein stachliges Aussehen. Benachbarte Polypen in Gruppen, die deutlich voneinander getrennt stehen. Polypen können nicht völlig eingezogen werden.
   Unten: **Klunzingers Weichkoralle** *D. klunzingeri*, 100 cm, gesamtes Gebiet, RM, 15 - 40 m. Rote, kalkige Sklerite sehen in der durchscheinenden Körperwand wie verstreute Stacheln aus. Farbe rosa bis violett. Auf Hartsubstraten, nachtaktiv, frißt Plankton.

Dendronephthya mucronata — Gaafu Atoll, Malediven

WEICHKORALLEN — NEPHTHEIDAE

Weichkorallen-Art
Soft coral species

L: bis zu 9 cm. V: Mauritius bis Seychellen. T: 10 - 35 m. A: bildet steife, stachlige Kolonien, Polypen mit stützenden Skleritenbündeln. Zahlreiche Arten der Gattung wurden beschrieben, die meisten sind nicht auffällig gefärbt (vergleiche kleines Foto, andere Art).

Stereonephthya sp. — Grande Baie, Mauritius

GORGONIEN-SEEFÄCHER — SUBERGORGIIDAE

Riesen-Seefächer
Giant sea fan

L: bis zu 200 cm. V: ges. Gebiet. T: 10 - 60 m. A: dieser Gorgonien-Typ hat ein flexibles, ebenes Skelett. Meist an Dropoffs, weit ins offene Wasser reichend. Die hier gezeigte Kolonie schließt die Strömungslücke zwischen zwei Felsen.

Die Art wurde lange *Subergorgia hicksoni* genannt, aber heute werden zwei Gattungen riffbewohnender Seefächer anerkannt: *Subergorgia* umfaßt die Arten mit freien Zweigen und ausschließlich spindelförmigen Skelettelementen (Sklerite); zu *Anella* gehören Arten, die ein engmaschiges Netzwerk mit Anastomosen bilden und völlig andere Sklerite (Doppelköpfe, Doppelscheiben) haben. Das kleines Foto unten zeigt eine Gruppe roter Exemplare von *Anella mollis*, Heimat für einige Soldatenfische.

Annella mollis — Flic en Flac, Mauritius

291

GORGONIEN-SEEFÄCHER — SUBERGORGIIDAE

Mittlerer Seefächer
Medium sea fan

Breite: bis zu 150 cm.
Verbreitung: Mauritius ostwärts.
Tiefe: 15 - 30 m.
Allgemein: Fächer dieser Art sind dichotom verzweigt, jeder Zweig hat eine mediane Längsfurche. Die Polypen stehen sich auf den Zweigen in zwei Reihen gegenüber. Färbung rostorange bis rotbraun.
  Die Achse der Gorgonien-Seefächer besteht aus einem Netzwerk verzweigter und verschmolzener Kalkskleriten, die zusätzlich mit kleinen Mengen eines hornartigen Materials (Gorgonin) verkittet sind. So ist die Achse gleichzeitig steif und biegsam, während die jüngsten Zweigenden sehr dünn und empfindlich sind. Wenn Fächerkorallen von der Strömung gewiegt werden, sehen sie kaum wie Gorgonien mit einer Kalkachse aus, sondern eher wie solche mit einer flexiblen, hornigen Achse.

Subergorgia suberosa — Ari Atoll, Malediven

KNOTEN-SEEFÄCHER — MELITHAEIDAE

Knoten-Seefächer
Knotted sea fan

Breite: bis zu 100 cm.
Verbreitung: ges. Gebiet, RM.
Tiefe: 20 - 40 m.
Allgemein: Kolonien fächerförmig, ein dicker Hauptstamm verzweigt sich vielfach dichotom in einer Ebene. Polypen über die ganze Oberfläche verteilt, vornehmlich in der Hauptebene. Färbung variabel, meist tiefrot mit weißen Polypen. Geschlechter getrennt auf verschiedenen Kolonien. Wächst an steilen Hängen und Dropoffs, auch auf tiefen Riffterrassen. Frißt Mikroplankton. Bekannteste von etwa 30 Arten.
  Typisch für alle Familienmitglieder: bestimmte Zweigabschnitte mit dicht verschmolzenen Skleriten, dazwischen verdickte Knoten aus hornigem Material ohne verschmolzene Sklerite; erstere geben Stabilität, letztere (flexible Knoten) Elastizität, wenn sich der Fächer in der Strömung wiegt. Heimat diverser epibiontischer Wirbelloser (Foto).

Melithaea ochracea — Pemba, Tansania

BESENGORGONIEN · ELLISELLIDAE

Brüchige Besengorgonie
Delicate whip coral
L: bis zu 110 cm. V: ges. Geb.
T: 5 - 30 m. A: peitschenartig,
mit verkalkter, horniger Achse.
In Gruppen auf Riffhängen.
Geschlechter getrennt, auch
asexuelle Vermehrung durch
Knospung: Knospen fallen ab
und werden zu Nachbarn der
Eltern. U: *Menella* sp. (Mal.).

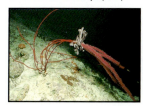

Junceella fragilis — Andamanensee

BLAUE KORALLEN · HELIOPORIDAE

Blaue Koralle
Blue coral
B: bis zu 150 cm. V: ges. Geb.,
nicht RM. T: 2 - 18 m. A: Form
variabel, lebende Kolonie oliv
(Zooxanthellen), Skelett leuchtend blau (Bilirubin). Kalkskelett massiv, aber brüchig. Einzige Art der Ord. Helioporacea.

Heliopora coerulea — Mentawai Islands, Sumatra

ANEMONEN · ACTINIARIA

Die Nesseltierordnung Actiniaria gehört zur Unterklasse Hexacorallia (mit Sechsersymmetrie des Polypen) und umfaßt viele Korallenriff-Anemonentypen, aber nur wenige fallen auf. Die meisten leben gut versteckt in Spalten oder unter Steinen und Korallenbrocken. Die auffälligsten Arten sind von Anemonenfischen besetzt. Diese Wirtsanemonen gehören zu verschiedenen Familien und haben Durchmesser von ein paar cm bis über einen Meter. Der Körper aller Anemonen ist ein hohler, muskulöser Schlauch, dessen geschlossenes Ende (Fußscheibe) meist zur Befestigung an Hartsubstrat dient, das andere Ende (Mundscheibe) hat eine von Tentakeln gesäumte Mundöffnung. Der Hohlraum des Körperschlauchs hat einige dünne Trennwände, was im Querschnitt wie ein Rad mit Speichen aussieht. Diese Trennwände vergrößern die aktive Oberfläche für Atmung, Verdauung und Ausscheidung. Eine Anemone ist prinzipiell wie ein einzelner Hexakorallen-Polyp ohne Skelett gebaut. Oft ist die Tentakelkrone der auffälligste Teil. Einige Anemonen haben kurze, dicke Tentakel, andere lange, schlanke. Sie enthalten Myriaden von Nesselzellen (Nematocyten) und dienen dem Fang, Töten und Hantieren der Beute (vom Plankton bis hin zu Fischen). Sie schrecken auch Räuber ab, z. B. Falterfische. Die Nesselkraft hängt von der Art ab und ist oft zu schwach, um Menschen zu verletzen; es gibt aber Ausnahmen, und man sollte der einfachen Regel "Finger weg!" folgen. Wie die verwandten Steinkorallen enthalten einige Anemonenarten symbiontische Algen (Zooxanthellen).

WIRTSANEMONEN — STICHODACTYLIDAE

Stichodactyla mertensii — Ari Atoll, Malediven

Mertens' Wirtsanemone
Mertens' anemone
B: bis zu 150 cm. V: ges. Gebiet, RM. T: 4 - 35 m. A: in Spalten, Körper warzig mit orangen Flecken, Mundscheibe teppichartig, Tentakel nesseln. Unten: *S. gigantea,* bis zu 70 cm, ähnlich, aber Körper glatt, ohne Flecken, teppichartige Tentakel stark nesselnd.

Prachtanemone
Magnificent anemone
B: bis zu 30 cm. V: ges. Gebiet, RM. T: 1 - 10 m. A: Färbung variabel, Tentakel grau mit gelblichen Spitzen. Exponiert auf Hartsubstraten der Dropoffs und Hänge, kann Ort wechseln. Unten: **Lederanemone** *H. crispa,* 30 cm. Beide sind Wirt für *Amphiprion* spp.

Heteractis magnifica — Lhaviyani Atoll, Malediven

SEEANEMONEN — ACTINIIDAE

Knubbelanemone
Bubble anemone
B: bis zu 40 cm. V: ges. Gebiet, RM. T: 2 - 30 m. A: sehr häufig, Körper glatt, Tentakelspitzen verdickt, lebt versteckt in Spalten. Zooxanthellen (Farbvarianten!). Unten: *Heteractis aurora,* Familie Stichodactylidae.

Entacmaea quadricolor — Male Atoll, Malediven

PARTNERANEMONEN — THALASSIANTHIDAE

Noppenrand-Anemone
Knob-edged anemone

B: bis zu 55 cm. V: ges. Gebiet, RM. T: 0,5 - 5 m. A: solitär, Körper in Spalten. Mundscheibe breit und wellig, mit vielen kurzen, klebrigen, verzweigten Tentakeln. Färbung extrem variabel. Wirt von *Amphiprion, Thor, Periclimenes* spp. Unten: **Hemprichs Wirtsanemone** *Heterodactyla hemprichi*, 40 cm, kleine Tentakel in Gruppen.

Cryptodendrum adhaesivum — Similan Islands, Thailand

KEULENANEMONEN — ISOPHELLIIDAE

Keulenanemone
Club anemone

B: bis zu 12 cm.
V: Malediven, selten. Mehr Gattungsmitglieder im Atlantik.
T: 20 m.
A: solitär; Körper lang, unten mit 'Rinde' und kleinen falschen Tentakeln. Mund- breiter als Fußscheibe. Relativ wenige, kurze, aber kräftige, keulenförmige Tentakel in Sechserkreisen um die Mundöffnung; fangen Zooplankton und kleine Wirbellose. Färbung variabel.
  Unten: eine unbekannte Anemonenart von den Malediven, die wahrscheinlich zur Familie Thalassianthidae (siehe oben) gehört.

Telmatactis clavigera — Raa Atoll, Malediven

SCHEIBENANEMONEN — DISCOSOMATIDAE

Scheibenanemonen-Art
Disc anemone species
Breite: bis zu 10 cm.
Verbreitung: ges. Gebiet, RM.
Tiefe: 10 - 30 m.
Allgemein: Scheibenanemonen gehören zur Hexacorallia-Ordnung Corallimorpharia oder Falsche Korallen. Tentakel kurz oder fehlend, Körper sehr kurz, Individuen scheibenförmig. Asexuelle Vermehrung durch Knospung, bedecken nach kurzer Zeit große Substratflächen und überwachsen sogar lebende Substratsiedler wie Korallen und Riesenmuscheln (siehe auch S. 309). Das große Foto zeigt auch die entfalteten Tentakelspiralen von Röhrenwürmern (Polychaeta), häufige und oft bunte entfernte Verwandte des Regenwurms. Unten: Nahaufnahme einer anderen *Discosoma* sp. bzw. einer *Metarhodactis* sp.

Discosoma sp. — Ari Atoll, Malediven

SCHWARZE KORALLEN — ANTIPATHIDAE

Spiralige Schwarze Koralle Spiral black coral
L: bis zu 150 cm. V: ges. Gebiet. T: 15 - 50 m. A: eine Polypenreihe; oft falsch als *Cirripathes spiralis* bestimmt, die nur bis 30 cm lang wird. Unten: *Antipathes* sp., eine typische buschförmige Schwarze Koralle.

Stichopathes sp. — South Male Atoll, Malediven

STEINKORALLEN   SCLERACTINIA

Die Steinkorallen der Hexacorallia-Ordnung Scleractinia sind mit Abstand die wichtigsten Riffbauer. Myriaden winziger Korallenpolypen leben in enger Symbiose mit noch zahlreicheren bräunlichen, einzelligen Algen (Zooxanthellen) in ihrem Gewebe. Es ist diese Symbiose, die den Polypen dieser sogenannten hermatypischen Korallen ermöglicht, Kalziumkarbonat in so großen Mengen abzuscheiden, daß ihr Skelett bis zu 15 cm pro Jahr wachsen kann. Die Algen benötigen Sonnenlicht und Kohlendioxid zur Photosynthese und liefern bis zu 98 % der Nährstoffe für die Polypen, die wiederum nur in ausreichend warmem Wasser gedeihen. Das be-

Ein gesundes Korallenriff vor Christmas Island im Ostindk..

schränkt lebende Korallenriffe auf die Tropen und von der Oberfläche bis in nur wenige dutzend Meter Tiefe; weiter unten reicht das Sonnenlicht nicht mehr zur Photosynthese aus, und mittlere Wassertemperaturen unter etwa 20 °C töten die Polypen. Leider hat auch ein Temperaturanstieg von nur wenigen Grad im Jahresmittel den gleichen Effekt: wie man heute in vielen Regionen bereits sehen kann, ist die globale Erwärmung die Ursache für die Korallenbleiche in großen Riffgebieten. Es gibt aber auch ahermatypische Korallen ohne Zooxanthellen, die sich auf den Beutefang mit ihren Tentakeln verlassen. Hauptbeute ist Zooplankton, aber einige Arten können auch Würmer, Seeigel und sogar kleine Fische fangen.

Hunderte Steinkorallenarten sind im Indik bekannt, ihre Artenfülle ist im Ostindik am größten. Viele haben eine weite Verbreitung, vom Roten Meer und Ostafrika bis zu den abgelegenen Inseln im Zentralpazifik. Obgleich es solitäre Formen wie etwa die Pilzkorallen (Fungiidae) gibt, sind die meisten Arten koloniebildend. In der zweiten Kategorie sind die Mitglieder der Gattung *Acropora*, bekannt als Tisch- oder Geweihkorallen, besonders häufig. Korallenkolonien wachsen hauptsächlich durch asexuelle Teilung der Polypen, aber es gibt auch sexuelle Fortpflanzung der getrennten Geschlechter mit Eiern und Spermien sowie Hermaphroditismus (beide Geschlechter auf einem Polyp).

Einzelpolypen sehen wie fleischige Säckchen mit

Fahnenbarsche im Schutz von *Tubastraea micrantha*.

einem Tentakelring oben um die zentrale Mundöffnung aus, sehr ähnlich winzigen Anemonen. Sie sitzen in Kalkskelettgehäusen (Koralliten), die der Polyp selbst aufbaut. Die Koloniemitglieder sind durch lebendes Gewebe miteinander verbunden, so können gewonnene Nährstoffe gleichmäßig verteilt werden. Man kann die Hauptgruppen der Korallen unter Wasser leicht erkennen, das Bestimmen einer Art ist jedoch oft etwas für erfahrene Spezialisten, weil es die mikroskopische Untersuchung von Skelettmerkmalen erfordert.

Die unattraktivste Form von Korallen: als tote Souvenirs.

GEWEIHKORALLEN — ACROPORIDAE

Robuste Geweihkoralle
Robust staghorn coral

Acropora robusta — Male Atoll, Malediven

Verbreitung: Chagos Is. ostwärts in den Pazifik. Allgemein: diese Art ist auf Flachriffe beschränkt, wo sie auf Riffrändern in starker Brandung häufig ist. Kolonien von unregelmäßiger Form, mit dicken Ästen in der Mitte und dünneren, hervorragenden Zweigen mit aufwärtsgerichteten Enden an der Peripherie. Radiale Koralliten von unterschiedlicher Größe und Form, aber meistens raspelartig. Hellgrün mit dunkelrosa Zweigenden, auch rosig-braun, gelblichbraun oder cremefarben.

Formosa-Geweihkoralle
Formosa staghorn coral

V: Madagaskar ostwärts. A: sehr häufig, oft dominante Art in Lagunen und Saumriffen. Kolonien baumartig, meist Gebüsche bildend. Radiale Koralliten in Größe ähnlich oder verschieden, gleichmäßig oder unregelmäßig verteilt. Creme, blau, braun, Zweigenden oft blasser.

Acropora formosa — Praslin, Seychellen

Feine Tischkoralle

V: Maskarenen ostwärts. A: dünne, breite, flache Tische, eine der häufigsten Korallen des oberen Riffhangs, Polypen oft tags zu sehen. U: *A. nasuta*, ges. Gebiet, RM, in allen *Acropora*-Gemeinschaften, sehr häufig auf dem oberen Riffhang. Koralliten sehen wie umgekehrte Nasen aus. Creme, Spitzen purpur.

Acropora cytherea — Similan Islands, Thailand

GEWEIHKORALLEN   ACROPORIDAE

Tischkorallenart
Table coral species

V: Malediven. A: dieser Blick auf ein Malediven-Hausriff in der frühen Abenddämmerung zeigt einen gesunden Bestand diverser *Acropora*-Arten. Beim Bestimmen der Art der großen Kolonie in der Mitte brachte selbst Charly Verons 'Korallenbibel' "Corals of Australia and the Indo-Pacific" keine befriedigende Lösung.

Kleines Foto unten: eine andere *Acropora*-Tischkoralle, die ungewöhnlich aufrecht wächst, sehr wahrscheinlich, um die lokale Strömung zu nutzen, die Zooplanktonnahrung für die winzigen Korallenpolypen heranträgt. Das Foto zeigt sehr schön das verzweigte Netzwerk der Koralle.

In allen indopazifischen Riffen wachsen *Acropora*-Arten in vielen Formen ('Geweihe,' Büsche, Dickichte, Platten, Säulen, Tische). Ihr Erfolg beruht auf den leichten Skeletten der meisten Arten, die ein schnelles Wachstum erlauben und damit Vorteile vor den Nachbarn bringen. Auch sind die Koralliten einer Kolonie verbunden und ermöglichen so ein koordiniertes Wachstum.

Acropora sp.   Ari Atoll, Malediven

Solide Tischkoralle
Solid table coral

V: Madagaskar ostwärts. A: anastomosierende Zweige bilden eine fast solide Platte. U: Tauchflasche als künstliches Miniriff.

Acropora clathrata   La Digue, Seychellen

BUSCHKORALLEN — POCILLOPORIDAE

Warzige Buschkoralle
Warty bush coral
V: ges. Gebiet und RM. A: häufig, in den meisten Flachriffhabitaten. Regelmäßige, aufrechte Zweige mit "Warzen" (Verrucae) von unregelmäßiger Größe. Creme, rosa oder blau. Unten: *Seriatopora hystrix*, häufig in Seichtriffen, cremefarbene Zweige verjüngen sich zu Spitzen.

Pocillopora verrucosa — Komoren

KANTENKORALLEN — AGARICIIDAE

Irrgarten-Koralle
Maze coral
V: RM bis Zentralpazifik. A: häufig, Kolonien selten breiter als 2 m, bestehen aus meist horizontalen, einseitigen Flächen, können aber auch Säulen bilden. Mehr als eine Korallitenreihe zwischen den Kanten.

Pachyseris speciosa — Aldabra, Seychellen

Kantenkoralle
Ridge coral
Verbreitung: Rotes Meer bis Australien und Palau.
Allgemein: die Art ist selten häufig, außer an Steilwänden oder Überhängen, besonders am unteren Riffhang. Die Kolonien bestehen aus einseitigen Flächen, die horizontal liegen können und komplette oder gebuchtete Ränder haben oder die verdreht und teilweise senkrecht sein können. Koralliten auswärts geneigt, mit weitem Abstand voneinander. Mit feinen, aber deutlichen Radialkanten. Färbung braun oder gelblichbraun, oft mit weißen Rändern (siehe Foto).

Leptoseris explanata — Mulaku Atoll, Malediven

PORENKORALLEN PORITIDAE

Bogen-Porenkoralle
Lobed pore coral
V: Zentralindik ostwärts bis Galapagos. A: sehr häufig, oft dominant an Riffrändern, in Lagunen und Saumriffen. Große Kolonien halbkuglig oder helmförmig. Meist cremefarben oder blaßbraun, können im Flachwasser aber auch hellblau, purpurn oder grün sein. Koralliten gleichmäßig verteilt, 1,5 mm breit. *Porites* kann bis zu 8 m hoch werden; bei einer Wachstumsrate von 9 mm pro Jahr sind solche Giganten fast 1.000 Jahre alt! Die oberen beiden Fotos zeigen auch bunte Tentakelkronen eingebetteter *Spirobranchus*-Röhrenwürmer.

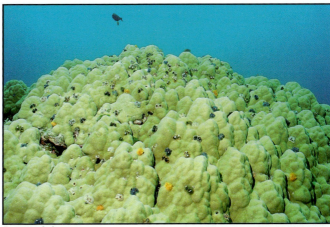

Porites lobata   Trinco, Sri Lanka

Gelbe Porenkoralle
Yellow pore coral
V: RM ostwärts bis Tuamotu. A: sehr häufig, mit *P. lobata* an Riffrändern, in Lagunen und Saumriffen. Kann sehr groß werden, Oberfläche meist glatt. Färbung variabel. Unten: *P. solida*, RM bis Hawaii, häufig, massiv, bis mehrere Meter Durchmesser.

Porites lutea   Similan Islands, Thailand

Djibouti-Blumenkoralle
Djibouti flower coral
V: Ostafrika bis Westpazifik. A: Foto zeigt die Polypen ausgestreckt. Der Autor konnte das weite Feld der *Goniopora*-Kugeln auf einer Sandfläche in rund 30 m Tiefe nicht vollständig überblicken!
Unten: *G. columna*, Rotes Meer bis Fiji (Foto: Malediven).

Goniopora djiboutensis   Male Atoll, Malediven

PILZKORALLEN — FUNGIIDAE

Pilzkoralle
Mushroom coral

Verbreitung: RM bis Tuamotu. Allgemein: Kolonien festgewachsen oder frei (wie das Exemplar auf dem Foto), krustig oder flächig, einseitig, kann bis 150 cm breit werden. Die Taucherin dient als guter Vergleich, um die Größe dieses Exemplars zu verdeutlichen. Manchmal ist ein zentraler Korallit ausgebildet. Kanten der Kolonie ähnlich denen einiger *Fungia*-Arten (s. u.). Polypen tags oder nachts ausgestreckt.

Erstes kleines Foto unten: *Fungia scutaria*, bis zu 17 cm lang, RM bis Hawaii (Foto: Seychellen). Häufig, nicht festgewachsen, auf dem oberen Riffhang, der Brandung ausgesetzt. Zweites: *F. fungites*, bis 28 cm breit, RM bis Tuamotu (Foto: Chagos). Sehr häufig, Kanten mit dreieckigen Zähnchen.

Podabacia crustacea — Ari Atoll, Malediven

BLASENKORALLEN — CARYOPHYLLIIDAE

Lichtensteins Blasenkoralle

V: Madagaskar ostwärts. A: Polypen nachtaktiv; Kolonie tags mit traubengroßen Blasen bedeckt (Foto), ziehen sich bei Störung ein. U: *Plerogyra sinuosa*, RM bis Pazifik, Blasen verschwinden langsam, wenn überhaupt.

Physogyra lichtensteini — Baa Atoll, Malediven

KELCHKORALLEN — DENDROPHYLLIIDAE

Gelbe Kelchkoralle
Yellow waver coral

Verbreitung: RM bis Fiji. Allgemein: sehr häufig, kann in trüben Seichtwasserhabitaten die dominante Art sein. Kolonien meist unter 1 m im Durchmesser, aber auf Saumriffen auch viel größer. Bestehen aus einseitigen Flächen, sehr verdreht und anastomosierend im Subtidal, bildet auf dem oberen Riffhang auch aufrechte (Foto) und in tieferem Wasser horizontale Ausläufer, je nach Lichtmenge (enthält Zooxanthellen, daher gelblich-grüne Färbung). Polypen nur auf der Oberseite.

Turbinaria mesenterina — Aldabra, Seychellen

Säulen-Kelchkoralle
Column crater coral

V: Ostafrika bis Pazifik. A: in vielen Habitaten häufig, als Säulen oder flache Platten, kann einige Meter Breite erreichen, große Polypen oft tags ausgestreckt. Foto: junge Kolonie. U: *T. frondens*, Ostindik bis Fiji, juv. (Foto) becherförmig, später aufrechte Ausläufer.

Turbinaria peltata — Grande Baie, Mauritius

Grüne Becherkoralle
Green cup coral

V: ges. Gebiet. A: häufigste Becherkoralle, die ein Taucher sieht, da sie an strömungsreichen Standorten wächst (siehe auch S. 297) und nicht in Höhlen, wie viele andere Gattungsmitglieder, siehe das kleine Foto unten: **Orange Becherkoralle** *T. coccinea*.

Tubastraea micrantha — Des Roches, Seychellen

SARDINENSCHWEMME VOR SÜDAFRIKA

Die jährliche Wanderung der Sardine *Sardinops sagax* entlang der Wild Coast, östliche Kap-Provinz, ist ein Phänomen, das sowohl den hungrigen Menschen als auch ihre natürlichen Feinde im Meer in den Bann zieht. Bekannt unter dem Begriff "Sardinenschwemme", ist es Wissenschaftlern unklar, warum diese Wanderung stattfindet, aber eines ist sicher: Hier handelt es sich um den wichtigsten jährlichen Vorfall an der Küste, denn er bringt Nahrung im Überfluß in diesen sonst verarmten Landstrich. Der Fotograf, ein Kenner des Jagdverhaltens im Meer, beschreibt einen ungewöhnlichen Waffenstillstand.

1. Sardinen-Raserei: Die winterliche Sardinenschwemme ist der Grund für viel Aufregung unter der KwaZulu-Natal-Bevölkerung, denn die Leute, gleich welchen Alters und welcher Größe, lassen alles liegen und stehen, um Sardinen zu fangen. Ausgerüstet mit professionellen Netzen sind die einheimischen Fischer im Vorteil, aber der Normalbürger kommt auch auf seine Kosten: man hat sogar Nonnen im Flachwasser der Küste gesehen, die mit ihren größen Röcken Sardinen fingen(!)

2. Jäger des Meeres: Längst bevor der Mensch begriffen hat, was hier abgeht, sind die marinen Jäger zur Stelle, um ihre Energiereserven aufzufüllen. Obwohl der Buckelwal *Megaptera novaeangliae* wie auch der Bryde's Wal *Balaenoptera edeni* die Sardinen jagen, gibt es noch weitere spektakuläre Ereignisse zu beobachten: über 15.000 Gemeine Delphine *Delphinus delphis*, 3.000 Tümmler *Tursiops truncatus* und hunderttausend Kaptölpel lichten die Sardinenschwärme.

3. Gemeine Delphine: grundsätzlich kann man sagen, daß die Gemeinen Delphine im 70-m-Bereich jagen, wenn sie den Sardinen folgen. Beobachtet man tauchend das Jagdverhalten der Delphine, muß man immer aufpassen, nicht auf dem Rücken eines Kupferhais *Carcharhinus brachyurus* zu landen. Wir sahen oft, wie die Haie unter den Delphinen schwammen. Obwohl sie kein Interesse an den Delphinen zeigten, folgten die Kupferhaie den Tauchern manchmal zur Oberfläche. Es ist schon nervend, wenn man einen dreieinhalb Meter langen Hai an den Flossen kleben hat! Fast jedes Mal, wenn wir im "Sardinenwasser" tauchten, beobachteten wir dieses Zusammenschwimmen von Hai und Delphin.

4. Stierhai: die Tümmler jagen eher küstennah in der Brecherzone nach Sardinen, verfolgen aber auch andere Fischräuber wie *Sarpa salpa* und *Pomatomus saltatrix*, denen die Sardinen auch gut schmecken. Obwohl das Wasser fast grün von den Exkrementen der Fischräuber war, sahen wir deutlich den Erzfeind der Tümmler, den Stierhai *Carcharhinus leucas* in Gruppen unter den Delphinen schwimmen. Glücklicherweise ignorierten diese gefährlichen Haie sowohl uns Taucher als auch die Tümmler. Normalerweise sind Haie und Delphine tödliche Feinde an der südafrikanischen Küste: 28 % der Delphine und 10 % der Tümmler trugen bei Zählungen Wunden durch Haibisse. Nutzen nun hier die Haie die Sonarfähigkeiten der Delphine, um die Beute gemeinsam zu lokalisieren? Gibt

es einen Waffenstillstand, solange die Sardinenschwemme existiert? Zum ersten Mal haben wir Wissenschaftler beobachtet, daß Haie und Delphine sich praktisch ignorieren, und es bedarf weiterer Forschung, warum das so ist

STACHELHÄUTER — ECHINODERMATA

Die Stachelhäuter sind ein ausschließlich mariner Stamm mit einer langen Fossilgeschichte und fünf rezenten Klassen: Federsterne (Crinoidea, auf dieser Seite) sind Planktonfiltrierer; Schlangensterne (Ophiuroidea) sammeln den Bakterienfilm von der Oberfläche, spezialisierte Formen wie Astroboa (diese Seite) filtern nachts Plankton; Seesterne (Asteroidea, S. 306) sind Räuber; Seeigel (Echinoidea, S. 307) weiden Algen und tierischen Aufwuchs von Hartsubstraten; Seegurken (Holothurioidea, S. 308) durchsieben das Substrat nach Mikroorganismen und organischem Material. Alle haben ein mehr oder weniger flexibles äußeres Kalkskelett gemeinsam: bei den meisten Seeigelarten ist es eine starre, äußere Schale, bei See-, Schlangen- und Federsternen ist es flexibler, aber kompletter Panzer, bei Seegurken ist es aber zu mikroskopisch kleinen Skelettelementen reduziert, die lose in einer zähen, ledrigen Haut eingebettet sind. Alle Stachelhäuter haben ein komplexes sogenanntes Ambulakralsystem, bestehend aus verbundenen, wassergefüllten Röhren, die an der Madreporenplatte (eine Eingangs-Siebplatte, oben auf vielen Seesternen gut zu sehen) beginnen und in vielen kleinen Füßchen (mit oder ohne saugnapfartige Endscheiben) enden. Füßchen, Stacheln und diverse 'Werkzeuge' (z. B. pinzettenartige Pedicellarien, bei manchen Seeigel-Arten mit Giftblasen) dienen der Fortbewegung, zum Hantieren der Nahrung, der Tarnung durch Festhalten von Seegras- oder Algenresten, etc. Wichtigstes Merkmal der Baupläne der rezenten Klassen von Stachelhäutern aber ist die ihnen allen zugrundeliegende Fünfersymmetrie. Sogar die vielfach geteilten Arme der Gorgonenhäupter oder die armlosen Seegurken zeigen bei genauer Betrachtung diese Symmetrie. Natürlich gibt es wie immer Ausnahmen von der Regel, etwa die farbenfrohen Federsterne mit hunderten und Seesterne mit dutzenden Armen, dies ist aber eine sekundäre Erscheinung bei relativ wenigen Arten.

FEDERSTERNE — MARIAMETRIDAE

Langarm-Federstern
Long-arm feather star
B: bis zu 40 cm. V: Malediven ostwärts. T: 5 - 20 m. A: bis zu 30 Arme, variable weiß-rote Muster, beim Planktonfiltern gezeigt. U: Cirren von *Lamprometra palmata*, zum Festhalten und Bewegen auf Substrat.

Dichrometra flagellata — Hikkaduwa, Sri Lanka

GORGONENHÄUPTER — GORGONOCEPHALIDAE

Gorgonenhaupt
Naked basket star
B: bis zu 120 cm. V: ges. Geb. T: 5 - 120 m. A: 5 reichverzweigte Arme, bilden nachts Filterkorb, rollen sich bei Beleuchtung ein. U: Mariametride; Federsterne schwimmen durch Wellenbewegung der Arme.

Astroboa nuda — Male Atoll, Malediven

SCHLANGEN-SEESTERNE — OPHIDIASTERIDAE

Blauer Seestern
Blue sea star
B: bis zu 30 cm. V: Ostafrika bis Hawaii. T: 1 - 25 m. A: auf algenbewachsenem Korallenschutt und in Seegraswiesen. Adulte tags oft im Seichtwasser. U: Einzelarm von *L. multiflora*; wächst über eine 'Kometenform' zu einem kompletten Tier (asexuelle Vermehrung).

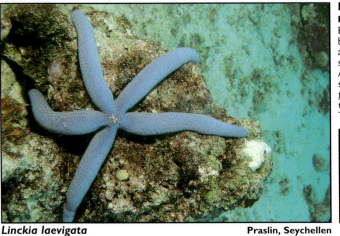

Linckia laevigata — Praslin, Seychellen

NAGEL-SEESTERNE — MITHRODIIDAE

Nagel-Seestern
Nail sea star
B: bis zu 40 cm. V: fleckenhaft, ges. Gebiet, RM. T: 10 - 35 m. A: Arme mit konischen 'Nägeln,' nachtaktiver Detritusfresser. Unten: *Fromia milleporella* (Ophidiasteridae), 6 cm, Malediven ostwärts, ab 1 m.

Mithrodia clavigera — Komoren

KISSEN-SEESTERNE — OREASTERIDAE

Indischer Kissen-Seestern
Indian cushion sea star
B: bis zu 25 cm. V: Ostafrika bis Sri Lanka. T: 1 - 33 m. A: sieht wie ein Seeigel ohne Stacheln aus, Farbmuster ist sehr variabel (siehe unten), frißt Detritus und Aufwuchs. Oft mit *Periclimenes*-Partnergarnelen.

Culcita schmideliana — Beau Vallon, Seychellen

LEDER-SEEIGEL — ECHINOTHURIIDAE

Lederseeigel
Toxic leather sea urchin
B: bis zu 18 cm. V: ges. Gebiet, nicht RM. T: 3 - 30 m. A: Färbung weiß und rot bis orange. Körper aus losen, mit ledriger Haut verbundenen Platten, daher Form variabel. Überall im Riff, nicht häufig, aber weit verbreitet. Vom sehr ähnlichen *Asthenosoma marisrubri* (RM) verschieden, erst 1998 beschrieben. Nachtaktiver Allesfresser (Algen, Schwämme, Seescheiden). Stachelspitzen oft zu Bündeln zusammengelegt. Die weißen Blasen an den Stachelspitzen sind sehr giftig! Stiche sind sehr schmerzhaft, brauchen Tage zur Heilung, Vorsicht!

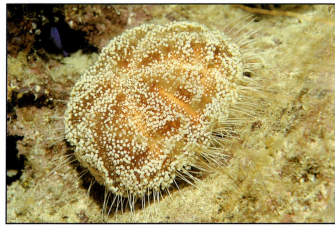

Asthenosoma varium — Richelieu Rock, Thailand

GIFT-SEEIGEL — TOXOPNEUSTIDAE

Giftzangen-Seeigel
Poison claw sea urchin
B: bis zu 12 cm. V: ges. Gebiet, RM. T: 1 - 35 m. A: Stacheln stumpf, kurz; längere, giftige Pedicellarien mit 3 großen Zangen. Füßchen lang, halten tarnende Schalenreste etc. In Lagunen, Seegraswiesen, Riffen. Vorsicht!

Toxopneustes pileolus — Beau Vallon, Seychellen

DIADEM-SEEIGEL — DIADEMATIDAE

Schwarzer Diadem-Seeigel
Black diadema sea urchin
B: bis zu 10 cm. V: ges. Gebiet, RM. T: 5 - 25 m. A: meist auf Hartsubstraten, frißt Algen, Detritus und Korallenpolypen. Kann lokal sehr häufig sein. Schwarze Stacheln lang, dünn, hohl und sehr brüchig. Fast alle Unterwasserenthusiasten haben schon unangenehme Erfahrungen mit den Stacheln dieser oder anderer Arten der Familie gemacht (schmerzhaft, aber ungiftig). Juvenile haben noch dickere, dunkel und weiß geringelte Stacheln.

Echinothrix diadema — Negombo, Sri Lanka

GEWÖHNLICHE SEEGURKEN — HOLOTHURIIDAE

Graeffes Seegurke
Graeffe's sea cucumber
L: bis zu 50 cm. V: ges. Gebiet, RM. T: 5 - 45 m. A: Mund von 25 schwarzen Tentakeln mit Endscheiben (siehe Foto) umgeben, um Detritus und kleine Organismen vom Substrat aufzunehmen. U: *Bohadschia* sp., mit einem typischen Muster dunkler Augenflecken.

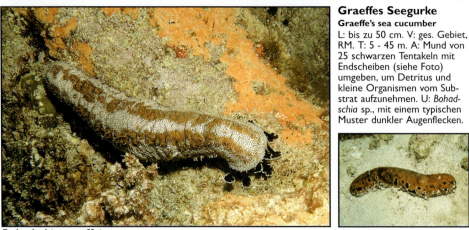
Bohadschia graeffei — Beau Vallon, Seychellen

ZOTTEN-SEEGURKEN — STICHOPODIDAE

Grünliche Seegurke
Greenish sea cucumber
L: bis zu 30 cm. V: ges. Gebiet, RM. T: 1 - 30 m. A: mit Doppelreihen konischer Zotten mit orangen Spitzen, Mund mit 20 abwärtsgerichteten Tentakeln. Unten: *S. variegatus*, bis 50 cm, ges. Gebiet, meist auf Sand.

Stichopus chloronotus — Grande Baie, Mauritius

WURM-SEEGURKEN — SYNAPTIDAE

Godeffroys Seegurke
Godeffroy's sea cucumber
L: bis zu 150 cm. V: RM bis Hawaii. T: 1 - 26 m. A: wischt mit 15 fedrigen Mundtentakeln Detritus vom Boden, schrumpft bei Störung auf ein Drittel der Länge. Unten: *Opheodesoma spectabilis* im selben Wrack.

Euapta godeffroyi — Beau Vallon, Seychellen

ÜBERZIEHER

Auch die bezaubernden Korallenriffe sind kein Paradies. Diese von winzigen Korallenpolypen erbauten Lebensräume bieten Siedlungsmöglichkeiten für eine so enorme Vielfalt an pflanzlichem und tierischem Leben, daß sie in ihrer Komplexität nur noch von den tropischen Regenwäldern übertroffen werden. Zwar siedeln und sprießen Nachwuchs und Neuzugänge in erster Linie auf dem Kalkskelett abgestorbener Korallen, das Angebot solcher Flächen ist jedoch wesentlich kleiner als die Nachfrage. Dadurch werden zwei Merkmale harten Daseinskampfes gefördert: zum einen wird kräftig nachgeholfen beim Absterben, indem man den überwuchert, dessen Widerstandskraft nachläßt. Zum anderen gerät man bei der eigenen Expansion leicht mit den Nachbarn in Krieg. Zwischen Individuen derselben Art geht es dabei meist noch friedlich zu. Treffen dagegen verschiedenartige Tiere aufeinander, gibt es kein Pardon.

1. Steinkorallen sind zwar oft die Sieger im Verdrängungswettbewerb - wie anders wären sonst die Korallenriffe des Indischen Ozeans entstanden? Häufig aber müssen sie den Kampf gegen andere Steinkorallen aufnehmen, gegen artfremde nämlich, die auf sie zuwachsen. Wer siegt, ist vorprogrammiert. Die Vermutung, schnellwüchsige Formen wie Geweihkorallen seien im Vorteil, ist falsch. Je langsamer eine Kolonie sich ausdehnt, um so wirksamer ihre Strategie: der Magen des Korallenpolypen wird über den benachbarten Raumkonkurrenten gestülpt und dieser dann verdaut. So hat sich im Riff ein Kräftegleichgewicht eingespielt, das die schnellen zügelt und allen eine Chance läßt. Aber den Steinkorallen machen Vertreter anderer Tierklassen zu schaffen: ein orangeroter Schwamm hat nicht nur eine große Tischkoralle überwuchert, sondern auch die darauf wachsende Hirnkoralle, nicht so jedoch die ebenfalls dort siedelnden Weichkoralle.

2. Seitlicher Schutz ist für die Riesenmuscheln der Gattung *Tridacna* sehr wichtig. Deshalb "graben" sie sich regelrecht in den Untergrund aus Steinkorallen "ein". Dieses Exemplar jedoch wird bald Opfer eines Überwucherungs-Spezialisten aus der Familie der Scheibenanemonen (Discosomatidae). Jede besiedelbare Fläche in der Umgebung ist bereits von diesen Hohltieren überwachsen. Ermöglicht wird ein derart schneller, flächendeckender Bewuchs durch die Fähigkeit der Scheibenanemonen, sich vegetativ, daß heißt durch Abschnürung von Tochterexemplaren, zu vermehren.

3. Für viele Organismen ist die allererste Voraussetzung fürs Überleben ein gesicherter Wohnraum. Der aber kann knapp sein und ist dann hart umkämpft. Seescheiden der Familie Didemnidae gehören zu den ersten Pionieren, die abgestorbene Korallenstöcke besiedeln. Diese vergleichsweise großen, toten Korallentische sind von unzähligen Exemplaren der zwittrigen Seescheiden übersät. Die kurze Entwicklungszeit ihrer Larven (meist wenige Tage) trägt erheblich zu einer hohen Siedlungsdichte bei. *Didemnum molle* ist besonders schnell: die Larven setzen sich unter günstigen Bedingungen bereits nach 10 Minuten an ihrem endgültigen Platz im Riff fest.

LEDERSCHILDKRÖTEN   DERMOCHELYIDAE

Lederschildkröte
Leathery turtle
Einzige Art der Familie, größte Schildkröte (über 500 kg). Keine Hornschuppen oder Klauen, Rücken mit 7 Graten, Oberkieferrand mit zahnartigen Zacken. Nur wenige Nestplätze im Gebiet (unten, Mosambik). Frißt Quallen, macht lange Wanderungen. Links: mit Schiffshaltern.

Dermochelys coriacea   Andamanensee

MEERESSCHILDKRÖTEN   CHELONIIDAE

Echte Karettschildkröte
Hawksbill turtle
Leicht an zwei Paar Schuppen zwischen den Augen zu erkennen. Häufigste Art unseres Gebietes. Links: hervorragendes Foto einer Echten Karette und eines Walhais. Unten links: Paarung (beachte Seepocken).

Schildkröten sind erheblich älter als Dinosaurier, aber ihre heutigen Populationen sind stark bedroht: durch Jagd, Sammeln der Eier, versehentliches Ertrinken in riesigen Treibnetzen (kleines Foto), die eigentlich Thune und Makrelen fangen sollen, durch Verschlucken von Rohöl oder treibendem Abfall und besonders durch Brutplatzzerstörung. Letzteres geschieht, wenn man Hotelkomplexe genau an den Stränden baut, zu denen die Schildkröten zur Eiablage zurückkehren, geleitet von ihren fantastischen Navigationsfähigkeiten. Es ist eine Schande, daß schon seit vielen Jahren alle Arten von Meeresschildkröten auf der Roten Liste der IUCN (International Union for Conservation of Nature) stehen.

Richelieu Rock, Thailand

Eretmochelys imbricata   Mentawai Islands, Sumatra

MEERESSCHILDKRÖTEN — CHELONIIDAE

Suppenschildkröte
Green turtle

Von 7 Arten mariner Schildkröten kommen 5 pantropische im Gebiet vor, zwei davon sind häufig. Alle sind aquatisch außer für kurze Zeit, wenn - oft nach langen Wanderungen - die Weibchen etwa alle zwei Jahre auf den Strand zurückkehren, wo sie geboren wurden, um ihre Eier abzulegen. 50 bis 150 werden in ein mühselig mit den Hinterflossen gegrabenes Loch abgelegt und sofort mit Sand bedeckt (siehe unten). Sonnenwärme ist für ihre Reifung (rund 2 Monate) zuständig. Sterblichkeit von Eiern und Schlüpflingen durch Räuber extrem hoch (Seevögel, Echsen, Mensch). Meeresschildkröten sind carnivor und fressen Quallen (Fotos unten), Schwämme, Manteltiere, Krebse, Kopffüßer und Fische. Nur Adulte dieser zweithäufigsten Art im Gebiet (ein Paar Schuppen zwischen den Augen) fressen Seegras und Algen.

Während einer Tauchreise auf den Seychellen beobachtete der Autor mehrere Male die ungewöhnliche Beziehung von einzelnen Suppenschildkröten, die permanent von einem Fledermausfisch begleitet wurden. Warum sich diese Tiere assoziieren, ist noch völlig unbekannt (rechts und unten).

Beau Vallon, Seychellen

Beau Vallon, Seychellen

Chelonia mydas — Ari Atoll, Malediven

SEESCHLANGEN — HYDROPHIIDAE

Pelagische Seeschlange
Pelagic sea snake
Die häufigste Seeschlange, am ehesten im Gebiet zu sehen. Am gebänderten Schwanz leicht zu erkennen. Riesige Mengen, pelagisch treibend und ineinander verschlungen, sind von Schiffen aus beobachtet worden.

Seeschlangen sind eine Familie lungenatmender Reptilien, die hervorragend und ausdauernd (mindestens 30 Min.) tauchen können. In Anpassung an die Fortbewegung im Wasser ist ihr Hinterkörper seitlich stark abgeplattet (Ruderschwanz). Adulte werden 0,5 bis 2 m lang und erreichen je nach Art ein Alter von bis über 10 Jahren.

Die 54 vollmarinen Arten der Unterfamilie Hydrophiinae gebären nach langen Tragzeiten von bis zu 9 Monaten etwa 12 lebende Junge unter Wasser. Die 5 amphibischen Seekobra-Arten der Gattung *Laticauda* (Unterfamilie Laticaudinae) hingegen legen ihre Eier wie die meisten Schlangen an Land ab.

Seeschlangen fressen Bodenfische (Grundeln, Muränen, Röhrenaale) und Fischlaich.

Pelamis platurus — Ari Atoll, Malediven

Schnabel-Seeschlange
Banded sea snake
Seeschlangen sind extrem giftig, so produziert diese Art bis zu 15 mg Gift, von dem 1,5 mg einen Erwachsenen töten. Doch sind sie nicht aggressiv, Angriffe auf Taucher oder Riffwanderer sind nicht belegt. U: **Olive Seeschlange** *Aipysurus laevis*, 150 cm, Westaustralien.

Enhydrina schistosa — Negombo, Sri Lanka

DELPHINE DELPHINIDAE

Spinner-Delphin
Populärname wegen der Angewohnheit, aus dem Wasser zu springen und sich dabei um die eigene Achse zu drehen. Weltweit in tropischen und temperierten Meeren. Schnauze schlank, frißt kleine Fische. Vereint sich mit Thunfischschulen zur Jagd, ertrinkt daher leider oft auch in Thunfischnetzen.

Stenella longirostris Flic en Flac, Mauritius

Fleckendelphin
Spotted dolphin
Diese typisch gefleckte Art ist einer der häufigsten Delphine im Gebiet, wo man ihn meist zwischen 22 °N und dem Äquator trifft. Küstennah sieht man ihn entweder einzeln oder in Gruppen von 10 bis 50, auf dem offenen Meer bildet er auch Schulen von bis zu 2.500 Tieren. Wie die meisten Familienmitglieder frißt er Kalmare und diverse kleine Schwarmfische, oft nahe der Oberfläche. Außer durch versehentliche Fänge in Fischnetzen sind Delphine durch chemische Verschmutzung, Störung und Habitatveränderung bedroht.

Stenella attenuata La Digue, Seychellen

Streifendelphin
Striped dolphin
Dieser Art fehlen Flecken, hat dafür Längsstreifen. Die Färbung aus Blau- und Weißtönen ist eine perfekte Anpassung an den pelagischen Lebensraum. Schädel und Schnauze sind relativ breit, was den Nahrungsgeneralisten der Gattung verrät: frißt viele Arten von Kopffüßern und Fischen. Delphine leben sehr sozial, einige in riesigen Schulen von bis zu mehreren tausend Tieren. Mütter mit Jungen, Subadulte und Adulte bilden oft getrennte Gruppen innerhalb der Schule. Siehe auch SARDINEN-SCHWEMME auf S. 304.

Stenella coeruleoalba Andamanensee

TROPHÄENJÄGER

Über das Jagdverhalten von Schwertwalen - insbesondere in tropischen Gewässern - weiß man kaum etwas. Manchmal enthüllen Zufallsbegegnungen ein wenig davon. Der Fotograf und Augenzeuge berichtet von solch einem dramatischen Erlebnis.

Der wundervolle Segelfisch *Istiophorus platypterus*, eines der schnellsten Meerestiere, richtet drohend seine hohe Rückenflosse auf.

Auf unserem Liveaboard sind wir unterwegs zu den Similan-Inseln vor der Küste Thailands. Wie immer beobachten wir während der Fahrt die Meeresoberfläche, als Suzanne auf ein seltsames schwarzes Rechteck deutet, das nur hundert Meter von unserem Schiff im Zickzack herumschwimmt. Ganz in der Nähe taucht plötzlich ein Dutzend großer, delphinähnlicher Rückenflossen auf. Als wir näherkommen, erkennen wir, daß es sich bei dem Rechteck um die aufgerichtete schwarze Rückenflosse eines Segelfisches handelt. Sich den scheuen Hochseejägern als Taucher zu nähern, ist äußerst schwierig, und so nutzen wir schnorchelnd die Gelegenheit, nachdem die Bootsmotoren verstummt sind. Natürlich wollen wir auch ergründen, was die Delphine mit dem Segelfisch zu tun haben.

Im Wasser staunen wir nicht schlecht über die Größe der "Delphine", denn sie sind zwischen drei und fünf Meter lang. Der Kopfform nach muß es sich um Zahnwale handeln. Offensichtlich interessiert an uns, schwimmen sie nicht weg, sondern kreisen unter uns, manchmal sogar bauchoben. Unsere Blicke kreuzen sich. Während wir mit aller Flossenkraft mitzuhalten versuchen, scheint es, als ob sie warten, daß wir näherkommen. Wie amüsant muß es für sie sein, uns schwerfälligen Wesen im Wasser zuzuschauen. Sie schwimmen in Dreiergruppen, manchmal sind auch bis zu 15 Tiere zusammen. Als einer der Wale das Maul aufreißt und ich die mächtigen Zähne sehe, fällt es mir ein: wir sind von einer Schule Kleiner Schwertwale *Pseudorca crassidens* umgeben. Es sind Jäger, die nicht wie Delphine Sardinen und Füsilieren nachstellen, sondern ihre kräftige Bezahnung nutzen, um große pelagische Fische und sogar andere Meeressäuger zu erbeuten.

Als ob es nicht schon fantastisch genug war, mit diesen im Indik kaum gesichteten Walen zu schwimmen, nähern wir uns dann dem Segelfisch. Die Rückenflosse voll aufgerichtet, will er offensichtlich den Schwertwalen mit seiner "neuen Größe" imponieren. Obwohl die Wale den Fisch jederzeit töten könnten, scheint es sie zu amüsieren, ihn zu terrorisieren. Eine Gruppe von zehn Kleinen Schwertwalen hat den Segelfisch total unter Kontrolle: immer wenn er beschleunigt, wird er sofort umringt. Ein Segelfisch könnte sicher einem einzelnen Schwertwal davonschwimmen, aber deren Gruppenstrategie ist er hoffnungs-

Von Schwertwalen eingekreist, zeigt der Segelfisch deutliche Anzeichen von Streß: seine sonst leuchtend blaue Färbung ist auf dem Körper fast weiß und auf der Rückenflosse schwarz geworden.

los unterlegen. Der Fisch zeigt heftige Anzeichen von Streß, denn während der Speerträger sonst schöne Blauschattierungen mit bronzenen Streifen trägt, ist dieser jetzt total blaß. Er sieht aus, als ob er um sein Leben kämpfen würde. Unterwasserfotos von Segelfischen sind ziemlich selten, aber hier gelingen mir einige Fotos des verängstigten Tieres während seines Zickzackkurses.

Außer Atem gibt einer nach dem anderen aus der Schnorchlergruppe auf. Mir tun besonders die Beine weh, denn ich habe zusätzlich noch das schwere Kameragehäuse zu bewegen. Dann ist auch der Segelfisch außer Sicht und ich gebe der mit mir schwimmenden Suzanne das Zeichen, zum Schiff zurückzukehren.

Einige Wale schwimmen noch immer um uns herum. Plötzlich kommen acht auf uns zu. Deutlich sehe ich, daß der größte der Gruppe etwas im Maul trägt. Suzanne und ich tauchen in Richtung der Meeressäuger, um genauer hinzuschauen. Verdutzt beobachten wir aus der Entfernung, wie der Wal

Eine Schule Kleiner Schwertwale *Pseudorca crassidens* verfolgt den Segelfisch. Einer dieser Zahnwale alleine hätte keine Chance, den schnellen Segelfisch zu fangen.

Nach dem Mahl: einer der Kleinen Schwertwale hat eine Jagdtrophäe im Maul. Aus dieser Entfernung ist das Objekt nicht zu erkennen.

etwas fallen läßt und ein anderer es sofort wieder ins Maul nimmt. Ich bin gerade zum Luftschnappen an der Oberfläche, als in etwa sechs Meter Tiefe der Schwertwal mit dem Objekt im Maul aus der Gruppe ausschert, geschmeidig auf die in gleicher Tiefe tauchende Suzanne zuschwimmt und das Unbekannte direkt vor ihrem Kopf "ausspuckt". Sie greift instinktiv zu und bringt es mit nach oben: das Objekt ist die Brustflosse eines Segelfisches, die gerade vom Körper abgetrennt wurde! Die Wale müssen den eingekesselten Speerfisch soeben getötet haben. Was aber sollte diese Geste? War die Flosse ein Geschenk an Suzanne? War es eine Einladung zu spielen? Oder war es nur Zufall? Ich aber bin glücklich, kein Segelfisch in der Gesellschaft von Schwertwalen gewesen zu sein!

Erst nachdem die Wale das Objekt Suzanne 'geschenkt' haben, kann es identifiziert werden: es ist eine der Brustflossen des Segelfischs!

BARTENWALE BALAENOPTERIDAE

Balaenoptera musculus — Burma Banks, Thailand

Blauwal Blue whale
Das größte und schwerste aller Tiere unter Wasser zu sehen, ist höchst eindrucksvoll. Adulte Männchen erreichen über 30 m Länge und 150 Tonnen Gewicht. Junge (7,5 m, 2,2 Tonnen) werden nach 11 Monaten Tragzeit geboren (siehe auch S. 224-226). Unten: **Bryde-Wal** *B. edeni*, 14,5 m.

Balaenoptera acutorostrata — Arabisches Meer

Zwergwal Minke whale
Der kleinste Bartenwal erreicht "nur" 10 m Länge. Er ist leicht an einem weißen Querband auf den Brustflossen zu erkennen. Lebt einzeln und küstennah in temperierten Gewässern, selten küstenfern, wo die Tiere gern ganz aus dem Wasser springen. Nahrung der Bartenwale im Gebiet: kleine Fische.

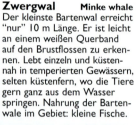

Buckelwal Humpback
Typisch für den berühmten "singenden" Wal sind seine langen, mit Seepocken bewachsenen Brustflossen. Bis 19 m und 48 Tonnen. Wandert im Winter in Gruppen von 4 - 12 Tieren in tropische Gewässer, wo die Jungen geboren werden. Frißt während des Sommers in polaren Gewässern Krillkrebse.

Megaptera novaeangliae — Trinco, Sri Lanka

INDEX: WISSENSCHAFTLICHE NAMEN

Abudefduf notatus 168
Abudefduf sexfasciatus 168
Abudefduf vaigensis 168
Acanthopagrus bifasciatus 96
Acanthurus dussumieri 213
Acanthurus guttatus 214
Acanthurus leucocheilos 212
Acanthurus leucosternon 211
Acanthurus lineatus 215
Acanthurus mata 214
Acanthurus nigricans 212
Acanthurus nigricauda 212
Acanthurus tennenti 213
Acanthurus triostegus 214
Acanthurus tristis 215
Acanthurus xanthopterus 213
Acropora clathrata 299
Acropora cytherea 298
Acropora formosa 298
Acropora robusta 298
Acropora sp. 194, 299
Aeoliscus strigatus 66
Aetobatus narinari 34
Aetomylaeus vespertilio 33
Alopias vulpinus 20
Alpheus djeddensis 256
Aluterus scriptus 239
Allogalathea elegans 261
Amblyeleotris aurora 203
Amblyeleotris periophthalmus . .203
Amblyeleotris wheeleri 203
Amblygobius semicinctus 208
Amphiprion akallopisos 160
Amphiprion allardi 162
Amphiprion clarkii 162, 265
Amphiprion chagosensis . .92, 94, 164
Amphiprion chrysogaster 163
Amphiprion ephippium 165
Amphiprion fuscocaudatus 163
Amphiprion nigripes . . .94, 160, 194
Amphiprion ocellaris 165
Amphiprion sebae 164
Amphiprion sp. 164
Anampses meleagrides 181
Anampses twistii 180
Annella mollis 291
Antennarium coccineus 59
Antennarium maculatus 59
Antennarius commersoni 58
Antennarius nummifer 58
Anyperodon leucogrammicus . . .78
Apogon apogonoides 91
Apogon lineatus 91
Apogon urostigma 91
Apolemichthys xanthurus 134
Apolemichthys kingi 133
Apolemichthys trimaculatus . . .133
Aprion virescens 107
Argonauta argo 283
Arothron caeruleopunctatus . . .243
Arothron mappa 243
Arothron meleagris 242
Arothron nigropunctatus 242
Arothron stellatus 243
Aspidontus taeniatus 200

Asthenosoma varium 307
Astroboa nuda 305
Atherinomorus lacunosus 49
Aulacocephalus temmincki 87
Aulostomus chinensis 63, 64
Aulostomus maculatus 64
Balaenoptera eden 304
Balaenoptera edeni 224
Balaenoptera musculus . . .224, 316
Balenoptera acutorostrata 316
Balistapus undulatus 232
Balistoides conspicillum 232
Balistoides viridescens 237
Belonoperca chabanaudi 86
Birgus latro 171
Bodianus anthioides 178
Bodianus bilunulatus 178
Bodianus diana 178
Bohadschia graeffei 308
Bolbometopon muricatum 187
Bothus mancus 230
Brachysomophis crocodilinuas . . .47
Bryaninops tigris 207
Bryaninops youngei 207
Caesio caerularurea 114
Caesio erythrogaster 114
Caesio lunaris 114
Caesio teres 116
Caesio varilineata 115
Caesio xanthonota 116
Calcinus latens 261
Calloplesiops altivelis 89
Cantherhines fronticinctus 238
Cantherhines pardalis 238
Canthigaster coronata 244
Canthigaster solandri 244
Canthigaster tyleri 244
Canthigaster valentini 245
Caranx lugubris 227
Caranx melampygus 49, 50
Caranx sexfasciatus 227
Carapus homel 60
Carcharhinus albimarginatus .22, 23, 25
Carcharhinus amblyrhynchos 20, 23, 24, 94
Carcharhinus falciformis 21
Carcharhinus leucas 304
Carcharhinus longimanus . . .21,23
Carcharhinus melanopterus . .21,49, 50
Carcharias taurus 19
Cariocella hibyae 269
Cassis cornuta 269
Centrophorus spp. 23
Centropyge acanthops 132
Centropyge bispinosus 132
Centropyge debelius 130
Centropyge eibli 131
Centropyge flavicauda 132
Centropyge flavissimus 131
Centropyge fravipectoralis 130
Centropyge joculator 131
Centropyge multispinis 130
Cephalopholis argus 77
Cephalopholis aurantia 76
Cephalopholis formosa 78

Cephalopholis miniata 76
Cephalopholis nigripinna 77
Cephalopholis sexmaculata 76
Cephalopholis sonnerati 77
Cetoscarus bicolor 190
Ciirhitichthys falco 158
Cirrhitichthys oxycephalus . . .157, 264
Cirrhitus pinnulatus 159
Cirripectes auritus 199
Colubraria muricata 270
Conus geographus 271
Coris aygula 180
Coris caudimacula 180
Coris cuvieri 179
Coris frerei 179
Crenimugil crenilabis 193
Cryptocentrus fasciatus 204
Cryptocentrus lutheri 204
Cryptodendrum adhaesivum . . .295
Ctenella chagius 93, 94
Ctenochaetus binotatus 216
Ctenochaetus striatus 216
Ctenochaetus truncatus 216
Ctenogobiops feroculus 204
Culcita schmideliana 306
Cuspivolva tigris 268
Cypraea tigris 267
Cyprinocirrhites polyactis 159
Cypselurus poecilopterus 52
Chaetodon auriga 144
Chaetodon bennetti 145
Chaetodon blackburni 148
Chaetodon collare 143
Chaetodon dolosus 148
Chaetodon falcula 141
Chaetodon guttatissimus 146
Chaetodon interruptus 144
Chaetodon kleini 146
Chaetodon lineolatus 147
Chaetodon lunula 143
Chaetodon madagaskariensis . .141
Chaetodon marleyi 148
Chaetodon meyeri 143
Chaetodon mitratus 142
Chaetodon ornatissimus 142
Chaetodon oxycephalus 147
Chaetodon sp. 145
Chaetodon trifasciatus 146
Chaetodon unimaculatus 144
Chaetodon xanthocephalus . . .142
Chaetodon zanzibariensis . .92, 145
Chaetodontoplus mesoleucus . .134
Charcharhinus brachyurus 304
Cheilinus chlorourus 174
Cheilinus fasciatus 174
Cheilinus undulatus 175
Chelonia mydas 311
Chicoreus ramosus 270
Chlidichthys inornatus 89
Chlidichthys johnvoelckeri 88
Chlorurus cyanescens 188
Chlorurus rhakoura 187
Choromodoris geminus 275
Choromodoris joshi 275
Chromis dimidiata 167

Chromis ternatensis 167
Chromis vanderbilti 166
Chromis viridis 167
Chromodoris lochi 274
Chrysoblephus anglicus 96
Dardanus megistos 261
Dascyllus aruanus 166
Dasyatis kuhlii 32
Delphinus delphis 304
Dendrochirus biocellatus 71
Dendrochirus zebra 71, 265
Dendrodoris tuberculosa 276
Dendronephthya hemprichi . . .290
Dendronephthya mucronata . . .290
Dermatolepis striolatus 80
Dermochelys coriacea 310
Diagramma cinerascens 100
Diagramma pictum 99
Dichrometra flagellata 305
Didemnum molle 309
Diodon hystrix 245
Diodon liturosus 245
Diplogrammus infulatus 202
Diploprion bifasciatum 86
Dipsochelis gigantea 171
Discosoma sp. 296
Distichopora violacea 288
Doryrhamphus excisus 67
Doryrhamphus janssi 67
Dunckerocampus multiannulatus . .67
Ecsenius bicolor 198
Ecsenius lineatus 198
Ecsenius midas 198
Ecsenius minutus 199
Ecsenius paroculus 199
Echeneis naucrates 128
Echidna polyzona 46
Echinothrix diadema 307
Elagatis bipinnulata 228
Eleutherobia grayi 289
Elysia moebii 271
Enhydrina schistosa 312
Enoplometopus occidentalis . . .260
Enoplometopus voigtmanni . . .260
Entacmaea quadricolor 294
Epibulus insidiator 176
Epinephelus fasciatus 83
Epinephelus flavocaeruleus 83
Epinephelus fuscoguttatus 82
Epinephelus lanceolatus 82
Epinephelus longispinis 81
Epinephelus malabaricus 264
Epinephelus ongus 81
Epinephelus rivulatus 83
Epinephelus spilotoceps 81
Epinephelus tukula 82, 119, 195
Eretmochelys imbricata 310
Euapta godeffroyi 308
Eurypegasus draconis 60
Eviota guttata 206
Eviota sebreei 207
Fistularia commersonii 65,66
Forcipiger longirostris 141
Fusigobius inframaculatus 205
Galeocerdo cuvier 23

317

Genicanthus caudovittatus 134	Lethrinus nebulosus 111	Octopus cyanea 196, 283	Pomacanthus chrysurus 136
Ginglymostoma ferrugineus ...18, 25	Lethrinus obsoletus 110	Odontodactylus scyllarus 263	Pomacanthus hybrid 136
Gnathanodon speciosus ...16, 36, 228	Lethrinus olivaceus 109	Odonus niger 233	Pomacanthus imperator 135
Gnathodentex aureolineatus 108	Lethrinus xanthochilus 109	Opistognathus sp. 156	Pomacanthus rhomboides 135
Gobiodon citrinus 206	Leuresthes sardina 50	Opistognathus sp. 156	Pomacanthus semicirculatus 136
Gomphosus caeruleus 183	Limaria fragilis 279	Ostracion cubicus 240	Pomacanthus xanthometopon ...137
Goniopora djiboutensis 301	Linckia laevigata 306	Ostracion melagris 241	Pomacentrus caeruleus 169
Gorgasia masculata 47	Lopha folium 278	Ostracion trachys 240	Pomacentrus pavo 169
Gorgasia preclara 48	Lutjanus argentimaculatus 104	Oxycirrhites typus 157	Pomadasys commersonni 100
Gracila albomarginata 80	Lutjanus bengalensis 102	Oxycheilinus bimaculatus 264	Pomadasys furcatum 100
Grammistes sexlineatus 87	Lutjanus bohar 103	Oxycheilinus digrammus 174	Pomatomus saltatrix 304
Gymnocaesio gymnoptera 117	Lutjanus ehrenbergii 105	Oxymonacanthus longirostris 239	Porites lobata 301
Gymnomuraena zebra 46	Lutjanus fulviflamma 104	Pachyseris speciosa 300	Porites lutea 301
Gymnosarda unicolor 229	Lutjanus fulvus 104	Panulirus homarus 259	Premnas epigrammata 165
Gymnothorax breedeni 43, 93	Lutjanus gibbus 103	Panulirus longipes 259	Priacanthus blochii 90
Gymnothorax favagineus 41, 42	Lutjanus lutjanus 102	Panulirus ornatus 258	Priacanthus hamrur 90, 265
Gymnothorax flavimarginatus 42	Lutjanus monostigma 105	Panulirus penicillatus 259	Pseudanthias connelli 85
Gymnothorax isingteena 41	Lutjanus quinquelineatus 102	Panulirus versicolor 258	Pseudanthias cooperi 84
Gymnothorax javanicus 43	Lutjanus sebae 106	Paracanthurus hepatus 215	Pseudanthias evansi 84
Gymnothorax meleagris 42	Lyncina carneola 268	Paracirrhites arcatus 158	Pseudanthias fasciatus 85
Gymnothorax undulatus 44	Lysiosquillina maculata 263	Paracirrhites forsteri 158	Pseudanthias ignitus 85
Gymnothorax zonipectis 44	Lysmata amboinensis 250	Paracirrhites hemistictus 159	Pseudanthias squamipinnis 84
Gymnura poecilura 33	Lysmata debelius ...247, 248, 249	Paracheilinus mccoskeri 177	Pseudeuphausia latifrons 15
Halgerda iota 276	Macolor macularis 106	Parapercis millepunctata 193	Pseudobalistes fuscus 232
Halichoeres cosmetus 184	Macolor niger 106	Parapercis punctulata 193	Pseudobiceros bedfordi 287
Halichoeres leucoxanthus 184	Macropharyngodon bipartitus ..185	Parapriacanthus ransonneti 154	Pseudobiceros gloriosus ...285, 287
Halichoeres scapularis 184	Maiazoon orsaki 285	Parupeneus bifasciatus 126	Pseudoceros bifurcus 284
Harpa davidis 270	Makaira indica 226	Parupeneus cyclostomus 125	Pseudoceros lindae 284
Heliopora coerulea 293	Malacanthus brevirostris 155	Parupeneus indicus 126	Pseudoceros sp. 287
Hemigymnus fasciatus 185	Manta birostris 34, 35	Parupeneus macronema 127	Pseudoceros susanae 284, 287
Hemiscyllium ocellatum 18	Mauritia historio 267	Parupeneus pleurostigma 125	Pseudocheilinus octotaenia 177
Hemitaurichthys zoster 140	Megachasma pelagios 19	Parupeneus rubescens 126	Pseudochromis andamanensis ...88
Heniochus acuminatus 138	Megaptera novaeangliae ..224, 304, 316	Pastinachus sephen 32	Pseudochromis dutoiti 88
Heniochus diphreutes 138	Meiacanthus fraseri 119	Pelamis platurus 312	Pseudorca crassidens 314, 315
Heniochus monoceros 140	Meiacanthus mossambicus 201	Pempheris oualensis 154	Ptereleotris evides 210
Heniochus pleurotaenia 140	Meiacanthus smithi 201	Pempheris vanicolensis 154	Ptereleotris heteroptera 210
Heteractis magnifica ...92, 94, 294	Melichthys indicus 236	Periclimenes imperator 255	Ptereleotris microlepis 210
Heteroconger hassi 48	Melithaea ochracea 292	Periclimenes magnificus 256	Pteria penguin 279
Hexabranchus sanguineus 274	Mexichromis multituberculata ..275	Periclimenes ornatus 256	Pterocaesio capricornis 117
Himantura fai 30	Millepora tenella 288	Pervagor janthinosoma 238	Pterocaesio chrysozona 116
Himantura granulata 29	Minabea aldersladei 289	Photoblepharon palpebratus 60	Pterocaesio marri 117
Himantura jenkinsi 30	Mithrodia clavigera 306	Phyllidia varicosa 277	Pterocaesio tile 115
Himantura uarnak 29	Monodactylus argenteus 124	Phyllidiopsis krempfi 277	Pterois antennata 70
Himantura undulata 28	Monotaxis grandoculis 108	Physeter catodon 224	Pterois volitans 70
Hippocampus borboniensis 68	Mulloides flavolineatus 127	Physogyra lichtensteini 302	Pterosis radiata 71
Hippocampus capensis 68	Mulloides vanicolensis 127	Plagiotremus phenax 200	Pygoplites diacanthus 137
Hippocampus comes 68	Myrichthys colubrinus 47	Plagiotremus tapeinosoma 200	Rachycentron canadum ...16, 36, 128
Hoplolatilus cuniculus 155	Myripristis adusta 54	Platax batavianus 122	Rastrelliger kanagurta 229
Hoplolatilus fronticinctus 155	Myripristis murdjan 54	Platax orbicularis 123	Reticulidia halgerda 277
Inimicus filamentosus 74	Myripristis vittata 54	Platax pinnatus 123	Rhabdosargus thorpei 96
Istiblennnius chrysospilos 201	Naso brachycentron 218	Platax teira 122	Rhina ancylostoma 24, 26
Istiophorus platypterus 314	Naso brevirostris 219	Plectorhinchus chaetodontoides 99	Rhincodon typus 13, 25
Jorunna funebris 276	Naso elegans 219	Plectorhinchus gaterinus 99	Rhinecanthus aculeatus 237
Junceella fragilis 293	Naso thynnoides 218	Plectorhinchus paulayi 98	Rhinecanthus cinereus 237
Kuhlia mugil 89	Naso vlamingii 218	Plectorhinchus plagiodesmus 98	Rhinomuraena quaesita 41
Kyphosus cinerascens 124	Nemateleotris magnifica 209	Plectorhinchus sp. 98	Rhinopias eschmeyeri 74
Labroides bicolor 186, 265	Nemanthias carberryi 86	Plectorhinchus vittatus 97	Rhinopias frondosa 74
Labroides dimidiatus 186	Nemateleotris decora 209	Plectroglyphidodon dickii 169	Rhyna ancylostoma 27
Labroides pectoralis 186	Nembrotha kubaryana 272	Plectropomus areolatus 80	Rhynchobatus djiddensis ...24, 26
Lactoria fornasini 241	Nembrotha lineolata 272	Plectropomus laevis 79	Rhynchocinetes durbanensis ...254
Lambis lambis 267	Nembrotha megalocera 195	Plectropomus pessuliferus 79	Rhynchocinetes sp. 254
Latimeria chalumnae ...37, 38, 39	Neoniphon sammara 56	Plectropomus punctatus 79	Ruvettus pretiosus 39
Leptoseris explanata 300	Neopetrolisthes maculatus 262	Plotosus lineatus 48	Sarcophyton trocheliophorum ..289
Lethrinus crocineus 110	Neopetrolisthes sp. 262	Pocillopora verrucosa 300	Sarda orientalis 230
Lethrinus erythracanthus 109	Notodoris gardineri 274	Podabacia crustacea 302	Sardinops sagax 304
Lethrinus harak 110	Novaculichthys taeniourus 177	Pogonoperca punctata 87	Sargocentron diaema 57
Lethrinus microdon 111	Octopus aegina 282	Pomacanthus annularis 137	Sargocentron rubrum 56

Sargocentron seychellense 56	Siganus luridus 220	Stichopus chloronotus 308	Torpedo sinuspersici 28
Sargocentron spiniferum 57	Siganus magnificus 221	Stonogobiops nematodes 205	Toxopneustes pileolus 307
Saron marmoratus 251	Siganus puelloides 222	Stylocheilus citrina 271	Trachinotus blochii 227
Saron sp. 251	Siganus stellatus 223	Subergorgia suberosa 292	Trapezia rufopunctata 262
Sarpa salpa 304	Siganus trispilos 223	Sufflamen bursa 236	Triaenodon obesus 22, 25
Saurida gracilis 52	Siganus virgatus 223	Sufflamen chrysopterus 236	Tridacna maxima 278
Scarus ghobban 190	Solenostomus cyanopterus 62	Symphorichthys spilurus 107	Tridacna squamosa 278
Scarus rubroviolaceus 189	Solenostomus leptosomus 63	Synanceia verrucosa 72	Trimma haima 206
Scarus sordidus 188	Solenostomus paradoxus 62	Synchiropus stellatus 202	Tripterodon orbis 122
Scarus strongylocephalus 188	Solesnostomus sp. 63	Synodus dermatogenys 53	Tubastraea micrantha 297, 303
Scolopsis bilineatus 112	Sphyraena barracuda 192	Synodus jaculum 53	Turbinaria mesenterina 303
Scolopsis frenatus 113	Sphyraena flavicauda 192	Synodus variegatus 53	Turbinaria peltata 303
Scolopsis margaritifer 112	Sphyraena forsteri 191	Taenianotus triacanthus 73	Turbo petholatus 266
Scolopsis monogramma 112	Sphyraena jello 191	Taeniura lymma 30	Tursiops truncatus 304
Scolopsis torquata 113	Sphyraena qenie 192	Taeniura meyeni 31	Tylosurus crocodilus 52
Scorpaenopsis barbatus 72	Sphyrna lewini 22	Talparia talpa 268	Urocaridella antonbruunii 255
Scorpaenopsis diabola 72	Spondylus squamosus 279	Tambja kushimotoensis 272	Urogymnus asperrimus 32
Scuticaria tigrina 46	Stegostoma fasciatum 17	Telmatactis clavigera 295	Valenciennea sexguttata 208
Scyliorhinus comoroensis 18	Stenella attenuata 313	Tetrosomus gibbosus 241	Valenciennea strigata 208
Sepia pharaonis 280	Stenella coeruleoalba 313	Thalassoma amblycephalum ..36, 182	Vanderhorstia prealta 205
Sepioteuthis lessoniana 282	Stenella longirostris 313	Thalassoma genivittatum 182	Xanthichthys auromarginatus ..233
Seriola lalandi 229	Stenopus cyanoscelis 252	Thalassoma hardwicke 181	Xanthichthys caeruleolineatus ..93
Siderea grisea 45	Stenopus devaneyi 252	Thalassoma hebraicum 183	Xanthichthys lineopunctatus ...233
Siderea picta 45	Stenopus hispidus 253	Thalassoma lunare 182	Xyrichtys aneitensis 176
Siderea thyrsoidea 45	Stenopus pyrsonotus 252	Thalassoma trilobatum 183	Xyrichtys pavo 176
Siganus argenteus 220	Stenopus zanzibaricus 253	Thor amboinensis 251	Zanclus cornutus 220
Siganus corallinus 222	Stereonephthya sp. 291	Thysanozoon nigropapillosum .285, 286	Zebrasoma desjardinii 217
Siganus guttatus 221	Stichodactyla mertensii 294	Tonna variegata 269	Zebrasoma gemmatum 217
Siganus javus 221	Stichopathes sp. 296	Torpedo fuscomaculata 27	Zebrasoma scopas 217

INDEX: POPULÄRNAMEN

Adlerrochen, Gefleckter 34	Becherkoralle, Grüne 303	Demoiselle, Pfauen- 169	Drückerfisch, Stricklands 237
Adlerrochen, Gemusterter 33	Beilbauchfisch, Höhlen- 154	Doktorfisch, Achselklappen- ..212	Drückerfisch, Picasso- 237
Afrika-Junker 179	Beilbauchfisch, Kupfer- 154	Doktorfisch, Blauschwanz- ..213	Eidechsenfisch, Graziler 52
Ammenhai 18	Schnapper, Bengalen- 102	Doktorfisch, Blaustreifen- 215	Eidechsenfisch, Riff- 53
Ammenhai, Gemeiner 17	Besengorgonie, Brüchige ...293	Doktorfisch, Brandungs- 214	Eidechsenfisch, Sand- 53
Andamanen-Fuchsgesicht 221	Blasenkoralle, Lichtensteins ..302	Doktorfisch, Gelbflossen- 213	Eidechsenfisch, Schwarzfleck- ..53
Anemonenfisch 164	Junker, Blaurücken 182	Doktorfisch, Gitter- 214	Eingeweidefisch, Silberner ...60
Anemonenfisch, Allards- 162	Blauwal 316	Doktorfisch, Goldrand- 212	Einsiedler, Blausocken- 261
Anemonenfisch, Chagos- 164	Blitzlichtfisch 60	Doktorfisch, Indischer	Einsiedler, Weißpunkt- 261
Anemonenfisch, Clarks- 162	Blumenkoralle, Djibouti- 301	Mimikry- 215	Eischnecke, Tiger- 268
Anemonenfisch, Indischer ...164	Bonito, Gestreifter 230	Doktorfisch, Kreisdorn- 213	Engländer 96
Anemonenfisch, Malediven- ..160	Borstenzahndoktorfisch,	Doktorfisch, Mauritius-	Fahnenbarsch, Connells 85
Anemonenfisch, Mauritius- ...163	Blauaugen- 216	Segelflossen 217	Fahnenbarsch, Coopers 84
Anemonenfisch, Orangeringel- ..165	Borstenzahndoktorfisch,	Doktorfisch, Paletten- 215	Fahnenbarsch, Faden- 86
Anemonenfisch, Seychellen- ..163	Goldring- 216	Doktorfisch, Schwarzdorn- ..214	Fahnenbarsch, Gelbschwanz- ..84
Anemonenfisch, Stachel- 165	Borstenzahndoktorfisch,	Doktorfisch, Weißdorn-	Fahnenbarsch, Indischer
Anemonenfisch, Tomaten- ..165	Längsstreifen- 216	Segelflossen 217	Flammen- 85
Anemonenfisch, Weißrücken- ..160	Buckelkopf, Indischer 188	Doktorfisch, Weißkehl- 211	Fahnenbarsch, Juwelen- 84
Anemonen-Porzellankrebs-Art ..262	Buckelwal 316	Doktorfisch, Weißlippen- ...212	Fahnenbarsch, Rotstreifen- ..85
Anglerfisch, Clown- 59	Büschelbarsch, Forsters 158	Drachenkopf, Bärtiger 72	Fahnenschwanz, Fünfband- ..89
Anglerfisch, Riesen- 58	Büschelbarsch, Gabelschwanz- ..159	Drachenkopf, Buckel- 72	Faltefisch, Marleys 148
Anglerfisch, Rückenfleck- 58	Büschelbarsch, Gefleckter ..157	Drücker, Wangenstreifen- ..233	Falterfisch, Bennetts 145
Anglerfisch, Sommersprossen- ..59	Büschelbarsch, Halbgefleckter ..159	Drückerfisch, Blasser 236	Falterfisch, Fähnchen- 144
Feuerfisch, Antennen 70	Büschelbarsch, Langschnauzen- ..158	Drückerfisch, Blaukehl- 23	Falterfisch, Gelbkopf- 142
Auster, Zickzack- 278	Büschelbarsch, Monokel 158	Drückerfisch, Blaustreifen ..232	Falterfisch, Halsband- 143
Bannerlippfisch, Streifen- ...185	Büschelbarsch, Riesen- 159	Drückerfisch, Gelbschwanz- ..232	Falterfisch, Indischer 142
Barrakuda, Forsters 191	Büschelbarsch, Zwerg- 158	Drückerfisch, Halbmond- ...236	Falterfisch, Indischer
Barrakuda, Gelbschwanz- ...192	Buschkoralle, Warzige 300	Drückerfisch, Indischer 236	Tränentropfen- 144
Barrakuda, Großer 192	Butt, Fasan- 230	Drückerfisch, Leoparden- ...212	Falterfisch, Keilfleck- 141
Barrakuda, Jello- 191	Delphin, Spinner 313	Drückerfisch, Riesen- 237	Falterfisch, Kleins 146
Barrakuda, Querbänder- 192	Demoiselle, Azurblaue 169	Drückerfisch, Rotzahn- 233	Falterfisch, Madagaskar- ...141

Falterfisch, Masken- 143	Gitarrenrochen, Großer 26, 27	Kardinalbarsch, Stachelkopf 91	Mauritius-Kaiserfisch, Blauer . . .130
Falterfisch, Meyers 143	Gitterfalterfisch, Falscher 147	Kardinalsgarnele 247	Meeräsche, Stumpfmaul- 193
Falterfisch, Orangestreifen- . . .142	Gorgonenhaupt 305	Karettschildkröte, Echte 310	Meerbarbe, Doppelband- 126
Falterfisch, Riesen- 147	Großaugenbarsch, Gewöhnlicher . 90	Katzenhai, Komoren 18	Meerbarbe, Gelbsattel- 125
Falterfisch, Rippen- 146	Großaugenbarsch, Blochs 90	Kaurie, Falsche Arabische 267	Meerbarbe, Gelbstreifen- 127
Falterfisch, Sansibar- 145	Grundel, Innenfleck- 205	Kaurie, Karneol- 268	Meerbarbe, Großschulen- 127
Falterfisch, Schatten- 148	Grundel, Scherenschwanz-	Kaurie, Maulwurf- 268	Meerbarbe, Indische 126
Falterfisch, Schwarzer	Torpedo 210	Kaurie, Tiger- 267	Meerbarbe, Langbartel- 127
Pyramiden- 140	Hai, Riesennmaul 19	Kegelschnecke, Landkarten- . . .271	Meerbarbe, Rotstreifen- 126
Falterfisch, Tränentropfen- . . .144	Halfterfisch 220	Kelchkoralle, Gelbe 303	Meerbarbe, Schwarzfleck- 125
Falterfisch, Trauerflossen- 148	Hammerhai, Bogenstirn- 22	Kelchkoralle, Säulen- 303	Mirakelbarsch, Echter 89
Falterfisch, Tüpfel- 146	Harfenschnecke, Davids 270	Keulenanemone 295	Möhrenkoralle, Alderslades . . .289
Falterfisch-Art 145	Höckerschnecke, Iota- 276	Kieferfisch-Art 1 156	Möhrenkoralle, Grays 289
Falterrochen, Arabischer 33	Hornhecht, Krokodil- 52	Kieferfisch-Art 2 156	Muräne, Breedens 43
Fangschreckenkrebs, Bunter . . .263	Hornhelm 269	Knallkrebs, Djedda- 256	Muräne, Gelbkopf 42
Fangschreckenkrebs,	Husar, Blutfleck- 56	Knorpelschnecke, Gardiners . . .274	Muräne, Gemalte 45
Gebänderter 263	Husar, Diadem- 57	Knubbelanemone 294	Muräne, Graue 45
Federstern, Langarm- 305	Husar, Riesen 57	Kobia 128	Muräne, Leoparden- 46
Feger, Gelber 154	Husar, Rotstreifen- 56	Kofferfisch, Dornrücken- 241	Muräne, Riesen 46
Feilenfisch, Höhlen- 238	Husar, Seychellen- 56	Kofferfisch, Gelbbrauner 240	Muräne, Ringel 46
Feilenfisch, Netz 238	Hydrokoralle, Violette 288	Kofferfisch, Mauritius- 240	Muräne, Rußkopf 42
Feilenfisch, Schrift- 239	Igelfisch, Gewöhnlicher 245	Kofferfisch, Pyramiden- 241	Muräne, Schwarztupfen- 41
Feilenfisch, Weißbürzel- 238	Igelfisch, Masken- 245	Kofferfisch, Weißpunkt- 241	Muräne, Weißaugen- 45
Feilenmuschel, Geringelte 279	Igelrochen 32	Koralle, Blaue 293	Napoleon 175
Felshüpfer, Blutstropfen- 201	Imperatorgarnele 255	Koralle, Irrgarten- 300	Nasendoktorfisch, Einmesser . . .218
Feuerfisch, Strahlen- 71	Jobfisch, Großer 107	Koralle, Spiralige Schwarze . . .296	Nasendoktorfisch, Buckel- 218
Feuerkoralle 288	Junker, Gelbschwanz- 181	Korallenkrabbe, Rotpunkt- 262	Nasendoktorfisch, Gelbklingen- . 219
Fischkoralle, Feine 298	Junker, Großzahn- 185	Korallenwels, Gestreifter 48	Nasendoktorfisch, Vlamings . . .218
Fleckendelphin 313	Junker, Halsband- 183	Krake, Marmorierter 282	Neonsternschnecke, Gestreifte . . .272
Fledermausfisch, Buckelkopf- . . .122	Junker, Hardwickes 181	Krake, Roter 283	Neonsternschnecke, Mauritius . . 272
Fledermausfisch, Langflossen- . .122	Junker, Indischer Clown- 179	Krugfisch, Augenfleck- 244	Neonsternschnecke, Variable . . .272
Fledermausfisch, Rundkopf- . . .123	Junker, Indischer Kanarien- . . .184	Krugfisch, Kronen- 244	Netzmuräne, Große 41
Fledermausfisch, Spitzmaul- . . .123	Junker, Kosmetik- 184	Krugfisch, Sattel- 245	Noppenrand-Anemone 295
Flieger, Rotkin 52	Junker, Mondsichel- 182	Krugfisch, Tylers 244	Palettenstachler 239
Flossenblatt, Silber- 124	Junker, Putz- 182	Kugelfisch, Blaupunkt- 243	Papageifisch, Blauband- 190
Flötenfisch 66	Junker, Schwanzfleck- 180	Kugelfisch, Mappa- 243	Papageifisch, Blaukopf- 188
Flügelauster, Pinguin- 279	Junker, Twists 180	Kugelfisch, Riesen- 243	Papageifisch, Büffelkopf- 187
Flügelrossfisch 60	Junker, Weihnachts- 183	Kugelfisch, Schwarzfleck- 242	Papageifisch, Fransenschwanz- . .187
Forellenbarsch, Afrika- 79	Junker, Zickzack- 184	Kugelfisch, Sternen- 242	Papageifisch, Kugelkopf- 188
Forellenbarsch, Dunkelflossen- . . 80	Kaiserfisch, Afrikanischer 136	Langnasendoktorfisch 219	Papageifisch, Masken- 190
Forellenbarsch, Indik- 79	Kaiserfisch, Blaumasken- 137	Languste, Gemeine 259	Papageifisch, Nasenhöcker- 189
Forellenbarsch. Sattel- 79	Kaiserfisch, Dreipunkt- 133	Languste, Gestreifte 258	Papierboot 283
Fuchshai, Gewöhnlicher 20	Kaiserfisch, Imperator- 135	Languste, Kamm- 259	Partnergarnele, Bruuns 255
Füsilier, Blaugoldener 116	Kaiserfisch, Koran- 136	Languste, Langbein- 259	Partnergarnele, Pracht- 256
Füsilier, Doppelstreifen- 117	Kaiserfisch, Mond- 134	Languste, Schmuck- 258	Partnergarnele, Schmuck- 256
Füsilier, Gelbband- 116	Kaiserfisch, Pfauen- 137	Lederkoralle, Pilz- 289	Partnergrundel, Dickaugen- . . . 203
Füsilier, Gelbrücken- 116	Kaiserfisch, Ring- 137	Lederschildkröte 310	Partnergrundel, Gepunktete . . . 204
Füsilier, Goldstreifen- 114	Kaiserfisch, Rotmeer-Lyra 134	Lederseeigel 307	Partnergrundel, Hochflossen- . . 205
Füsilier, Himmelblauer 114	Kaiserfisch, Tiger- 133	Leierfisch, Grüner 202	Partnergrundel, Luthers 204
Füsilier, Nacktflossen- 117	Kaiserfisch, Trapez- 135	Leopardenhai 17	Partnergrundel, Rosastreifen- . . .203
Füsilier, Neon- 115	Schnapper, Kaiser 106	Lippenhai, Seychellen 18	Partnergrundel, Schwarze 203
Füsilier, Robuster 114	Kaninchenfisch, Brauner 220	Lippfisch, Bäumchen- 177	Partnergrundel, Wheelers 203
Füsilier, Südlicher 117	Kaninchenfisch, Dreifleck- 223	Lippfisch, Clown- 180	Partnergrundel. Schwarzfaden- . .205
Füsilier, Vielstreifen- 115	Kaninchenfisch, Goldfleck- 221	Lippfisch, Sattelfleck-Schweins . .178	Pilzkoralle 102
Garnele, Hohlkreuz- 251	Kaninchenfisch, Java- 221	Lippfisch, Schneeflocken-Pracht . .174	Pinzettfisch, Langmaul- 141
Geisterfisch, Fetzen 62	Kaninchenfisch, Korallen- 222	Lippfisch, Stülpmaul- 176	Plattwurm, Gabel- 284
Geisterfisch, Halimeda- 63	Kaninchenfisch, Silber- 220	Lippfisch, Vogel- 183	Plattwurm, Gelbpunkt- 285
Geisterfisch, Schlanker 63	Kaninchenfisch, Traueraugen- . .222	Lippfisch, Wangenstreifen- 174	Plattwurm, Glorreicher 285
Geisterfisch, Seegras- 62	Kaninchenfisch, Tüpfel- 223	Makrele, Großmaul- 229	Plattwurm, Orsaki- 285
Geistermuräne 41	Kaninchenfisch, Zweiband- . . .223	Manadarinfisch, Stern- 202	Plattwurm, Susans 284
Geweihkoralle, Formosa- 298	Kantenkoralle 300	Mantarochen 34, 35	Plattwurm, Tindas 284
Geweihkoralle, Robuste 298	Kardinalbarsch, Goldbauch- . . . 91	Marmorgarnele 251	Pompano, Stupsnasen- 227
Gitarrenrochen, Bogenmund- . . 26	Kardinalbarsch, Indischer Tiger- . 91	Marmormuräne 44	Porenkoralle, Bogen- 301

Porenkoralle, Gelbe 301	Schleimfisch, Ohrfleck- 199	Spinnenschnecke, Gewöhnliche ..267	Weichkorallen-Art 291
Porzellankrebs, Anemonen- 262	Schnapper, Buckel- 103	Springkrebs, Federstern- 261	Weichsternschnecke, Tuberkel- ..276
Prachtanemone 294	Schnapper, Doppelfleck- 103	Stachelauster.........179	Weißfleckenmuräne 44
Prachtlippfisch, Rotbrust- 174	Schnapper, Ehrenbergs 105	Stachelmakrele, ...227	Weißmaulmuräne 42
Prachtsternschnecke,	Schnapper, Einfleck- 105	Stachelmakrele, Gelbschwanz- ..229	Weißspitzenhai, Ozeanischer ... 21
Beau Vallon- 275	Schnapper, Faden- 107	Stachelmakrele, Großaugen- ...227	Wimpelfisch, Fantom- 140
Prachtsternschnecke, Joshis 275	Schnapper, Fünflinien- 102	Stachelmakrele,	Wimpelfisch, Gemeiner 138
Prachtsternschnecke, Lochs 274	Schnapper, Gelbkopf- 106	Schwarzgoldene Pilot-......228	Wimpelfisch, Masken- 140
Prachtsternschnecke, Zwillings- ..275	Schnapper, Großaugen- 102	Stachelschnecke, Verzweigte 270	Wimpelfisch, Schwarm- 138
Preußenfisch, Dreibinden- 166	Schnapper, Mangroven- 104	Stechrochen, Blaupunkt-...... 30	Wippschwimmer, Augenfleck- ...199
Putzergarnele, Weißband- 250	Schnapper, Schwarzflecken- .. 104	Stechrochen, Federschwanz-... 32	Wippschwimmer, Halsband-...199
Putzerlippfisch, Brustfleck- 186	Schnapper, Schwarzschwanz-...104	Stechrochen, Jenkins 30	Wippschwimmer, Längsstreifen- .198
Putzerlippfisch, Gewöhnlicher .. 186	Schnapper, Schwarzweiß- 106	Stechrochen, Kuhls 32	Wippschwimmer, Neonaugen- ..198
Putzerlippfisch, Zweifarb- 186	Schnecke, Rebhuhn-Fass-.....269	Stechrochen, Leoparden- 28	Wippschwimmer, Zweifarben- ..198
Rauchkaiserfisch, Indischer 134	Schnepfenmesserfisch, Gestreifter . 66	Stechrochen, Lila 30	Wirtsanemone, Merten's 294
Rauhsternschnecke,	Schwalbenschwanz, ...167	Stechrochen, Mangroven- 29	Zackenbarsch, Baskenmützen- .. 83
Schwarzweiße 276	Schwalbenschwanz, Grüner 167	Stechrochen, Waben- 29	Zackenbarsch, Blaustreifen-.... 78
Renner, Regenbogen- 228	Schwalbenschwanz, Vanderbilts ..166	Steinfisch 72	Zackenbarsch, Fenster- 80
Riesenmuschel, Grabende 278	Schwalbenschwanz, Zweifarb- ...167	Straßenkehrer, Blauschuppen- ..111	Zackenbarsch, Gelbflossen- 83
Riesenmuschel, Schuppige 278	Schwammschnecke, Maledhiven-.. 269	Straßenkehrer, Gelbflossen- ..109, 110	Zackenbarsch, Gold- 76
Riffbarsch, Dicks 169	Schwarzpunktrochen 31	Straßenkehrer, Gelblippen- 109	Zackenbarsch, Halbmond- 83
Riffhai, Grauer 20	Schweinslippfisch, Dianas 178	Straßenkehrer, Goldfleck- 108	Zackenbarsch, Juwelen- 76
Riffhai, Schwarzspitzen- 21	Schweinslippfisch, Zweifarben-.. 178	Straßenkehrer, Goldstreifen- ... 110	Zackenbarsch, Kartoffel- 82
Riffhai, Weißspitzen- 22	Schwertgrundel, Dekor- 209	Straßenkehrer, Großaugen- ...108	Zackenbarsch, Langstachel- ... 81
Riffhummer, Roter 260	Schwertgrundel. Pracht- 209	Straßenkehrer, Schwarzfleck- ...110	Zackenbarsch, Ozelot- 80
Riffhummer, Voigtmanns 260	Seefächer, Knoten- 292	Straßenkehrer, Spitzkopf- 111	Zackenbarsch, Perlenketten- ... 81
Riffkalmar, Großflossen- 282	Seefächer, Mittlerer 292	Straßenkenhrer, Langnasen- ...109	Zackenbarsch, Pfauen- 77
Röhrenaal, Perlen- 47	Seefächer, Riesen-........ 291	Streifendelfin 313	Zackenbarsch, Riesen- 82
Röhrenaal, Pracht- 48	Seegurke, Godeffroys 308	Stumpfnase, Großaugen- 96	Zackenbarsch, Sattel- 76
Rotfeuerfisch, Gewöhnlicher 70	Seegurke, Graeffes 308	Suppenschildkröte 311	Zackenbarsch, Schwarzflossen- .. 77
Ruderbarsch, Heller 124	Seegurke, Grünlicher 308	Süßlippe, Afrikanische 98	Zackenbarsch, Spitzkopf- 78
Schleimfisch,	Seehase, Zitronen- 271	Süßlippe, Brackwasser- 100	Zackenbarsch, Stierkopf- 82
Aggressiver Säbelzahn- 200	Seeigel, Giftzangen- 307	Süßlippe, Gelbmaul- 98	Zackenbarsch, Tomaten- 77
Saftsauger, Moebius- 271	Seeigel, Schwarzer Diadem- ...307	Süßlippe, Graue 100	Zebramuräne 46
Sandbarsch, Gefleckter 193	Seenadel, Blaustreifen- 67	Süßlippe, Harlekin- 99	Zitronengrundel 206
Sandbarsch, Vielpunkt- 193	Seenadel, Geringelte 67	Süßlippe, Orient- 97	Zweibandbrasse 96
Sandhai 19	Seenadel, Putzer- 67	Süßlippe, Schiefer- 100	Zwergbarsch, Andamanen- 88
Schaukelfisch, Großer 73	Seepferdchen, Borbon- 68	Süßlippe, Schwarztupfen- 99	Zwergbarsch, Blaustreifen- 88
Scheibenanemonen-Art 296	Seepferdchen, Knysna- 68	Süßlippe, Silber 99	Zwergbarsch, Gelber 89
Schleimfisch, Piano-Säbelzahn- ..200	Seepferdchen, Tigerschwanz- .. 68	Süßlippen-Art 98	Zwergbarsch, Kirsch- 88
Scheinschnapper, Breitstreifen- ..113	Seeschlange, Pelagische 312	Tanzgarnele, Durban- 254	Zwergfeuerfisch, Pfauenaugen- .. 71
Scheinschnapper, Monogramm- ..112	Seeschlange, Schnabel- 312	Tanzgarnelen-Art 254	Zwergfeuerfisch, Zebra- 71
Scheinschnapper, Perlen- 112	Seestern, Blauer 306	Tapetengarnele 251	Zwerggrundel, Chagos- 206
Scheinschnapper, Schärpen- ...111	Seestern, Indischer Kissen- 306	Thunfisch, Hundezahn- 229	Zwerggrundel, Gelbflecken- ...207
Scheinschnapper, Weißwangen- ..113	Seestern, Nagel- 306	Tischkoralle, Solide 299	Zwerggrundel, Gorgonien- ...207
Scherengarnele, Blaubein- 252	Segelflossendoktorfisch, Indik- ..217	Tischkorallenart 299	Zwerggrundel, Grüne 206
Scherengarnele, Devaneys 252	Seidenhai 21	Torpedobarsch, Grauer 155	Zwerggrundel,
Scherengarnele, Gebänderte ..253	Seifenbarsch, Blauer 87	Torpedobarsch, Plumper 155	Peitschenkorallen- 207
Scherengarnele, Geister- 252	Seifenbarsch, Pfeilkopf- 86	Torpedobarsch, Silber 155	Zwergkaiserfisch, Brauner 130
Scherengarnele, Rotantennen- ..253	Seifenbarsch, Schneeflocken ... 87	Torpedogrundel, Perlen- 210	Zwergkaiserfisch, Cocos- 131
Schermesserfisch, Blatt- 176	Seifenbarsch, Sechsstreifen 87	Torpedogrundel, Schwanzfleck- ..210	Zwergkaiserfisch, Gestreifter ...132
Schermesserfisch, Weißfleck- ...176	Seifenbarsch, Zweistreifen- 86	Torpedorochen, Marmorierter ... 28	Zwergkaiserfisch, Mondstrahl- ..130
Schiffshalter, Gestreifter 128	Sergeant, Gelbschwanz- 168	Trompetenfisch 63	Zwergkaiserfisch, Orangerücken- .132
Schläfergrundel, Blaupunkt- ...208	Sergeant, Indopazifik- 168	Turban, Katzenaugen- 266	Zwergkaiserfisch, Orangestreifen- .131
Schläfergrundel, Goldstirn- ...208	Sergeant, Scherenschwanz- ...168	Wabenbarsch, Vierfleck- 81	Zwergkaiserfisch, Weißschwanz- .132
Schläfergrundel, Weißband- ...208	Silberspitzenhai 22	Walhai 13	Zwergkaiserfisch, Zitronen- ... 131
Schlangenaal, Krokodil- 47	Skorpionfisch, Tentakel- 74	Walkman, Indischer 74	Zwerglippfisch, Achtlinien- 177
Schlangenaal, Ringel 47	Skorpionsfisch, Mauritius- 74	Warzenschnecke, Gift- 277	Zwerglippfisch, McCoskers- ...177
Schleimfisch,	Soldatenfisch, Bronzener 54	Warzenschnecke, Krempfs 277	Zwergtriton, Vampir- 270
Malediven-Säbelzahn- 201	Soldatenfisch, Weißsaum- 54	Warzenschnecke, Netz- 277	Zwergwal 316
Schleimfisch, Mimikry-Säbelzahn- .200	Soldatenfisch, Weißspitzen- ... 54	Weichkoralle, Blättrige 290	
Schleimfisch,	Spanische Tänzerin 274	Weichkoralle, Hemprichs 290	
Mosambik-Säbelzahn- 201	Spatenfisch, Sri Lanka- 122		

KOSMOS.
Gut zu wissen.

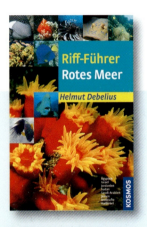

Artenvielfalt pur

Die einzigartige Fauna und Flora des Roten Meeres begeistert Jahr für Jahr Tausende von Tauchern. Dieser Naturführer stellt alle wichtigen Arten, denen Taucher unter Wasser begegnen können, in über 1.000 brillianten Farbfotos vor.

Helmut Debelius | Riff-Führer Rotes Meer
320 Seiten, €/D 36,80
ISBN 978-3-440-11100-0

Artenvielfalt pur

Rund um die Inseln und unzähligen Korallenriffe im Dreieck Philippinen – Malaysia – Indonesien liegt die Wiege der Korallenwelt. Dieses Buch stellt vor allem die Tierwelt in Küstennähe vor, der Taucher und Schnorchler am ehesten begegnen.

Helmut Debelius | Riff-Führer Südostasien
320 Seiten, €/D 36,80
ISBN 978-3-440-11242-7

Alles Wissenswerte

Dieses Bestimmungsbuch beschreibt über 450 Fischarten in beiden Meeren zwischen Spanien und der Türkei, von Norwegen bis Südafrika. Neben vielen Fotos enthält das Buch interessante Kurzgeschichten über das Verhalten von zum Teil noch unbekannten Fischen in Atlantik und Mittelmeer.

Helmut Debelius
Fisch-Führer Mittelmeer und Atlantik
320 Seiten, €/D 36,80
ISBN 978-3-440-11241-0